40 ans de bioéthique en France

sous la direction de

Jean-François Delfraissy
Emmanuel Didier
Pierre-Henri Duée

40 ans de bioéthique en France

Le Comité consultatif national d'éthique : 1983-2023

Odile Jacob

15, rue Soufflot, 75005 Paris

www.odilejacob.fr

ISBN : 978-2-4150-0537-5

Préface

Jean-François Delfraissy,
Emmanuel Didier, Pierre-Henri Duée

« Passé 40 ans, un homme est responsable de son visage. »

Cette citation attribuée à Léonard de Vinci (1452-1519), si on l'appliquait au Comité consultatif national d'éthique pour les sciences de la vie et de la santé (CCNE), pourrait paraître ambitieuse, voire teintée de prétention. Pourtant, elle a le mérite de suggérer deux questions : qu'a fait le CCNE de son mandat initial et avec quelles conséquences ?

Le CCNE est né, il y a quarante ans, d'un double constat : d'une part, l'acquisition de nouvelles connaissances scientifiques dans les domaines de la biologie et de la médecine – bénéfices d'une recherche créative – et, d'autre part, la mise au point de technologies biomédicales toujours plus performantes. L'homme pouvait ainsi comprendre davantage les phénomènes biologiques et leurs dysfonctionnements conduisant notamment à la maladie, mais aussi les maîtriser plus efficacement. Cela lui conférait de nouveaux pouvoirs qui, en retour, lui imposent la nécessité de s'interroger, de poser un regard critique sur les conséquences pour l'homme du développement d'innovations, de tenter aussi de qualifier ces bénéfices : progrès pour l'homme ou instrumentalisation de l'humain ?

En 1983, le CCNE avait alors pour mission de « donner son avis sur les problèmes moraux qui sont soulevés par la recherche dans les domaines de la biologie, de la médecine et de la santé, que ces problèmes concernent l'homme, des groupes sociaux ou la société tout entière » (art. 1 du décret n° 83-132 du 23 février 1983 portant la création du Comité consultatif national d'éthique pour les sciences de la vie et de la santé), une formulation modifiée par la suite : « donner des avis sur les problèmes soulevés par les progrès de la connaissance dans les domaines de la biologie, de la médecine et de la santé et de publier des recommandations sur ces sujets » (art. 23 de la loi n° 94-654 du 29 juillet 1994) et, plus récemment : « donner des avis sur les problèmes éthiques et les questions de société soulevés par les progrès de la connaissance dans les domaines de la biologie, de la médecine et de la santé ou par les conséquences sur la santé des progrès de la connaissance dans tout autre domaine » (art. 38 de la loi n° 2021-1017 du 2 août 2021 relative à la bioéthique).

Le président de la République, François Mitterrand, avait rappelé, lors de la mise en place du Comité, le 2 décembre 1983, que « la science d'aujourd'hui prend souvent l'homme de vitesse. Il faut essayer d'y remédier : voilà, dans le domaine qui est le vôtre, la raison d'être du Comité national d'éthique ». Il ajoutait aussi son souhait que le Comité réponde à une triple attente : « celle des citoyens qui cherchent des repères dans les avancées parfois vertigineuses des sciences dont nous parlons ; celle des chercheurs et des praticiens qui se sentent souvent trop seuls face aux conséquences gigantesques de leurs réflexions et de leurs travaux ; celle des pouvoirs publics, qui ont besoin d'avis, de conseils, de recommandations ».

Depuis la mise en place du Comité, 279 personnalités ont participé à ses travaux. Elles sont d'horizons divers, de diverses disciplines, « le théologien et le biologiste, le philosophe et le médecin praticien, le juriste et le pharmacologue, celui qui croyait au ciel, celui qui n'y croyait pas », rappelait Jean Bernard, premier président du Comité, lors du 10e anniversaire de celui-ci, le 8 février 1993. Plus de cent cinquante avis ou rapports ont été rendus publics depuis l'installation du Comité. Ils répondent à des saisines, questions posées par des autorités gouvernementales ou des institutions de recherche, mais aussi à des autosaisines, questions soulevées au sein même du Comité.

Les ouvrages publiés lors du 10e anniversaire du Comité[1], puis du 20e anniversaire[2], ont rassemblé et commenté ces différentes contributions. En revanche, à l'occasion du 30e anniversaire, le Comité a publié un ouvrage rassemblant des réflexions de plus de 70 membres, anciens ou en fonction en 2013, pour répondre à la question : *La Bioéthique, pour quoi faire*[3] *?* Ces témoignages insistaient notamment sur l'importance du débat au sein même de l'instance, où la « dispute » est facilitée par la mise « au vestiaire » de ses propres convictions pour construire collectivement une réflexion éthique commune, mais aussi au sein de la société. Ce dernier point a constitué, dès 1983, l'autre facette de la mission du CCNE, « chargé d'organiser une conférence annuelle sur les problèmes d'éthique dans le domaine des sciences de la vie et de la santé, au cours de laquelle les questions importantes qui s'y rapportent sont abordées publiquement. »

Réfléchir et partager cette réflexion avec l'ensemble de la société constituent, depuis quarante ans, la mission du CCNE. Cet ouvrage pourrait, à cet égard, constituer un retour d'expérience d'une aventure originale, jamais achevée, où les innovations scientifiques et technologiques se succèdent à un rythme sans cesse croissant, spécialement dans le domaine des sciences de la vie et de la santé.

Ces avancées, accélérées encore par la généralisation de la numérisation et les progrès de l'intelligence artificielle, repoussent les limites du pouvoir d'intervention de l'homme sur sa condition et sur l'ensemble du vivant, apportent de nouvelles conceptions du soin et de la recherche médicale, font naître des espoirs d'avancées majeures dans la lutte contre les maladies les plus graves, contre les

---

1. Centre de documentation en éthique des sciences de la vie et de la santé, Inserm, 1993.
2. Didier Sicard (coord.), *Travaux du Comité consultatif national d'éthique, 20e anniversaire*, Presses universitaires de France, 2003.
3. Ali Benmakhlouf (coord.), *La Bioéthique, pour quoi faire ?*, Presses universitaires de France, 2013.

souffrances, voire contre les maladies associées au vieillissement et au handicap. Elles ouvrent ainsi des perspectives entièrement nouvelles tout en soulevant des questions inédites, relatives aux biotechnologies appliquées à l'humain (procréation, génie génétique, etc.), mais aussi aux conséquences de la technologie humaine sur la nature (plantes, animaux, milieux) et la gravité des risques potentiels ou avérés auxquels est confrontée la civilisation tout entière.

Les différents chapitres de cet ouvrage, rédigés en très grande majorité par des membres anciens ou actuels du CCNE et sous leur responsabilité, proposent un chemin en six étapes, répondant aux questions soulevées par l'existence d'une institution indépendante, consultative et renouvelée régulièrement : comment a-t-elle été mise en place, il y a quarante ans ? comment fonctionne-t-elle et quelles interactions a-t-elle construites avec d'autres comités d'éthique et avec la société ? quel est justement le contenu éthique de sa réflexion et comment passe-t-on de l'éthique au droit ? quel est l'apport du CCNE ? reste-t-il encore des questions éthiques à traiter ?

Deux thématiques qui ont été profondément modifiées pendant cette période, l'ingénierie génétique et le numérique, sont analysées précisément sous le prisme éthique. Cet ouvrage contient, enfin, le regard privilégié des anciens présidents d'honneur du CCNE sur l'instance qu'ils ont présidée à différents moments de cette période.

En définitive, la responsabilité conférée au CCNE il y a quatre décennies peut-elle être évaluée aujourd'hui ? Cet ouvrage en livre des éléments de réponse, précieux pour demain.

PREMIÈRE PARTIE

Pourquoi le président de la République a-t-il créé le CCNE en 1983 ?

Le Comité consultatif national d'éthique pour les sciences de la vie et de la santé a été créé en 1983 par le président de la République, François Mitterrand. Pour quelles raisons la France s'est-elle dotée à cette époque d'une instance consultative qui, à l'échelle internationale, pouvait apparaître comme une innovation ? Le chapitre 1, construit à partir de nombreux témoignages, apporte quelques éléments de réponse à cette question. Le chapitre 2 rassemble les points de vue des présidents d'honneur du CCNE sur le rôle du Comité à différents moments de ces quatre décennies.

CHAPITRE 1

Retour sur la création du CCNE en 1983

Jean-François Delfraissy,
Thomas Maillet-Mezeray,
Emmanuel Didier, Pierre-Henri Duée

Pourquoi, à un moment où l'éthique était une préoccupation semble-t-il confidentielle, le Comité national d'éthique fut-il créé ? Pour le comprendre, peut-être faut-il analyser la motivation politique qui prévalait alors et revenir sur ce que l'on attendait d'une nouvelle instance, et sur la manière dont ses missions se sont renforcées au fil des textes législatifs.

Nous avons donc mené un travail de recherche et une série d'entretiens avec diverses personnalités (hauts fonctionnaires ; monde de la recherche ou du gouvernement ; secrétaires généraux du CCNE), qui nous ont permis de tenter d'écrire le récit de cette création au début des années 1980[1].

1. Liste des personnes auditionnées ou contactées : Henri Atlan, Jacques Attali, Martine de Boisdeffre, Jean-Pierre Chevènement, Philippe Crouzet, Jean-Marie Delarue, Cécile Duflot, René Frydman, André Jaeglé, Philippe Lazar, Jean-Daniel Lévi, Marie-Hélène Mouneyrat, Geneviève Potier de Courcy, Nicole Questiaux.

En 1981, la recherche et l'innovation attendues pour relancer l'économie

L'élection présidentielle en 1981, avec les partis de gauche désormais au pouvoir, s'est rapidement accompagnée d'un plan de relance économique proposé par le Premier ministre, Pierre Mauroy, afin de contrer la forte inflation et la faible croissance à cette époque.

Dans le même temps, le gouvernement faisait le constat que l'effort de recherche et de développement technologique avait stagné au cours des années précédentes. Une relance de l'effort de recherche fut décidée, notamment parce qu'elle était entrée, depuis la fin de la Seconde Guerre mondiale, dans l'« économie de la connaissance » et devait obéir à une double logique : la garantie de la liberté des chercheurs ; la contribution de l'effort de recherche pour satisfaire les besoins de la « demande sociale », même si on ne peut pas sortir d'une crise seulement par le truchement de la recherche. Les membres de la communauté scientifique nationale étaient alors incités à consacrer une partie de leur énergie et de leur imagination à sortir du champ de leur spécialisation pour s'interroger sur les finalités de leur travail.

L'organisation d'un colloque national sur la recherche et la technologie a été mise en place dès le 1er juillet 1981, se déclinant à travers des assises régionales, puis nationales (13-16 janvier 1982). Le ministre de la Recherche et de l'Industrie, Jean-Pierre Chevènement, y rappela l'objectif général de cette consultation : « Restaurer l'alliance de la science et de la démocratie, intégrer la science à la culture de notre temps, créer dans la communauté scientifique et dans l'ensemble du pays les conditions favorables à l'émergence des idées nouvelles et de l'innovation, et à l'application de la science[2]. »

---

2. *Recherche et technologie. Actes du colloque national, 13-16 janvier 1982*, La Documentation française, Paris, 1982.

L'affirmation de la responsabilité sociale des chercheurs

Le rendez-vous de janvier 1982 convoqua donc la recherche pour lui promettre de nouveaux moyens, tout en lui rappelant que cette promotion devra s'appuyer sur la société[3] : « une recherche plus riche de moyens, plus libre d'action et plus utile à la société » (rapport de la commission 1 des assises de la recherche). Il fut présidé par François Gros et le rapporteur général en était Philippe Lazar.

S'y exprima aussi un besoin de repères pour la science et la recherche impulsé par le président de la République, François Mitterrand, lors de la séance officielle d'ouverture des assises nationales, le 13 janvier 1982 : « Nous voulons que la recherche et la technologie, leur évolution, leurs conséquences, soient mieux connues de ceux qui ont à prendre des décisions pour tous, que les chercheurs fassent comprendre tout à fait les espoirs et les craintes, soumettent à la réflexion des politiques les controverses qui naissent de l'évolution des connaissances[4]. »

Au sommet de l'État, les problèmes posés par les progrès scientifiques et médicaux n'étaient pas ignorés[5]. Les chercheurs aussi en étaient conscients, comme le montre le rapport de la commission 2 des assises de la recherche : « À cet égard, les offices d'évaluation technologique des risques sont proposés par certains, le risque ne concernant d'ailleurs pas seulement les problèmes de santé. Les problèmes relatifs aux essais thérapeutiques mettent en évidence la

3. Jean-François Théry, Rémi Barré, *La Loi sur la recherche de 1982. Origines, bilan et perspectives du « modèle français »*, Éditions Quae, « Sciences en questions », 2001.

4. *Recherche et technologie. Actes du colloque national, 13-16 janvier 1982, op. cit.*

5. Ainsi, quelques cercles de réflexion informels, mêlant scientifiques, philosophes et politiques, interrogeaient la complexité de l'innovation technologique prise dans une dimension systémique et constituaient de réels incubateurs d'idées dans les années 1970 et 1980. Parmi ceux-ci, le Groupe des Dix, ainsi que l'Institut de recherche et d'information socio-économique, proches de François Mitterrand. Ces réseaux ont conduit à la création du Centre d'études des systèmes et technologies avancées, par décret en date du 22 février 1983.

responsabilité sociale majeure des chercheurs dans le domaine des sciences de la vie et de la santé. On s'accorde clairement à noter qu'il s'agit d'un problème particulièrement complexe. On doit en effet naviguer entre le souci de protéger un maximum l'intérêt des patients ou des témoins sains et l'impérieuse obligation où l'on se trouve de pratiquer une expérimentation humaine. » Quelques lignes plus loin, le rapporteur de cette commission, Jean Rosa[6], mentionnait explicitement le modèle du comité d'éthique médicale tout en en relevant les difficultés : « Plus délicat est le problème des comités d'éthique médicale. L'adhésion de certaines catégories de chercheurs médicaux à ce type de structures nécessitera probablement des efforts soutenus. La relativement faible participation de ces chercheurs au Colloque, fruit vraisemblable d'une certaine pesanteur sociologique, en est l'une des preuves. Pour ce qui est des comités d'éthique, leur structure, la qualité de leurs membres : professionnels de la santé, utilisateurs, juristes, entre autres, leur nombre, leur coordination devront être soigneusement précisés ».

En d'autres termes, les difficultés attribuées à certaines catégories de chercheurs des sciences de la vie et de la santé étaient probablement imputables à la structure du corps médical, sa hiérarchie, laissant peu de place à la critique qui était supposée consubstantielle à la réflexion éthique[7].

Le questionnement éthique était donc en émergence au sein du monde scientifique, et la création d'un Comité d'éthique pouvait être envisagée, même si l'enthousiasme était tempéré. Enthousiasme tempéré à raison au vu du discours de clôture du Premier ministre, le 16 janvier : « Toute la vocation de l'homme reste résumée par le mythe de Prométhée. Nous ne progressons qu'en bravant des interdits. »

6. Jean Rosa devint membre du CCNE en 2000.
7. François-André Isambert, « De la bioéthique aux comités d'éthique », *Études*, 1983, 358, p. 671-683.

1982 : combler le retard français dans l'éthique de la recherche

À l'échelle internationale, le domaine de l'éthique dans les sciences de la vie et de la santé était loin d'être vierge. Rappelons d'abord le « code de Nuremberg » de 1947 ou la déclaration d'Helsinki de 1964, tous deux fixant des conditions à la recherche médicale sur l'homme.

Des comités d'éthique existaient dès les années 1960 dans les pays nordiques[8]. En Suède, les discussions portant sur la nécessité de contrôler les expérimentations sur des êtres humains aboutirent en 1965 à la création du premier Comité d'éthique régional (REC) à l'hôpital Karolinska de Stockholm. On en compte six en 1978 et leur coordination est assurée plus tard par le Comité national d'éthique médicale créé en mars 1984.

Au Danemark, est créé en 1978 un Comité scientifique et éthique (C-SERC) chargé de coordonner les sept comités régionaux (R-SERC). La même année, la Norvège adopta cette organisation.

En 1975, le biochimiste américain Paul Berg organise à Asilomar, en Californie, une conférence appelant à un moratoire sur les manipulations génétiques, craignant la diffusion de bactéries oncogènes génétiquement modifiées[9]. Indépendamment des États, des synergies internationales s'étaient mises en place bien avant 1983 : la bioéthique n'était pas inconnue du monde de la recherche scientifique qui connaissait alors, notamment en génétique, des progrès considérables.

---

8. Jan Helge Solbakk, « Ethics review committees [in biomedical research] in the Nordic countries : History, organization, and assignments », *Health Care Ethics Committee Forum*, 3 (4), 1991, p. 215-220 ; Unesco, *National Bioethics Committees in Action*, Paris, 2010.

9. D'autres mouvements de contestation des chercheurs avaient eu lieu avant cette période, notamment contre la course aux armements. Citons par exemple le mouvement Pugwash.

On notera enfin qu'en 1974, la coopération internationale sur les sujets de bioéthique fut importante. En septembre de cette année, est créé par Robert Mallet, recteur de la Sorbonne, le Mouvement universel de la responsabilité scientifique (MURS) à la suite du colloque « Biologie et devenir de l'homme ». En novembre 1974, lors de sa 18e session, l'Unesco adopte la Recommandation concernant la condition des chercheurs scientifiques qui aborde l'« aspect civique et éthique de la recherche scientifique[10] » et insiste sur le droit du chercheur de « s'exprimer librement sur la valeur humaine, sociale ou écologique de certains projets et, en dernier ressort, de cesser d'y participer si telle est la conduite que leur dicte leur conscience ».

À l'échelle française, au niveau local ou institutionnel, des instances prenant en charge des problèmes éthiques avaient été mises en place au sein de quelques centres hospitaliers, principalement parisiens, et évaluaient des situations particulières. Il existait surtout un comité d'éthique à l'Inserm, créé en 1974 sous l'impulsion de Constant Burg, directeur de l'Inserm de 1969 à 1979. Six médecins hospitalo-universitaires et une directrice de recherche le composaient. Chargé d'évaluer les projets de recherche des membres de l'Institut, ce comité était, selon Philippe Lazar, assez formel et n'a laissé que peu de traces.

En interrogeant René Frydman, gynécologue à l'hôpital de Clamart et membre de l'équipe du professeur Papiernik qui rendit possible la naissance d'Amandine, le 24 février 1982, sur l'existence d'un comité d'éthique ayant évalué le protocole qu'il avait mis en place pour la fécondation correspondante, sa réponse fut claire : « On était, Jacques Testart et moi-même, interrogatifs concernant l'utilité d'une telle instance pour nos recherches sur la fécondation *in vitro*. Pour moi, c'était assez simple. J'étais médecin et j'avais en face de moi un homme et une femme qui avaient des difficultés à concevoir[11]. »

---

10. *Actes de la Conférence générale. Dix-huitième session. Paris, 17 octobre-23 novembre 1974*, vol. 1 : *Résolutions*, Unesco, 1975, p. 176-187.
11. René Frydman devint membre du CCNE en 1986.

On notera enfin qu'au G7 de Versailles (4-6 juin 1982), le président de la République proposa la tenue d'un colloque international de bioéthique avec l'objectif d'accompagner la mutation technologique et l'explosion du progrès. Cette proposition fut bien reçue par les participants[12].

23 février 1983 : le décret de création du CCNE

L'idée de créer un Comité national d'éthique fut donc lancée au début de l'année 1982. Écoutons Philippe Lazar à ce sujet : « Je venais d'être nommé à la direction générale de l'Inserm et je reçois une directive de Chevènement, avec en arrière-plan le président de la République, me demandant de créer un Comité national d'éthique, en liaison avec le professeur Jean Bernard[13]. » Cette décision politique souligne, si nécessaire, l'importance du contexte (penser différemment l'innovation, tirer les enseignements des assises de la recherche, réagir à l'annonce de la naissance d'Amandine, mais aussi donner une dimension nouvelle au comité d'éthique de l'Inserm) dans son émergence.

Toutefois, dans ce contexte favorable à la création d'un Comité d'éthique national, la naissance du premier « bébé-éprouvette » fut un fait déterminant, même si son retentissement est difficile à mesurer, mais qui a pu déclencher notamment de la part du politique une réaction rapide.

Notons néanmoins que la décision de créer un Comité d'éthique ne suscita que peu de réactions et fut prise presque dans l'indifférence générale. Rappelons d'ailleurs que même la discussion autour

12. La conférence internationale de bioéthique s'est tenue à Rambouillet (19-21 avril 1985), au cours de laquelle le président de la République déclara : « La bioéthique est aussi importante que les questions économiques et stratégiques. »
13. Le décret de nomination de Philippe Lazar fut signé le 5 février 1982 et publié le 9 février 1982.

de l'interruption volontaire de grossesse en 1975 n'avait pas été présentée en termes éthiques, mais plutôt en termes de rupture de société dans les rapports entre les hommes et les femmes.

On peut aussi s'interroger, avec Dominique Thouvenin, sur le fait de savoir pourquoi le pouvoir politique a estimé ne pas être en mesure de se passer d'une réflexion éthique en amont des choix politiques, alors qu'il disposait déjà de différentes instances (par exemple, l'Académie nationale de médecine, l'Ordre des médecins, etc.) qui pouvaient lui apporter une réflexion[14].

La rédaction du décret ne posa pas de problème. L'Élysée en suivit le bon déroulement, n'intervenant que ponctuellement et c'est, par exemple, à la demande du cabinet présidentiel, selon Jean-Daniel Lévi, qu'a été ajouté l'article 7 chargeant le CCNE d'« organiser une conférence annuelle sur les problèmes d'éthique dans le domaine des sciences de la vie et de la santé, au cours de laquelle les questions importantes qui s'y rapportent sont abordées publiquement ».

Le président de la République choisit Jean Bernard, qui présidait déjà le comité d'éthique de l'Inserm, comme président du CCNE. Avant même le décret de 1983, Jean-Marie Delarue, premier secrétaire général du CCNE puis membre du Comité trente ans plus tard, prépara le règlement intérieur du Comité.

Une fois le décret rédigé et prêt à être publié, vint le moment des signatures. Martine de Boisdeffre, présidente de la section du rapport et des études du Conseil d'État, attira d'ailleurs notre attention sur les signataires : le Premier ministre Pierre Mauroy, le ministre de la Recherche et de l'Industrie Jean-Pierre Chevènement, le ministre des Affaires sociales Pierre Bérégovoy, le ministre de la Justice Robert Badinter, le ministre du Travail Jean Auroux, le ministre de la Santé Jack Ralite et celui de la Communication Georges Fillioud. « On aurait pu se dire qu'on ne mettrait que la recherche et la santé. D'ailleurs ce ne sont que les deux seuls ministres qui ont eu

---

14. Dominique Thouvenin, « Les institutions nationales de bioéthique : fonctionnement et compétences », *Revue politique et parlementaire, bioéthique : entre loi, morale et progrès*, 2009, n° 1950, p. 167-177. Dominique Thouvenin fut membre du CCNE de 2012 à 2017.

à approuver le règlement intérieur. Cette interministérialité est frappante. » Cette volonté présidentielle et cette rare interministérialité manifestaient l'évolution de la détermination du gouvernement à mener à bien la création du Comité consultatif national d'éthique.

1983-1985 : les premiers pas du CCNE

Ainsi fut mis en place le premier Comité national d'éthique, avec, en son sein, quatre, puis cinq membres nommés par le président de la République et appartenant « aux principales familles philosophiques et spirituelles », une spécificité là aussi.

Les quatre premiers secrétaires généraux[15] du CCNE ont donné un éclairage convergent sur la mise en place du Comité dont le président et les membres étaient placés devant « une feuille blanche » pour dessiner ce que devait être la réflexion éthique à un moment où la biologie devenait une discipline « triomphante ». Ils ont ainsi élaboré une méthode de travail qui « combinait les qualités de la démarche scientifique et de la technique juridictionnelle », selon Nicole Questiaux, membre du CCNE de 1983 à 2005.

Les premiers avis rédigés en séance mettaient souvent en scène les défenseurs du progrès scientifique et certains membres appartenant aux familles de pensée considérées comme représentatives de la société. Tous les membres ont rapidement convenu que « le dialogue [était] nécessaire au progrès humain ». Un dialogue qui s'est aussi transporté dans l'enceinte des Journées annuelles d'éthique, en présence du public, dès décembre 1985, car pour Philippe Lazar le CCNE devait « réfléchir aux problèmes moraux posés par l'évolution des connaissances et le faire en informant la population ».

15. Jean-Marie Delarue, Philippe Crouzet, Martine de Boisdeffre, Marie-Hélène Mouneyrat se succédèrent en peu de temps pour assumer la fonction de secrétaire général du CCNE. Marie-Hélène Mouneyrat ne quitta ce poste qu'en décembre 2021, remplacée par Ingrid Callies.

CHAPITRE 2

Le regard des présidents d'honneur du CCNE

Jean-Pierre Changeux, Didier Sicard, Alain Grimfeld, Jean Claude Ameisen

Le CCNE est présidé par une personnalité nommée par le président de la République, initialement pour un mandat de deux ans, renouvelable. Depuis la dernière révision de la loi de bioéthique, promulguée le 2 août 2021, le président du Comité, comme tous les membres, est désormais nommé pour une durée de trois ans, renouvelable une fois.

Six personnalités président ou ont présidé le CCNE : Jean Bernard (1983-1992) ; Jean-Pierre Changeux (1992-1999) ; Didier Sicard (1999-2008) ; Alain Grimfeld (2008-2012) ; Jean Claude Ameisen (2012-2016) ; Jean-François Delfraissy depuis le 4 janvier 2017.

Ce deuxième chapitre propose les témoignages de quatre présidents d'honneur auxquels quelques questions furent posées, afin d'amorcer l'échange et leur réflexion, notamment s'ils pouvaient livrer des faits ayant marqué, selon eux, leur mandat, ou leur vision, à court ou moyen terme, de l'évolution du CCNE.

Jean Bernard

Décédé en 2006, Jean Bernard rappelait que l'éthique de la biologie n'appartenait pas à un petit groupe de personnes, mais concernait toutes les femmes, tous les hommes, tous les enfants. Lors du 20e anniversaire du CCNE, il avait souligné ce qui était consubstantiel à la bioéthique. « La bioéthique, c'est d'abord une double rigueur, la rigueur glacée de la science, la rigueur glacée de la morale. Mais c'est aussi, alliées à ces rigueurs, la chaleur de la vie, la profondeur de la réflexion, la chaleur, la profondeur d'une discipline tout entière inspirée par l'espoir de limiter cette souffrance humaine toujours présente autour des questions posées, tout entière inspirée par l'amour du prochain. »

« Notre Comité est fort heureusement consultatif », indiquait-il aussi lors du 10e anniversaire du CCNE. Le Comité donne des avis, mais n'est en rien un organe de décision ! Il est cependant dans le monde : les femmes et les hommes qui se consacrent à l'éthique sont dans le monde. Les questions qu'ils étudient peuvent être éclairées ou compliquées par les recherches poursuivies par d'autres disciplines, dans d'autres domaines. Mais, bien souvent, faisait-il remarquer en 1993, « le CCNE, depuis sa création, s'est trouvé en situation d'aval par rapport au moment où les applications des recherches à l'homme malade ou sain ont lieu ou sont ébauchées : les progrès de la recherche, leurs applications étaient antérieurs ; ils galopaient devant nous ! ».

Ce fut ainsi le cas dans des domaines très divers : essais sur volontaires sains, essais thérapeutiques comparés, greffes d'organes, insémination artificielle, procréation médicalement assistée. En revanche, Jean Bernard constatait qu'au moment où il passait le flambeau de la présidence du CCNE à un neurobiologiste, Jean-Pierre Changeux, « les remarquables progrès des sciences du système nerveux, des neurosciences et leurs conséquences [étaient] récents, [allaient] concerner l'homme au plus profond, mais ne lui [étaient] pas encore appliqués ».

La réflexion éthique se plaçait donc en quelque sorte en amont et pouvait s'exercer efficacement.

Jean-Pierre Changeux

La réflexion éthique au sein du CCNE : des moments exceptionnels de responsabilité, d'humanité, d'authentique « vie bonne avec et pour les autres »

La mission du Comité avait été définie clairement dans son décret fondateur de 1983 : donner des avis sur les problèmes moraux « soulevés par la recherche dans les domaines de la biologie, de la médecine et de la santé », ces problèmes concernant « l'homme, des groupes sociaux ou la société tout entière ». Je constate que la dimension sociale des questions éthiques abordées par le CCNE est devenue de plus en plus importante. Cela est dû, selon moi, à une globalisation de la société, de l'économie, à un développement des réseaux sociaux au niveau mondial et à un élargissement des interactions entre cultures et systèmes politiques. Comment accompagner cette évolution ? En élargissant la vocation du Comité ? Elle est aujourd'hui limitée, spécialisée dans les sciences de la vie et de la santé. Or elle devrait, selon moi, pouvoir être élargie sans difficultés à l'informatique et à des sciences, comme la chimie ou la physique, qui interagissent de plus en plus étroitement avec la biologie et la médecine. C'est ce que j'ai toujours souhaité faire… avec un succès limité. La mission du CCNE devrait aussi porter, selon moi, sur les questions suscitées par la recherche militaire, tant au niveau national que mondial.

Un objectif central du CCNE est, pour moi, l'« innovation éthique ». Celle-ci contribue à élaborer de nouvelles règles de conduite qui prennent en compte les développements récents de la science et de la technique au bénéfice d'un meilleur « vivre ensemble », tout en respectant les libertés individuelles et d'une manière générale, reprenant le mot de Kant, l'*humanitas* qui signe notre appartenance à l'espèce humaine. C'est ce que j'ai proposé dans *La Nature et la Règle,* dialogue que j'ai eu avec le philosophe Paul Ricœur en 1998 :

> L'expérience prouve en effet que l'on ne parvient à rien avec le consensus pour objectif. En fait, il y a souvent une troisième voie. L'innovation, la création permettent de trouver des solutions qui ne sont pas simplement des moindres maux, mais apportent un plus. Cela a, par exemple, été le cas au Comité avec la question de la toxicomanie. Le débat éthique est en quelque sorte évolutionniste ! L'innovation éthique permet d'imaginer des solutions normatives susceptibles de rassembler des personnes dont l'avis est au départ divergent[1].

Le travail du Comité ne peut se réduire à la simple présentation de positions éthiques en conflit. Il s'agit d'inventer, d'imaginer – au XXIe siècle – de nouvelles formes d'humanité et de solidarité comme conditions d'une harmonie entre la vie de l'individu et celle du groupe social.

Il m'est difficile de faire un bilan objectif, en quelques mots, des 29 avis rendus au cours des six années de mon mandat. Mais j'aimerais souligner que la plupart d'entre eux ont été rendus à l'unanimité (parfois sans même avoir à voter) bien que portant sur des thèmes aussi controversés que les cellules souches embryonnaires, le consentement éclairé, la stérilisation, la toxicomanie ou les xénogreffes. Il m'est apparu, au cours de ces discussions, que l'on pouvait avoir accès à une certaine forme d'« universalisme » – même si le terme est controversé – dans la réflexion éthique. Qu'il était possible d'outrepasser le pluralisme culturel et tout particulièrement la diversité des systèmes de croyances, symboliques ou philosophiques, propres à chaque tradition culturelle, ainsi que les dispositions propres à chaque individu.

Somme toute, d'avoir une réflexion humaniste, laïque dans le meilleur sens du terme.

Les différences culturelles me paraissent souvent marquées par des histoires passées difficiles, l'évolution millénaire des civilisations, la géopolitique… et peuvent interférer avec une réflexion éthique

---

1. Jean-Pierre Changeux, Paul Ricœur, *La Nature et la Règle. Ce qui nous fait penser*, Odile Jacob, 1998.

sereine devenue indispensable avec les progrès fulgurants de la science et de la technologie. J'avais le souci constant d'éviter que la discussion s'enlise et faisais en sorte qu'elle avance vers une solution raisonnable sur laquelle chacun puisse s'accorder. Dans cette optique, le rôle du président est d'assurer une liberté et une équité totales des débats pour construire un édifice commun, pas à pas, brique par brique. Faire en sorte que l'*humanitas* de chacun des membres du Comité s'exprime avec sincérité, en dépit, voire au-delà, des convictions personnelles de chacun.

Avant toute réflexion éthique, il faut au préalable une analyse scientifique aussi précise que possible. D'ailleurs, mon prédécesseur l'avait déjà souligné : « Ce qui n'est pas scientifique n'est pas éthique », disait-il, et Jacques Monod le disait également. Lorsque sont analysés et délimités de manière concrète et synthétique les problèmes biomédicaux, économiques et juridiques, une première réponse est apportée au problème éthique. C'est aussi un moyen de garantir l'« applicabilité » des avis, selon le terme de Paul Ricœur. Parfois, des conclusions peuvent être rationnelles mais pas humainement « raisonnables ». Il faut pouvoir réfléchir à la mise en application concrète de nos recommandations, à leurs conséquences dans la vie quotidienne, avec le souci fondamental d'assurer la mise en harmonie de la vie de l'individu avec celle du groupe social. Par exemple, concernant l'autorisation d'isoler des cellules souches à partir d'embryons congelés obtenus *in vitro*, nous avons accompagné l'avis de sévères exigences, comme l'autorisation des parents, la visée biomédicale des recherches ou – point essentiel – l'interdiction d'une éventuelle intégration à des embryons réimplantés.

Le bon sens, la plausibilité et le bien commun priment sur un rationalisme qui peut devenir intempérant.

Parmi les faits qui ont marqué mon mandat, j'en retiendrai deux.

Le premier, celui sur les cellules souches embryonnaires (avis 53), avait été entrepris sous l'incitation de chercheurs français travaillant sur des modèles animaux. Le clonage cellulaire avait déjà été réalisé sur l'animal en France et on savait qu'il était en préparation sur l'homme. Une fois rendu public, l'avis a été repris par nos amis anglo-saxons et adopté un an plus tard par les deux Chambres britanniques. En France, il a fallu attendre sept ans pour qu'il soit inscrit dans la loi. Un retard inacceptable pour un pays civilisé !

Un autre avis marquant est celui sur les toxicomanies (avis 43). Un important travail préparatoire avait été mené. Il avait abouti à un rapport très complet. Ses conclusions étaient que : (1) la toxicomanie est une pathologie cérébrale et pour y remédier, il fallait – au départ – s'entendre sur une classification rationnelle des drogues ; (2) la loi de 1970 distingue substances licites et illicites et deux types de réponses « légales », pénale (répressive) ou médicale (sanitaire) ; (3) notre proposition était d'abandonner la loi de 1970 et de revoir sérieusement la classification des drogues – à la lumière des progrès récents dans ce domaine – sur la base du danger réel auquel s'expose l'usager pour sa santé et sa vie sociale. Une réponse médicale s'imposait pour tout usage et tout abus de drogue, la réponse policière étant réservée à la vente illicite, au trafic ou à la tentative de trafic à l'échelle nationale… et mondiale. Notre avis n'a jamais été repris par la loi. Pourquoi ? D'abord, clin d'œil ironique de notre classification médico-scientifique : l'alcool et le tabac étaient classés parmi les drogues les plus dangereuses… même si elles étaient les plus consommées. Également, en France, comme dans beaucoup de pays au monde, la stratégie dominante – la plus facile – était celle de la répression, alors qu'elle doit être, en priorité, la prise en charge médicale et sociale de la toxicomanie et sa prévention. Une pathologie cérébrale gravissime dont on voit aujourd'hui les désastres aux États-Unis avec la crise des opiacés.

Heureusement, certains de nos avis ont quand même été suivis. C'est le cas de celui sur la prise en charge des autistes (avis 47). Il y avait alors en France deux positions théoriques relatives à l'autisme : l'une, majoritaire, relevait de la psychanalyse freudienne – la souffrance de l'enfant était due « au manque d'amour des parents », et de la mère en particulier ; l'autre, minoritaire, défendait une conception « neurobiologique » de la maladie qui devait s'accompagner de soins adaptés. À l'époque, la majorité des psychiatres hospitaliers adhéraient aux thèses psychanalytiques. D'où la maltraitance des enfants par l'institution dont se plaignaient les associations de parents. Notre avis allait, délibérément, dans le sens de la deuxième position.

L'autisme est une maladie organique, et une prise en charge adaptée – un apprentissage spécialisé dans le cadre d'une relation sociale adéquate – devait permettre de surmonter des prédispositions génétiques d'origine familiale. Un traitement pharmacologique restait – et reste toujours – à découvrir.

Depuis la publication de cet avis, la prise en charge des autistes a évolué positivement en France, passant de la première approche à la seconde.

Est-ce entièrement dû à l'avis du CCNE ? Pourquoi pas ? Mais pas seulement. L'action des associations de parents de malades a été décisive.

Faire fructifier un libre débat d'idées au sein du CCNE afin que chaque membre puisse exprimer son argumentaire de manière approfondie et en toute sérénité fut donc l'une de mes priorités au CCNE, mais pas la seule ! D'autres idées me parurent d'emblée prioritaires : s'émanciper de la tutelle de l'Inserm et de toute institution biomédicale contraignante afin de laisser au CCNE une totale autonomie de jugement et échapper, en particulier, au pouvoir médical. Il fallait pour cela obtenir des pouvoirs publics des locaux qui assurent l'indépendance « physique » du Comité. Ce fut fait. Mais aussi susciter des échanges avec le monde extérieur, notamment en améliorant les relations avec la presse (un attaché de presse fut d'ailleurs recruté). Des conférences de presse furent organisées en présence de l'ensemble des membres du Comité, sous la forme de débats délibérément contradictoires et ouverts avec les représentants de la presse, qui accueillirent l'initiative avec intérêt.

Des débats d'idées qui se sont aussi ouverts à la dimension sociale en particulier, par le biais de nos capacités d'« autosaisine », en mettant en chantier des réflexions sur des thèmes que nos institutions ou nos politiques auraient hésité à poser au Comité, tels que celui de la médecine de prédiction et de prévention ou celui des conséquences du progrès technique sur les politiques de santé… la recherche militaire restant toujours hors d'atteinte…

Une autre initiative réaffirmant autonomie et responsabilité du Comité fut la création d'un groupe de « vigilance éthique » dont le rôle était d'anticiper la survenue d'un problème éthique. Cette dimension socioculturelle demandait un approfondissement de notre réflexion et j'ai alors décidé de créer chaque année un séminaire d'été.

Toutefois, je me suis rendu compte, notamment lors du débat sur les cellules souches, que les questions politiques venaient souvent interférer avec les questions éthiques. Le débat éthique devenait un débat politique !

Ce problème du rapport entre le CCNE et le politique est un sujet permanent : faut-il laisser le CCNE consultatif et indépendant ou bien l'associer à la vie parlementaire, ce qui lui permettrait de contribuer plus directement à la préparation des textes de loi ? J'avoue que ce genre de débat, même s'il est essentiel, et contrairement au débat d'idées, ne m'a jamais passionné à titre personnel… Il demande, en premier lieu, que le monde politique soit mieux formé aux questions scientifiques, mais aussi un débat sur ce sujet qui reste à faire dans notre pays.

Enfin, soulignons également que la vocation du CCNE n'est pas seulement nationale : la portée de sa réflexion devait dépasser les frontières de l'Hexagone, notamment quand on aborde la question cruciale de la justice et de l'équité dans la répartition des bénéfices de la recherche dans le monde – les inégalités économiques –, question éthique centrale pour l'avenir de l'humanité. D'où l'idée de créer un Comité mondial d'éthique qui puisse engager la discussion sur les questions qui se posent. Le président de la République, Jacques Chirac, me donna son aval et défendit l'idée publiquement. Mais quel en fut le résultat ? Un travail considérable est encore à accomplir. Si l'on élargissait, à l'échelle mondiale, le modèle du Comité, modèle où discorde et violence forment une composante fondamentale des relations humaines, alors on se doterait des moyens de convertir de potentiels conflits politiques et culturels en potentialités de paix. Mais ces institutions internationales restent à construire.

Didier Sicard

Le CCNE sert avant tout à exprimer une parole libre et diverse

Il est très rare de découvrir une institution publique où les conflits d'intérêts sont neutralisés, où les enjeux ne sont pas d'ordre économique, financier, ou promotionnel d'une carrière, mais purement intellectuels.

Aucune autre cause que le questionnement éthique n'est présente, car l'éthique reste avant tout un questionnement sur la relation entre la science et la société. La plupart des institutions scientifiques sont en effet, malgré leur bonne volonté, enfermées dans des débats où s'affrontent des intérêts divergents représentés par les membres qui y siègent.

Au CCNE, personne ne représente personne ! Ceux qui siègent au titre des familles spirituelles ne les représentent pas. En guise d'illustration teintée d'humour, je me souviens d'un membre récemment nommé, découvrant le Comité, qui, s'adressant à un autre membre, plus ancien, qui appartenait à une instance centrale du Parti communiste, Lucien Sève, nommé au titre de la famille philosophique, l'interpella en lui disant « mon père », lui attribuant *de facto* une fonction épiscopale !

C'est fondamental que les membres du CCNE, avant d'entrer en réunion, puissent laisser leurs préjugés au vestiaire ! Il est d'ailleurs regrettable qu'une première entorse à cette règle générale ait été récemment faite dans les dernières nominations citoyennes, en tant que « représentants » de citoyens ! En l'occurrence, six représentants d'associations de personnes malades et d'usagers du système de santé, d'associations de personnes handicapées, d'associations familiales et d'associations œuvrant dans le domaine de la protection des droits des personnes (révision de la loi de bioéthique 2021). Un représentant, en effet, devient le mandant de son institution ou de son association et n'est plus une personne libre.

Il ne s'agit pas d'une exception d'ordre éthique, mais de la qualité d'un fonctionnement qui aboutit à ce qu'un propos radical, en défense d'une foi ou d'une conviction, s'abolit du fait même de son non-partage.

Je me souviens de la parole d'un membre qui, à l'occasion d'un avis sur la brevetabilité ou non des gènes humains (avis 64), a dit clairement que cet avis « menaçait l'économie de son institution » et a voulu le faire savoir publiquement en réclamant l'affichage de son nom lors de la publication de l'avis. Sa crédibilité publique en a souffert comme une personne qui s'opposait à l'idée éthique d'une non-brevetabilité des gènes humains, quelles que soient leurs méthodes d'appropriation scientifique.

C'est aussi pourquoi j'ai toujours défendu l'anonymat des signataires d'un avis. L'expression libre d'une divergence d'opinions au CCNE (c'est une exception !) ne doit pas s'accompagner de l'identification de ses soutiens.

Le CCNE est donc animé, sans que ce soit utopique, par une éthique de responsabilité plutôt que par une éthique de conviction. Il lui faut dépasser les opinions de chacun pour trouver une ligne directrice, certes issue des jugements des membres, mais confrontée sans cesse aux questions contradictoires suscitées par l'un ou l'autre. Autrement dit, ce n'est pas une fédération consensuelle d'opinions différentes, mais l'expression, bien souvent inattendue, d'un groupe humain où chacun contribue à une réflexion commune.

Le rôle du président est, à mon sens, très particulier. Sa fonction n'est pas de faire prévaloir son jugement. Il est là, au contraire, pour capter à la volée les mots, les paroles de chacun dans leur liberté pour les écrire, les aligner « sur les mêmes rails ».

Il doit être capable de faire rouler ensemble des diligences et des TGV, non pas en termes d'intelligence, de progressisme ou de conservatisme, mais en termes pratiques de cohérence.

Il s'agit alors d'une coconstruction par l'ensemble des membres, plutôt qu'une validation d'une parole verticale. Là encore, ce n'est pas utopique. Car un sentiment d'efficacité du groupe crée une émulation et un sentiment de plaisir intellectuel particulièrement rares. La découverte de la richesse d'une parole libre commune qui dépasse chacun des participants, en même temps que chacun respecte la liberté de l'autre, est toujours surprenante.

Parmi les faits qui ont marqué mon mandat, j'en retiendrai trois.

Tout d'abord, l'avis 63 qui concernait la question de la fin de vie, ayant fait l'objet de débats passionnés en 2000, mais ayant abouti à un avis *unanime* mêlant les tenants et les opposants à l'euthanasie.

Son objectif était de ne pas faire de loi, mais de prendre conscience que des situations s'imposent où donner la mort était souhaité par la personne malade, son entourage, la médecine, et que la médecine devait répondre à ce souhait, lorsque des critères précis rendaient celle-ci « bienveillante ».

Il ne s'agissait nullement de demander à la médecine d'accéder à une revendication militante d'une « ultime liberté », mais de permettre à chaque personne en fin de vie de ne pas la prolonger inutilement lorsqu'une souffrance physique ou psychique était jugée insupportable par elle-même et/ou son entourage. Il fallait donc placer la justice devant ses responsabilités en arguant du concept d'*exception d'euthanasie*, c'est-à-dire de dire à la justice : « Ne poursuivez pas, ce n'est pas un meurtre, c'est une exception. »

Les médias ont été surpris par cette unanimité, vue comme révolutionnaire et, pendant quelques semaines, en ont fait la « une ». Mais le droit n'a pas supporté ce concept d'exception qui lui était totalement étranger, même si c'était un juriste qui l'avait proposé !

Cet avis aurait pourtant évité bien des débats ultérieurs toujours clivants. On oublie, en effet, qu'il s'agit d'un geste médical ou de prescription médicale qui ne peut s'imposer au nom d'une liberté de la personne malade. Le parallèle avec l'avortement, soulevé à cette occasion, n'avait d'ailleurs pas de sens, car, dans ce dernier cas, la médecine répond à une demande qui, si elle n'est pas satisfaite, met en danger la femme. C'est l'exercice d'une responsabilité médicale qui fait taire toute conviction. Dans le cas de l'euthanasie il s'agit d'un geste médical dans la suite de soins qui s'épuisent.

Par ailleurs, je noterai aussi comme élément marquant la relation franco-allemande.

Dès 2002, c'est-à-dire la date de la création du Comité d'éthique allemand, le CCNE a établi une relation étroite avec celui-ci jusqu'en 2007.

Les deux comités se réunissaient deux fois par an, une fois à Berlin, une fois à Paris. Un *avis commun* a même été rendu sur les banques de données (avis 77). Il insistait sur leur importance scientifique, mais aussi sur le respect de l'identité des malades à l'origine de ces données, en admettant que des changements d'usage de ces données (en dehors de toute marchandisation) puissent être acceptés en fonction d'un intérêt scientifique majeur.

La coopération intellectuelle entre les deux comités était totale avec une traduction simultanée pour faciliter les échanges. Une amitié étroite réunissait, en particulier, les deux présidents, le professeur Spiros Simitis et moi-même. Nous préparions avec soin les sujets à travailler et la surprise était grande de fonctionner comme un seul comité !

En revanche, la relation avec le Comité anglais, le Nuffield Council on Bioethics, créé en 1991, était plus difficile. Il ne s'agissait pas de divergence conceptuelle, mais plutôt du sentiment de singularité de ce comité et de l'unicité de la langue anglaise.

J'avais coutume de dire que le Channel était plutôt un océan ! Quelques réunions tripartites ont cependant pu se dérouler avec un grand intérêt.

Enfin, je rappellerai le rôle essentiel des Journées annuelles d'éthique, qui étaient l'occasion de présenter quelques avis de l'année en cours en invitant des personnalités françaises et étrangères qui abordaient différemment ces questions devant un public très attentif, réuni dans le grand amphithéâtre de l'ancienne faculté de médecine. Un après-midi était réservé aux élèves de classe terminale, qui exprimaient leur sentiment toujours intéressant et original. Ils avaient préparé cet exercice avec leurs professeurs, un exercice qui, certes les intimidait au début, mais dont l'appréhension fut rapidement surmontée, les élèves prenant au fil du temps de l'assurance.

Peut-on exprimer des regrets à la fin du mandat ?

Malgré les sollicitations des spécialistes de la vie animale, le CCNE n'a pas eu l'occasion, durant ma mandature, de rendre un avis sur la relation aux animaux, ni à l'environnement. C'est un manque majeur d'anticipation, me semble-t-il, alors que le concept « One Health » devient de plus en plus visible à l'échelle mondiale. Le maintien d'une biodiversité, en particulier, est un besoin essentiel et la réflexion éthique dans ce domaine reste assez pauvre.

Des pistes pour le futur ?

Je crois qu'il faut aborder non seulement frontalement ces sujets considérables – animal, environnement, biodiversité – mais être plus attentif à la relation technologie/soins.

Le CCNE n'a pas seulement vocation à se pencher sur les aspects éthiques de telle ou telle innovation scientifique, mais doit aborder les conséquences directes ou indirectes de ces innovations quand elles peuvent changer la relation à la société en général et aux personnes en particulier. La plainte d'un malade n'est-elle pas parfois confisquée par la technologie ?

Ce n'est pas la course en avant infinie qui pose un problème éthique, mais le décalage croissant entre la recherche et les soins de base et l'aggravation des inégalités suscitées par ces innovations.

Une autre question toujours difficile concerne le rapport entre le CCNE et le politique. Je ne pense pas, par exemple, que celui-ci doit être saisi avant l'adoption d'une loi pour « donner un avis éthique ». Cette situation le piège ou le met dans un grand embarras. Il pourrait être en effet accusé d'être complice ou adversaire du gouvernement !

Sa fonction n'est-elle pas de poser des questions parfois difficiles, embarrassantes, non de donner caution ?

Le CCNE a vocation à rester la « mouche du coche », non à satisfaire le politique, tel ou tel lobbying ou même l'opinion publique. Il constitue la seule instance, non pas destinée à dire la vérité, ce qui serait absurde, mais en capacité d'exprimer librement une réflexion éthique.

Cela ne signifie en aucune façon apparaître comme une sorte de pseudo-Conseil constitutionnel moral. En revanche, cela signe sa capacité de pointer, sans pouvoir réel, des enjeux cachés ou inconnus jusque-là. Le pire danger est constitué par une éthique procédurale, satisfaite d'elle-même et qui oublierait que l'éthique doit être confrontée à un *sentiment d'in-quiétude* permanent sur sa place et sa fonction.

De plus en plus, la violence des affrontements d'opinions contribue à accroître la radicalité des propos qui exclut toute chance d'une écoute mutuelle. Or dépasser la simple opinion ou conviction pour, sans cesse, en mesurer les conséquences sur la vie sociale impose un questionnement permanent sur les véritables enjeux.

L'importance du CCNE est de rester insensible aux réseaux sociaux, aux amalgames, aux attributions excessives de tout jugement à telle ou telle idéologie. Pouvoir s'exprimer sans être immédiatement taxé de « réactionnaire », de « progressiste », de » moraliste », de « supplétif » de telle ou telle opinion politique reste un privilège à protéger pour le CCNE.

Alain Grimfeld

Le CCNE, une aide à la décision publique en situation d'incertitude et dans l'intérêt général

Le Comité consultatif national d'éthique aide à répondre aux questions de société dans le domaine des sciences de la vie et de la santé, afin de favoriser la prise de décision la plus appropriée en termes d'action à mener par le pouvoir exécutif.

Pour ma part, dans les sciences de la vie et de la santé, un questionnement et une réflexion éthiques s'imposent lorsque ni la science, pour ce qui est biologiquement possible ou impossible, ni le droit, pour ce qui est autorisé ou interdit dans un État de droit, ni la morale, qu'elle soit religieuse ou tout autre, jugeant de ce qui est bien ou mal, n'apportent de réponse satisfaisante à la problématique posée. Dans ce domaine, le questionnement et la réflexion éthiques se situent en contexte d'incertitude, d'où vont naître, notamment, des régimes de prévention ou de précaution.

En somme, le rôle du CCNE devrait se définir en tant qu'aide à la décision publique en situation d'incertitude, dans l'intérêt général, la décision étant prise *in fine* par le pouvoir politique à l'échelle de la nation.

S'agissant des sciences de la vie et de la santé, l'action du CCNE doit s'inscrire, selon moi, dans le cadre de l'initiative « One Health » et concerner la santé de l'espèce humaine au sein de l'ensemble du vivant, et non à l'exclusion de celui-ci. Ce mouvement, créé au début des années 2000, promeut une approche intégrée, systémique et unifiée de la santé publique, animale et environnementale aux échelles locale, nationale et planétaire, visant notamment à mieux affronter les maladies émergentes à risque pandémique.

La santé humaine n'est donc pas la seule absence de maladie ! Elle est l'accès à un bien-être global et à un épanouissement personnel, accès garanti par des principes éthiques fondamentaux tels que le respect de la vie et de la dignité de la personne, la préservation de son autonomie, la bienfaisance et la non-malfaisance, la solidarité et la justice sanitaire, la pertinence des actions sanitaires choisies et menées collectivement.

On pourrait s'interroger sur l'impact des travaux du CCNE et, plus concrètement, leur utilisation par les différents acteurs de la vie publique que sont, par exemple, les politiques, les décideurs, les associations. Mais cette question n'est pas simple, parce qu'il n'y a jamais eu d'étude sur les retentissements des avis sur les conduites adoptées à l'échelle de l'État ou de la population.

Par ailleurs, il est arrivé de considérer le CCNE comme une « caution ». Autrement dit, on confie au Comité une réflexion sur un thème donné et on prend une décision politique dans ce domaine, justifiée en invoquant les recommandations formulées dans l'avis. Il faudrait toujours donner les raisons d'une saisine du CCNE et les raisons pour lesquelles les recommandations contenues dans la réponse faite par le CCNE sont ou ne sont pas suivies, sinon cela pourrait être perçu comme manquant d'honnêteté. Ce n'est pas non plus honnête lorsque les recommandations que le Comité a produites sont tronquées afin de servir un projet politique...

Je note aussi qu'à propos de recommandations du CCNE, il n'y a jamais eu, sous ma présidence, de positions divergentes, à l'exception de l'avis sur la gestation pour autrui (avis 110). Cela ne signifie pas pour autant que je recherchais absolument le consensus. Je préfère d'ailleurs le terme de « convergence » à celui de « consensus ». Pour moi, un consensus est toujours un consensus mou.

Parmi les faits qui ont marqué mon mandat, j'en indiquerai deux, qui ne sont pas relatifs à des sujets traités, mais plutôt au rôle du Comité.

Le premier a été ma volonté de développer la mise en place des espaces de réflexion éthique régionaux ou interrégionaux (ERER), instaurés par la loi n° 2004-800 du 6 août 2004 relative à la bioéthique, auxquels devaient être dévolus les questionnements se posant au niveau des territoires, à l'échelle régionale, en tenant compte notamment des données fournies par les ORS (Observatoires régionaux de santé) et les Dreal (Directions régionales de l'environnement, de l'aménagement et du logement), et en collaboration avec les ARS (Agences régionales de santé). Ces espaces éthiques régionaux étaient (et restent) voués à échanger entre eux et à travailler le cas échéant ensemble sur des sujets communs, cela en coordination avec le CCNE, les résultats de cette collaboration nationale étant révélés annuellement dans un colloque dédié.

Le second fait qui a marqué cette période où j'ai assuré la présidence du Comité fut ma volonté d'élargir le domaine de réflexion du CCNE à l'ensemble du vivant et notamment à la biodiversité. La conception du splendide isolement de l'espèce humaine est fausse, cette dernière étant une composante parmi d'autres de l'équilibre biologique entre espèces. Évolutif et fragile, cet équilibre a été altéré par les innovations scientifiques et technologiques des dernières décennies, ce qui soulève de nombreux problèmes éthiques. J'étais opposé à l'idée de créer un autre comité dédié à ces questions. Mais j'ai eu quelque difficulté à faire adopter cette démarche par les membres du Comité, plus enclins, voire plus formés aussi, à mener des réflexions au bénéfice de l'espèce humaine plutôt que pour le reste et l'ensemble du vivant. L'étude de l'environnement étant un domaine interdisciplinaire très complexe, elle avait tendance à décourager un certain nombre de mes collègues. À titre personnel, en tant que pédiatre spécialisé dans les maladies respiratoires de l'enfant, j'y avais été confronté très tôt.

Je suis finalement parvenu à convaincre les membres du Comité de la pertinence, sinon de l'obligation désormais, de construire et conduire une telle réflexion, qui jusque-là se limitait presque, au sein du CCNE, à ce qui tournait autour de la procréation dans l'espèce humaine.

Il faut bien reconnaître que le CCNE avait été créé pour répondre aux questionnements qui pourraient se poser en ce domaine, à la suite de la mise en œuvre des techniques d'assistance médicale à la procréation en France, ayant abouti à la naissance du premier enfant né après fécondation *in vitro*. Le CCNE a tout de même fini par publier, le 16 juin 2017, un rapport relatif aux relations entre l'humanité et la biodiversité (avis 125).

On peut aussi se réjouir que cette dimension systémique soit désormais prise en compte dans la mission du CCNE (révision de la loi de bioéthique de 2021).

Au terme de mes deux mandats successifs de deux ans chacun, entre 2008 et 2012, j'avais imaginé plusieurs projets à réaliser au cours d'un mandat dans l'éventualité de son renouvellement.

Tout d'abord, poursuivre la mise en place et l'organisation des espaces de réflexion éthique régionaux ou interrégionaux (ERER), leur articulation avec le CCNE, et œuvrer pour cela dès le niveau départemental, afin d'intéresser et de sensibiliser les communes à la réflexion éthique et à l'intérêt que celles-ci pouvaient susciter dans la réalisation d'une politique publique locale, avec la création éventuelle d'espaces de réflexion éthique locaux (EREL). Quand j'ai pris la présidence du Comité, il n'existait que deux structures éthiques à l'échelle locale, celle de la région Île-de-France et celle de l'hôpital Cochin, comité qui examinait des dossiers médicaux individuels et qui n'avait donc pas la vision généraliste du CCNE.

Le deuxième objectif était de poursuivre et d'enrichir les compétences du CCNE en matière de liens entre la santé humaine et l'environnement, et pour cela créer des relations organiques entre le CCNE et, notamment, le Conseil économique, social et environnemental (CESE) et le Comité de la prévention et de la précaution (CPP), comité « santé et environnement » que je préside depuis sa création par arrêté ministériel du 30 juillet 1996.

Ces relations auraient pu s'étendre ensuite à la Commission nationale de la déontologie et des alertes en matière de santé publique et d'environnement. Je pense que cette organisation en réseau, vouée à être pérenne, aurait eu des effets bénéfiques pour la mise en place d'un programme de santé spécifique lors de l'émergence de la pandémie de Covid-19 en France dès le début de l'année 2020, en gagnant parallèlement la confiance de la population, condition *sine qua non* de l'efficience d'un tel programme.

À cet égard, les travaux du CCNE, au sein de l'instance ou en réseau, pourraient conduire non seulement à des recommandations, mais aussi à des alertes, le Comité d'éthique se transformant en « lanceur d'alertes ». Toutefois, cela repose le problème déjà ancien de la temporalité des réflexions du Comité. La richesse et la sagesse des délibérations du CCNE ne découlent-elles pas justement de leur prise de distance à l'égard de l'actualité ?

Enfin, le CCNE étant le seul comité français et international ne dépendant d'aucune autorité de tutelle, exception faite tout de même du mode de nomination de son président et de ses membres, j'aurais souhaité œuvrer pour maintenir et préserver une indépendance effective entre le CCNE, instance publique sans pouvoir de décision, et le pouvoir exécutif, autrement dit entre, d'une part, la réflexion éthique dans les sciences de la vie et de la santé et, d'autre part, la prise de décision politique en ce domaine, à l'échelle nationale.

Jean Claude Ameisen

Le CCNE : réfléchir ensemble pour pouvoir agir ensemble

Les problèmes éthiques soulevés par les avancées des connaissances dans les domaines de la biologie, de la médecine et de la santé sont souvent liés aux applications concrètes de ces avancées, c'est-à-dire les innovations technologiques et le risque qu'elles présentent d'instrumentaliser ou de modifier le vivant et l'humain. Mais, en l'absence de toute innovation technologique, l'élaboration de concepts nouveaux concernant le vivant et l'humain peut avoir, à elle seule, des effets majeurs sur les représentations que nous nous faisons de nous-mêmes et des autres. Les sciences estompent progressivement les frontières entre des notions que l'on croyait appartenir à des catégories radicalement distinctes – la matière et le vivant, l'animal et l'humain, le corps et l'esprit, la sexualité et la reproduction, la vie et la mort, le virtuel et le vivant, la responsabilité humaine et les algorithmes, etc.

De là peut naître un sentiment d'émerveillement ou au contraire de désenchantement ou de réification. Les sciences, dit le philosophe Martin Buber, nous étudient comme des *ils* et des *elles* vus de l'extérieur, alors que nous nous vivons comme un *je* qui dit *tu* et attend qu'on lui dise *tu* pour construire un *nous*. Et, pour lui, la démarche éthique consiste à réintégrer ce que la science nous apprend sur nous en tant qu'*ils* et *elles* dans ce réseau de relations de respect entre *je, tu* et *nous.* En l'absence d'une telle démarche, des avancées scientifiques peuvent avoir des conséquences tragiques sur nos conduites et nos valeurs. Ainsi, durant la première moitié du XXe siècle, des interprétations scientifiquement aberrantes et moralement indignes de la théorie darwinienne de l'évolution ont conduit à l'élaboration et à la diffusion des notions d'eugénisme et de darwinisme racial, social et sexiste, aboutissant dans des démocraties à l'exclusion et la stérilisation forcée de dizaines de milliers de personnes et, dans l'Allemagne nazie, à l'assassinat des handicapés mentaux, puis au génocide.

C'est d'une révolte contre ces désastres que naîtra la démarche éthique biomédicale moderne, en 1947, avec le code de Nuremberg, lors du procès des médecins nazis. Au cœur de cette démarche s'inscrira le droit au « consentement libre et informé » – qui sera avant tout la reconnaissance d'un droit de dire non. Comme en écho aux mots de Primo Levi dans *Si c'est un homme*, « il nous reste encore une ressource et nous devons la défendre jusqu'au bout parce que c'est la dernière : refuser notre consentement ». Le « consentement libre et informé » s'appliquera d'abord à la participation de la personne à la recherche, puis, plus tard, à la relation même entre la personne et les soignants. Mais il ne s'agit pas tant d'un « consentement » que d'un processus de « *choix* libre et informé », qui implique l'existence d'une hiérarchie entre la connaissance scientifique et le respect de la liberté de la personne : c'est la connaissance qui est mise au service de la personne, ce n'est pas la personne qui est mise au service de l'avancée des connaissances. Et la solidarité collective doit être le garant de l'autonomie et de la liberté individuelle et du bien commun dans le cadre de ce que Ricœur considérait comme une composante essentielle de la « visée éthique » : une médiation par des « institutions justes ».

D'autres tragédies conduiront à d'autres évolutions majeures. Au début des années 1970, elles concerneront les médecins eux-mêmes.

Après la guerre du Biafra, face à ce qui était devenu une norme pour la Croix-Rouge – soigner en silence, y compris pendant les massacres –, Médecins sans frontières (MSF) inventera le « droit d'ingérence » humanitaire, que l'ONU élargira beaucoup plus tard à la « responsabilité de protéger ». Puis le drame du sida conduira à la reconnaissance des associations de patients et à la levée des brevets concernant les traitements antirétroviraux dans les pays pauvres afin qu'ils puissent y accéder sous forme de médicaments génériques (mais le refus jusqu'à il y a peu de lever les brevets des vaccins contre la Covid-19 dans les pays pauvres révèle l'importance du chemin qu'il reste à parcourir). Durant la pandémie VIH/sida, il y aura aussi, grâce à Jonathan Mann, l'émergence de la notion que le respect des droits de l'homme est une condition même de l'accès à la prévention, au diagnostic et au traitement. De même que l'environnement naturel, l'environnement social et, notamment, les inégalités, discriminations et exclusions – ce que l'OMS a appelé les *déterminants sociaux de la santé* – ont des effets importants en termes d'espérance de vie, de maladie, de handicap et de mort prématurée. Et ce d'autant que l'on considère la santé au sens où l'a définie l'OMS : « Un état de *bien-être* physique, mental et *social.* »

La protection de la santé, que garantit le préambule de notre Constitution, requiert plus que l'accès au système de soin : elle requiert l'accès à la prévention ; et, parce que la santé dépend aussi du respect des droits de la personne, cette prévention dépasse le champ biomédical.

La recherche biomédicale et la médecine peuvent alerter, témoigner et proposer, mais elles ne peuvent pas, à elles seules, faire en sorte que les droits fondamentaux soient respectés où et quand ils ne le sont pas. Dans un article intitulé « Médecine et santé publique, éthique et droits de l'homme », Jonathan Mann écrivait : « Une exploration de la signification de la dignité humaine et des différentes formes de violation de cette dignité – et des conséquences de ces violations sur le bien-être physique, mental et social [c'est-à-dire la santé] – devrait permettre de découvrir un nouvel univers de souffrances humaines, vis-à-vis duquel le langage biomédical pourrait se révéler inapte à toute description, voire inepte. »

Le lien indissociable entre démarche éthique et respect des droits fondamentaux est souligné par l'intitulé même de la Déclaration universelle sur la bioéthique et les droits de l'homme de l'Unesco.

« Qu'est-ce qui devrait nous tenir éveillés ? » demande l'économiste Amartya Sen : « Les tragédies que nous pouvons empêcher et les injustices que nous pouvons réparer. »

Les catastrophes révèlent de façon brutale des vulnérabilités préexistantes que nous nous sommes habitués à ne plus voir. Les victimes des épidémies et des crises écologiques et économiques sont avant tout les personnes les plus pauvres, les plus fragiles et abandonnées. Il en est ainsi des victimes de la pandémie de Covid-19, qui sont principalement les personnes les plus vulnérables d'un point de vue physiologique, les plus précaires d'un point de vue socio-économique et/ou les plus discriminées.

Il en est de même pour les victimes de la pollution et des autres dégradations de l'environnement. Et, en ce qui concerne le changement climatique, c'est sur moins de 8 % de la surface des continents, essentiellement dans l'hémisphère Nord, qu'ont été émis, depuis cinquante ans, 90 % des gaz à effet de serre responsables du réchauffement global, dont les pays pauvres de l'hémisphère Sud sont les premières victimes. Chacune de ces catastrophes aggrave les inégalités. Non seulement notre mode de développement économique et social n'est ni soutenable ni durable pour les générations futures, mais il est aussi profondément inéquitable pour les générations présentes. À travers le monde, où plus de 2 milliards de personnes n'ont pas accès à l'eau potable, où plus de 4 milliards de personnes n'ont pas accès à des sanitaires, où plus de 800 millions de personnes souffrent des maladies de la faim et de la dénutrition. Et dans notre pays, où un enfant sur cinq vit sous le seuil de la pauvreté ; où tant de personnes âgées pauvres, malades ou handicapées survivent dans le dénuement ; où fait cruellement défaut, en fin de vie, l'accès aux soins palliatifs ; où nous avons si souvent tendance à isoler ou à abandonner les personnes les plus vulnérables au lieu de leur permettre de vivre avec les autres, parmi les autres. En 2007, le CCNE concluait son avis 102 sur la situation en France des personnes, enfants et adultes, atteintes d'autisme par ces mots : « Une société incapable de reconnaître la dignité et la souffrance de la personne la plus vulnérable et la plus démunie, et qui la retranche de la collectivité en raison même de son extrême vulnérabilité, est une société qui perd son humanité. »

Parce que ce qui est en jeu dans une instance éthique telle que le CCNE c'est le respect de la personne, l'expertise biologique et médicale, si elle est indispensable, est insuffisante.

Le recours à une seule focale, si valide soit-elle, est insuffisant quand le problème concerne le respect des droits humains. Parce que la protection de la vie et de la santé dépend de facteurs économiques, sociaux, culturels, écologiques, etc., il est nécessaire de croiser des regards différents, et le CCNE est constitué de personnes venant d'horizons très divers. Réfléchir ensemble pour pouvoir agir ensemble demande un esprit d'ouverture, d'écoute, du respect pour les autres et du temps. Mais c'est se donner les meilleures chances de faire émerger des approches nouvelles, et faire en sorte que la diversité des regards permette de ne pas oublier et de ne pas abandonner ceux que leur vulnérabilité, leur précarité ou leur exclusion nous rendent si souvent invisibles.

Voilà quel est, pour moi, le rôle essentiel du CCNE, ce « à quoi sert le CCNE ».

J'ajoute une notion qui me paraît essentielle : alors que la loi du 4 mars 2002 relative aux droits des malades indique (conformément à l'esprit de la démarche éthique biomédicale moderne) que le rôle du médecin n'est pas de se substituer à la personne, mais de l'aider à élaborer elle-même les décisions qui concernent sa santé, il me semblerait paradoxal d'attendre du CCNE qu'il se substitue à la société. Pour cette raison, je pense que le CCNE ne devrait faire des recommandations de nature prescriptive qu'en cas d'urgence et/ou d'atteintes manifestes aux droits des personnes. En dehors de ces cas, le rôle d'une instance éthique consultative n'est pas de se substituer à la société, mais d'informer et de partager les connaissances, de faire ressortir la complexité des problèmes, de dégager les enjeux, de présenter les différentes options. Et d'organiser un débat public ouvert – sous différentes formes participatives, dont les conférences de citoyens, et en faisant appel à des intervenants d'autres pays – afin de permettre à l'ensemble des citoyens de s'approprier au mieux la réflexion et de délibérer dans le cadre d'un véritable processus de « choix libre et informé ». Ce processus d'élaboration individuelle et collective d'un « choix libre et informé » est au cœur de la démarche éthique biomédicale moderne. Il est aussi, plus largement, essentiel à la vie d'une démocratie.

Parmi les faits qui ont marqué mon mandat, j'en retiendrai plusieurs.

J'ai eu la chance de participer aux travaux du CCNE pendant huit ans comme membre et quatre ans comme président. Durant ces douze années, ce qui m'a le plus marqué a été :

- la façon dont Didier Sicard exerçait sa présidence – un alliage d'exigence et d'ouverture, de hauteur de vue et de souci des autres qui a exercé une profonde influence sur ma conception de la démarche éthique ;
- les réunions internationales entre Comités nationaux d'éthique, qui ont ouvert ma réflexion aux différentes façons d'aborder les questions éthiques en fonction de la diversité des cultures et des problèmes particuliers auxquels sont confrontées les personnes à travers le monde ;
- les réflexions et débats du CCNE qui concernaient les dimensions sociales de la santé et le respect des droits fondamentaux et, notamment, sous la présidence de Sicard, les avis sur santé et médecine en prison, sur la situation des personnes atteintes d'autisme et sur l'identification génétique des mères d'enfants migrants ; sous ma présidence, les effets des dégradations de l'environnement sur les inégalités sociales et la santé humaine, à l'occasion de la COP21 ; l'accessibilité des médicaments ;

l'utilisation des big data ; la santé et les droits des personnes âgées ; la santé et les droits des migrants ;
- l'organisation d'une Conférence de citoyens sur la fin de vie, dans le cadre des États généraux sur la fin de vie que nous avons animés en 2013 et 2014 (il s'agissait des premiers états généraux organisés par le CCNE, dans le cadre de la loi du 7 juillet 2011 relative à la bioéthique).

Nous avons donné aux citoyens la plus grande liberté pour élaborer leur réflexion. Dans ce but, après avoir dialogué avec des intervenants de tous horizons choisis par le CCNE (parmi lesquels les présidents des Comités nationaux d'éthique de deux pays européens aux législations opposées concernant la fin de vie), les citoyens ont pu eux-mêmes choisir les intervenants auprès desquels ils souhaitaient continuer à s'informer. Afin d'éviter de les influencer, nous n'avons participé à aucune de leurs séances de travail. Et leurs réflexions et avis (recommandant à la fois de faire des soins palliatifs une grande cause nationale, de rendre prescriptives les directives anticipées et d'autoriser l'assistance au suicide) ont été rendus publics par les citoyens eux-mêmes lors d'une conférence de presse qui a été mise en ligne, puis lors d'entretiens avec la presse écrite et audiovisuelle, sans intervention autre, de notre part, que de faciliter et d'accompagner leur partage.

L'engagement de ces citoyens, leur remarquable capacité à s'informer et à dialoguer et la richesse de leur réflexion m'ont confirmé dans l'idée qu'il ne peut y avoir de véritable réflexion éthique sans une participation la plus large possible de la société.

Une remarque qui concerne la préservation de la mémoire des contributions du CCNE, remarque motivée par la lecture de l'avis 139 du CCNE, *Questions éthiques relatives aux situations de fin de vie : autonomie et solidarité*, publié le 13 septembre 2022 : parmi les nombreux travaux antérieurs cités dans cet avis, il n'est pas fait mention des États généraux sur la fin de vie que le CCNE a organisés en 2013 et 2014 (aucune mention de l'avis de la Conférence de citoyens sur la fin de vie, rendu public le 16 décembre 2013, ni des *Observations du CCNE à l'attention du Conseil d'État* du 5 mai 2014, ni du *Rapport du CCNE sur le débat public concernant la fin de vie*, rendu public le 23 octobre 2014 et présenté le 9 décembre 2014 devant l'Office parlementaire d'évaluation des choix scientifiques et technologiques (OPECST) conformément à la loi du 7 juillet 2011). Les références à ces documents, ainsi que leur contenu (y compris le lien vers la vidéo de la conférence de presse des citoyens) ne sont plus disponibles dans les archives en ligne du CCNE.

Je pense qu'il est important de veiller à conserver la mémoire des travaux antérieurs afin de permettre à la réflexion de s'appuyer sur ce qui a déjà été fait pour pouvoir aller plus loin.

DEUXIÈME PARTIE

Le CCNE : organisation et place dans l'écosystème éthique « Une éthique dans la Cité »

Le CCNE, depuis sa création, exerce cette double mission de réflexion éthique et d'information et d'ouverture vers le public. Prendre connaissance de l'organisation du CCNE (chapitre 3) et de son positionnement dans l'espace national et international de l'éthique (chapitre 4) constitue une information utile pour évaluer son fonctionnement en regard de ses missions. On notera aussi que sa responsabilité à l'égard du public s'est récemment élargie (2011), puisque tout projet de réforme sur les problèmes éthiques et les questions de société dans son domaine de compétences est précédé d'un débat public sous forme d'états généraux, organisés à l'initiative du CCNE, avec l'appui des espaces de réflexion éthique régionaux (chapitre 5). Toutefois, l'expérience des États généraux de 2018 a révélé, à cet égard, des marges de progrès (chapitre 6).

Construire une « éthique dans la Cité » fut aussi l'intention initiale à la création du CCNE, une intention qui résonne, aujourd'hui et pour les années qui viennent, avec encore plus d'acuité.

CHAPITRE 3

Le CCNE au travail

Emmanuel Didier,
Thomas Maillet-Mezeray, Pierre-Henri Duée

Le Comité consultatif national d'éthique (CCNE) a été institué pour entamer une démarche de réflexion face aux questions complexes qui émanent des progrès des connaissances dans le domaine des sciences de la vie et de la santé et de leurs applications. Ces interrogations reposent sur des dilemmes éthiques sur lesquels un éclairage s'avère nécessaire avant toute prise de décision et cet éclairage est sollicité par le politique, par les scientifiques et par la société tout entière. Le CCNE est d'abord une instance que l'on consulte et qui fonctionne comme une machine à produire des avis au terme d'un long processus. Mais, par ses productions, les dossiers qu'il constitue et qu'il accumule au fil du temps, les ouvrages qu'il acquiert, le Comité a aussi la capacité de fournir de l'information au public. La description de ces deux pans d'activités fait l'objet de ce chapitre.

L'indépendance du CCNE

Pour commencer, quel est le cadre institutionnel du CCNE ? Si le décret n° 83-132 du 23 février 1983 portant création d'un comité consultatif national d'éthique pour les sciences de la vie et de la santé n'avait pas précisé le statut juridique de l'instance, il a fallu attendre la publication de l'article L.1412-2 du Code de la santé publique, issu de la loi n° 2004-800 du 7 août 2004, pour définir le CCNE comme « une autorité indépendante ». Cette dénomination était sans doute destinée à renforcer la place qui lui était attribuée, comme le confirment d'ailleurs le rattachement budgétaire aux services du Premier ministre et l'instauration d'un contrôle par la Cour des comptes. Toutefois, la loi n° 2017-54 du 20 janvier 2017 lui fit perdre son statut d'autorité indépendante parce que le Comité n'avait ni pouvoir de décision, ni pouvoir normatif, mais seulement un pouvoir d'influence. Le CCNE devint alors une institution indépendante, indépendance garantie par l'absence d'instructions qui lui sont transmises et l'autonomie dans l'organisation de ses travaux. On remarquera cependant que ses membres sont, en grande partie, proposés par le président de la République et des entités gouvernementales.

Toutefois, l'indépendance de ses membres est assurée car ils n'ont pas à rendre compte de leurs prises de position auprès des autorités qui les ont proposés. Leur impartialité est par ailleurs contrôlée par la Haute Autorité pour la transparence de la vie publique (dépôt d'une déclaration publique d'intérêts et d'une déclaration de patrimoine).

Enfin, le caractère « indépendant » du Comité est aussi objectivé par plusieurs éléments : sa faculté de travailler à partir d'autosaisines ; les méthodes utilisées pour instruire une question, notamment à travers l'écoute des différentes opinions sur le sujet ; les réactions provoquées par la publication de ses avis, y compris à l'échelle ministérielle quand l'avis contrarie la position gouvernementale[1]. Néanmoins, le CCNE se doit d'être vigilant pour maintenir en permanence une indépendance active, tout en évitant les risques d'instrumentalisation que son champ de réflexion pourrait susciter.

1. Ce fut le cas lors de la publication de l'avis 100 et de l'avis 127 portant sur les migrants.

Le CCNE : la diversité des membres

La composition du CCNE se caractérise par la diversité de ses membres qui confère à l'instance un caractère pluridisciplinaire, indispensable pour traiter de questions complexes.

Les membres qui siègent au Comité sont aujourd'hui au nombre de 46, dont son président, tous désormais nommés pour une durée de trois ans, renouvelable une fois. Notons qu'à la création du CCNE, le nombre de membres était de 33, sans que la durée du mandat ait été spécifiée, puis s'est accru jusqu'en 1993 pour atteindre 40, avec un mandat de quatre ans, renouvelable une fois, avant les dernières modifications apportées par la loi du 2 août 2021 : augmentation du nombre de membres ; diminution de la durée du mandat. L'*annexe 1* identifie les 279 membres nommés depuis 1983, ainsi que l'instance les ayant proposés.

Le président du CCNE est nommé par le président de la République.

Cinq membres sont nommés par le président de la République comme « appartenant aux principales familles philosophiques et spirituelles ». Aujourd'hui, il s'agit des familles catholique, protestante, juive, musulmane et libre penseur, sans qu'elles soient mentionnées précisément dans le texte du décret.

Dix-neuf membres sont proposés comme « personnalités qualifiées choisies en raison de leur compétence et de leur intérêt pour les problèmes d'éthique » : les propositions émanent de l'Assemblée nationale, du Sénat, du Conseil d'État, de la Cour de cassation, du Premier ministre, du ministre en charge de la Justice, du ministre en charge de la Recherche (deux membres), du ministre en charge de l'Industrie, du ministre en charge des Affaires sociales et de la Solidarité nationale, du ministre en charge de l'Éducation nationale, du ministre en charge du Travail, du ministre en charge de la Santé (quatre personnalités appartenant aux professions de santé), du ministre en charge de la Communication, du ministre en charge de la Famille, du ministre en charge des Droits de la femme.

Aujourd'hui, ces personnalités qualifiées sont professeurs de médecine, de philosophie, de démographie, d'économie, directeur et directrice d'administration, parlementaires, magistrats et juristes, conseiller d'État.

Ensuite, quinze membres sont proposés par les grandes institutions de recherche et de la santé et sont qualifiés comme « appartenant au secteur de la recherche » : l'Académie des sciences, l'Académie nationale de médecine, le Collège de France, l'Institut Pasteur, l'Inserm et le CNRS (quatre chercheurs et deux ITA – ingénieur, technicien, administratif –, ainsi que deux universitaires ou hospitalo-universitaires sur les listes électorales de l'Inserm), France Universités (deux universitaires ou hospitalo-universitaires), l'Inrae.

Dans le comité actuel, ils sont pour bon nombre d'entre eux spécialistes des sciences de la vie et de la santé, mais aussi informaticiens, historiens, spécialistes de sciences sociales.

Enfin six membres sont nommés comme représentants d'associations de personnes malades (deux membres proposés par France Assos Santé), d'associations de personnes handicapées (proposé par le Conseil national consultatif des personnes handicapées), d'associations familiales (deux membres proposés par le Haut Conseil de la famille, de l'enfance et de l'âge), d'associations pour la protection des droits des personnes (proposé par le Défenseur des droits).

En outre, le Comité dans son ensemble est paritaire et les membres, à l'exception du président, sont bénévoles. Il s'est doté d'un règlement intérieur, approuvé à sa première rédaction par les ministres en charge de la Recherche et de la Santé.

La composition du Comité ne vise donc pas une quelconque représentation de la population dans son entier, ni à constituer un « comité citoyen ». Les membres ne sont pas davantage représentants de l'entité qui les a nommés ; ils sont nommés *intuitu personae* de telle sorte que leur parole ne représente qu'eux-mêmes. Mais dans le même temps, cette longue liste de profils montre bien que le but est de convoquer un aréopage de spécialistes abordant la réflexion éthique sans point commun objectif et conviés à mutualiser leurs points de vue.

Le CCNE : différentes assemblées

Les membres du Comité se constituent en plusieurs assemblées. Le Comité se réunit en formation plénière (le comité plénier) une fois par mois. La section technique du CCNE est une émanation du comité plénier, élue par lui, constituée de douze membres et présidée par l'un d'entre eux[2]. Elle se réunit également une fois par mois et son rôle est d'examiner les questions posées au CCNE afin, d'une part, de les qualifier comme effectivement situées dans son champ de compétences et, d'autre part, de décider si elles relèvent d'une réponse nécessitant un court travail préalable ou d'une instruction plus longue en groupe de travail.

Le rôle de la section technique est aussi d'évaluer le degré de maturité des projets d'avis élaborés par les groupes de travail avant leur présentation au comité plénier. Nous voudrions souligner le rôle essentiel des groupes de travail[3] dans l'élaboration des réponses aux questions posées au CCNE. Ces groupes se sont constitués dès 1984, selon les saisines reçues ou pour une réflexion sur le long terme. On notera qu'à partir de 1984, ont été mis en place pour

2. Cette entité a été initialement créée pour débattre de questions techniques, au sens où elles ne sont pas éthiques, afin que le comité plénier n'ait pas à douter des arguments scientifiques sur lesquels la réflexion dite « éthique » s'appuiera. À l'origine, elle est donc le lieu où sont débattues les questions jugées relever de la science ou de la technique pure.

3. Différents groupes de travail sont mis en place en parallèle. D'une part, des groupes de veille permanents exercent un rôle de réflexion prospective, de vigie. Les thématiques concernées aujourd'hui sont : les neurosciences, la procréation (voir chapitre 13), la santé et l'environnement, les populations vulnérables. D'autre part, des groupes de travail thématiques dont les travaux conduisent à l'élaboration des avis. Aujourd'hui, les thématiques concernées sont par exemple la santé mentale ou la santé publique.

une durée de plusieurs années les groupes sur l'éthique des neurosciences, la réflexion sur la personne humaine ou l'expérimentation sur l'homme. Enfin, un séminaire d'été réunit chaque année l'ensemble des membres du CCNE afin de tirer les enseignements des travaux réalisés et de dégager quelques pistes de réflexion.

L'élaboration des réponses aux questions posées au CCNE

Cette organisation du Comité lui permet de traiter les saisines et questions qui lui parviennent.

Les questions formulées au CCNE, et qui feront l'objet d'un avis, émanent du président de la République, des présidents des assemblées parlementaires, des membres du gouvernement, d'un établissement d'enseignement supérieur, d'un établissement public, d'une fondation reconnue d'utilité publique ayant pour activité principale la recherche, le développement technologique ou la promotion et la protection de la santé. Mais le CCNE peut aussi s'autosaisir de toute question posée par un citoyen, professionnel de santé ou non, chercheur ou non, ou même par l'un de ses membres.

Durant ces quatre décennies, le CCNE a reçu de l'ordre de 850 demandes, dont un tiers environ est traité directement par le président du CCNE, avec l'appui du secrétariat général du CCNE et, si nécessaire, du président de la section technique[4].

Parmi celles qui restent, 80 % d'entre elles seront traitées par la section technique du CCNE et le reste (20 %) fera l'objet d'une

---

4. Notons aussi que le CCNE a publié des textes de positionnement concernant des sujets d'actualité qui ne font pas l'objet d'un travail collectif : par exemple, une contribution dans le cadre de la consultation en amont de la préparation de la loi de programmation pluriannuelle de la recherche ou en réaction à la décision 2018-768 QPC du Conseil constitutionnel portant sur les examens radiologiques osseux aux fins de détermination de l'âge.

instruction par un groupe de travail dédié, puis la publication d'un avis après validation par le comité plénier.

Sur les 154 textes publiés aujourd'hui par le CCNE (voir l'annexe 2), deux tiers d'entre eux (97) avaient fait l'objet d'une saisine auprès du Comité. L'autre tiers est constitué d'autosaisines, initiatives du CCNE pour instruire des questions qui prennent origine à partir de la réflexion interne du Comité ou de l'émanation de sollicitations individuelles externes, comme indiqué plus haut.

Cette réflexion, et la forme d'écriture qui en découle, a la particularité d'être collective et consiste *in fine* à dépasser la diversité des opinions des membres du Comité afin de construire une intelligence collective. L'avis du CCNE en est l'expression, obligeant à inventer une modalité d'instruction afin de commettre un texte le plus consensuel possible. Nous allons suivre le processus par lequel cela est rendu possible, en nous arrêtant sur chacune des étapes où le texte est transformé et prend peu à peu consistance pour aboutir à l'avis final.

On a vu qu'il y avait trois échelles dans le processus d'élaboration d'un avis : le groupe de travail ; la section technique, le comité plénier.

Comme nous l'avons indiqué plus haut, la section technique traite des questions posées au président du CCNE et non traitées par lui, ce qui correspond, sur l'ensemble de la période, à environ 500 demandes.

Prenons deux exemples dans l'ensemble de ces questions.

En 1997, demande d'avis à propos d'un diagnostic prénatal éventuel, à la suite d'une découverte de mutations d'un gène dans certaines familles atteintes de surdité congénitale.

La section technique estime que le trait « surdité » des formes autosomiques récessives qui font l'objet de la demande est de pénétrance variable, même d'un enfant à l'autre d'une même fratrie, que beaucoup d'enfants sourds peuvent bénéficier d'implants cochléaires et que les autres peuvent communiquer dans le langage des signes, ce qui leur permet une qualité de vie correcte. Un diagnostic prénatal en vue d'une éventuelle IVG ne paraît pas, dans ces conditions, éthiquement acceptable.

En 2001, saisine concernant les pratiques de fourniture de pièces anatomiques pour l'enseignement.

La section technique a rappelé les exigences de la loi n° 94-654 du 29 juillet 1994 concernant notamment le principe du consentement du donneur, celui de l'indisponibilité du corps humain qui le met hors commerce, mais qui ne s'oppose pas au legs à un institut de recherche.

Elle rappelle que l'enseignement de l'anatomie demeure indispensable à la formation médicale. Pour éviter tout manquement de respect de la volonté des donateurs, il conviendrait de préciser que les pièces préparées ne seront fournies qu'à des organismes d'enseignement et de recherche. Enfin, il convient de respecter la transparence et le caractère non commercial du travail accompli, dans le respect des règles éthiques qui s'imposent.

Parfois, cependant, la section technique décide de passer par le détour de la constitution d'un groupe de travail. Elle est aussi le lieu où sont désignés les rapporteurs de ces groupes, en accord avec le président du CCNE. Les rapporteurs jouent un rôle essentiel bien qu'ils ne soient pas « auteurs » des avis, puisque c'est le CCNE qui occupe cette fonction, mais ils sont ceux qui font le travail de suivi des versions intermédiaires de l'avis et doivent le faire mûrir. Les rapporteurs sont classiquement deux ou trois par avis (en effet, dans certains cas, deux rapporteurs suffisent et ils ne sont pas généralement tous des spécialistes de la question).

Une première tâche des rapporteurs du groupe de travail est de constituer autour d'eux le groupe chargé de rédiger la première version de l'avis. Les membres de ce groupe sont les membres du CCNE qui se déclarent intéressés par la question qui sera traitée dans l'avis. Il n'y a pas d'autre critère de sélection pour en être membre. Il arrive aussi que des membres extérieurs au CCNE soient invités à y participer, souvent parce qu'ils sont jugés experts en la matière.

Le groupe de travail commence par se forger une culture commune en lisant de la littérature que les membres font circuler entre eux ou qu'ils peuvent mobiliser grâce au service documentaire du CCNE.

En effet, le CCNE a assuré, dès sa création, une mission de veille documentaire et d'information auprès du public. La création par l'Inserm d'un centre de documentation et d'information consacré à l'éthique et mis en appui du CCNE fut une décision utile pour accompagner les premiers travaux du Comité, mais aussi pour mettre à disposition du public de la documentation, comme on le verra plus loin.

Le CCNE s'informe aussi en procédant à des auditions[5]. La sélection des personnes auditionnées est donc importante car c'est sur leur savoir et le témoignage de leur vécu que reposera une bonne partie des faits retenus par le groupe de travail. Il n'y a pas de procédure établie pour cette sélection, comme cela peut exister dans d'autres institutions comme la Commission nationale du débat public. Le nombre de personnes auditionnées lors de chaque instruction est très variable depuis quarante ans (aujourd'hui, autour d'une quinzaine de personnes). Il s'agit le plus souvent, mais pas systématiquement, de personnes qui exercent des fonctions de direction. Il est rare d'entendre un jeune chercheur qui proposerait d'ouvrir de nouvelles pistes de réflexion. Le groupe de travail cherche plutôt des informations établies, qui sont assurées par le titre des intervenants (souvent « directeurs » de quelque chose !).

En revanche, le groupe de travail essaie d'entendre des points de vue contradictoires. Par exemple, dans le cadre de la réflexion sur les assistants sexuels aux personnes handicapées, nous avons entendu, d'une part, des personnes qui exercent cette profession en Suisse et, de l'autre, des associations de malades qui s'y opposent vigoureusement.

---

5. Le principe des auditions est un point essentiel dans l'investigation du groupe de travail. Le choix des personnes auditionnées conditionne la qualité du travail qui sera fourni, avec l'exigence qu'elles représentent toutes les opinions, toutes les situations possibles concernant la question abordée.

Le CCNE essuie très peu de refus à une invitation d'audition[6], qui est donc jugée utile par celle ou celui qui est invité(e).

À partir de ces informations, le groupe de travail commence à rédiger le projet d'avis.

Un exemple d'élaboration d'un avis

La demande, en 2018, portait sur les problèmes éthiques posés par la prise en charge médicale des personnes intersexuées et émanait d'un groupe d'avocats.

Une première demande avait été d'ailleurs formulée en 2016, mais la réponse du CCNE avait été de ne pas la prendre en compte, au vu de la charge de travail de l'époque.

La discussion au sein de la section technique en octobre 2018 à propos de cette nouvelle sollicitation aboutit à la désignation de quatre de ses membres qui, lors de la section technique suivante, ont fait le point sur les données et textes disponibles, avec la conclusion que les problèmes liés à l'intersexuation étaient plus complexes que ceux évoqués dans le courrier de saisine et recouvraient des enjeux plus généraux de statut juridique et de droits fondamentaux des personnes. La section technique proposa qu'un groupe de travail soit constitué pour approfondir le thème. Le comité plénier suivant confirmait l'intérêt de constituer un groupe de travail dédié en veillant à entendre, au sein de ce groupe, les professionnels de santé les plus pertinents dans ce domaine, mais aussi les représentants des associations des personnes concernées.

Les trois rapporteurs de ce qui correspondait à une autosaisine de la part du CCNE furent désignés – autosaisine plutôt que saisine,

6. L'audition dure souvent une heure : un exposé de la personne invitée, puis les questions des membres du groupe de travail, qui en profitent aussi pour échanger entre eux leurs points de vue. L'entretien est le plus souvent enregistré, puis transcrit en un texte « mémoire de l'audition » reprenant les points les plus importants développés, consultable par la suite.

dans la mesure où le demandeur ne faisait pas partie de la liste indiquée plus haut.

Ces rapporteurs constituèrent le groupe de travail dès janvier 2019, de façon autonome, s'informant sur les documents et articles scientifiques disponibles et organisant des auditions et plusieurs réunions de préparation. Les auditions, notamment celles des personnes concernées, mirent en évidence leur grande souffrance. Le désarroi des familles, mais aussi les positions souvent divergentes sur la question de la part des professionnels de santé provoquèrent un embarras passager dans le groupe de travail.

Un point fut réalisé avec la section technique en avril 2019 et en mai 2019, pour mettre en évidence les questionnements éthiques susceptibles d'éclairer la réflexion, par exemple, la question du consentement à un âge qui ne permet pas de consentir.

Il fut alors décidé de présenter à la réunion du comité plénier de juin 2019 une première version du projet de réponse, développant la réflexion du groupe sur le sujet et les premières recommandations. Les échanges en comité plénier furent intenses et les trois quarts des participants prirent la parole, questionnèrent, réagirent aux pistes évoquées autour d'une interrogation centrale : de l'actuel dissensus entre les parties prenantes peut-il naître un consensus ? De nouvelles questions furent posées, de nouvelles pistes formulées, interrogeant notamment le regard de la société. Le groupe fut encouragé à poursuivre l'instruction de cette question, d'autant plus que le CCNE venait de recevoir une lettre de saisine provenant du ministère des Solidarités et de la Santé qui posait plusieurs questions au CCNE, en particulier celle-ci : « Dans ce contexte d'incertitude scientifique, liée à la rareté des études disponibles, et l'absence de consensus, quelles considérations éthiques doivent guider les professionnels de santé et les parents pour prendre une décision qui garantisse l'autonomie de leur enfant sans pour autant constituer une perte de chance ? »

L'autosaisine évoluait donc en une saisine ! Et le groupe de travail continua son investigation pour proposer, en réponse aux questions ministérielles et à partir de ce qu'il avait déjà produit, un projet d'avis en section technique de septembre 2019, puis au comité plénier suivant qui adopta l'avis à l'unanimité des membres présents (ce fut l'avis 132, que l'on peut consulter sur le site du CCNE)[7], soit après une année d'écoute, de recueil d'informations, de débat contradictoire, soulignant le temps long de la réflexion éthique. Parmi les recommandations formulées, le CCNE insistait sur le fait que « des actes médicaux et chirurgicaux délivrés par des équipes multidisciplinaires spécialisées doivent répondre à une nécessité médicale en présentant un bénéfice thérapeutique », mais aussi sur l'importance de l'information auprès des familles, sur le dialogue à inventer afin de combler l'absence de consensus, sur le changement du regard que porte la société sur cette question.

L'unanimité des membres n'est pas toujours atteinte à l'issue du vote général, dans la mesure où la réflexion éthique permet souvent de faire saillir des tensions éthiques débouchant parfois sur des « points de butée ». « Le CCNE estime en effet que c'est sur ces tensions que doit porter la réflexion : parce qu'elles sont à la fois source de perplexité et de désaccords, elles constituent des points de butée. Elles n'appellent pas de réponse binaire par oui ou non, acceptation ou refus, autorisation ou interdiction. Ces points de butée sont à prendre en compte, quel que soit le type de réponse. Il importe de les énoncer et les expliciter pour eux-mêmes parce qu'ils risquent de bloquer la réflexion, quelle que soit la réponse que l'on veut apporter à la demande sociétale d'assistance médicale à la procréation », rappelait le CCNE dans l'avis 126.

Sur les 154 avis et rapports publiés par le CCNE, 22 d'entre eux (soit environ 15 %) contiennent l'expression d'une ou de plusieurs opinions différentes de l'opinion principale.

---

7. La présentation de l'avis fut réalisée dans le cadre d'un communiqué de presse et d'une conférence de presse où intervinrent les rapporteurs de l'avis ; la reprise par les médias des conclusions du CCNE fut importante. Toutefois, les associations des personnes concernées n'approuvèrent pas les conclusions de l'avis : elles étaient en attente d'une position du CCNE qui aurait condamné toutes les opérations chirurgicales. L'avis fut publié sur le site du CCNE (http://www.ccne-ethique.fr).

Ainsi est résumé ce processus continu d'agrégation des différentes expertises qui, au final, se traduira par un texte de réflexion éthique où la parole, originellement scientifique, est mâtinée de droit, de langage administratif, de sciences humaines et sociales dans un sens qui la rend recevable par les acteurs politiques et compréhensible pour le public. Le processus éthique de production des avis ne ressemble donc pas à une discussion scientifique qui tenterait d'établir des faits ou de démontrer l'existence d'une fonction ; de même il ne s'agit pas d'une exégèse juridique qui vise à établir des obligations[8], mais, par la recherche de formulations, de structures qui soient acceptables par tous les membres de l'assemblée, il s'agit de pratiquer une diplomatie entre différentes puissances pour trouver un accord entre les différents enjeux exprimés, les formuler afin de les rendre audibles par la puissance publique. Ce que la puissance publique fait ensuite des avis est une autre question[9]...

Évolution formelle des avis

Le processus de production des avis ayant été présenté, examinons maintenant le résultat de ce travail et son histoire. Originellement, la structure de ces avis, dissociant le rapport d'analyse (scientifique, économique, juridique, éthique) des questions posées et la réponse consignée dans l'avis proprement dit, provenait des pratiques du Conseil d'État[10] qui, conformément à la Constitution, rend lui-même des avis au gouvernement et au Parlement.

8. Bruno Latour, *La Fabrique du droit. Une ethnographie du Conseil d'État*, La Découverte, 2004.
9. Pour l'avis 132 cependant, le CCNE fut sollicité pour accompagner le travail préparatoire dans la rédaction d'un arrêté d'application d'un article concernant les personnes intersexuées, apparu tardivement dans la loi relative à la bioéthique du 2 août 2021. Cet arrêté a été signé le 15 novembre 2022 et publié au *JO* du 17 novembre 2022.
10. Les premiers secrétaires généraux du CCNE en étaient originaires (voir chapitre 1).

Dans le même temps, les avis ont changé aussi en termes quantitatifs. Les avis du CCNE sont de plus en plus longs au fil du temps, comme le montre la figure ci-dessous.

Ainsi, le nombre moyen de mots par avis entre chaque décennie augmente, particulièrement sur la période récente : durant les années 1980, un avis contient en moyenne 6 160 mots ; ce nombre est de 10 100 mots pour les avis des années 1990, de 12 500 mots dans les années 2000 et de 23 560 mots durant les années 2010.

Ce phénomène est en partie lié au fait que les avis comportent de plus en plus souvent des annexes : 2 avis des années 1980 (sur 23, soit moins de 10 %) comportent des annexes, contre 4 des années 1990 (sur 43, soit moins de 10 %), 11 des années 2000 (sur 46, soit 24 %) et 20 des années 2010 (sur 26, soit 77 %). Par ailleurs, quand les avis contiennent des annexes, celles-ci sont de plus en plus nombreuses : ainsi, avant 2012, il n'y a que 5 avis qui contenaient au moins 3 annexes, alors que depuis 2012, c'est le cas de 14 rapports.

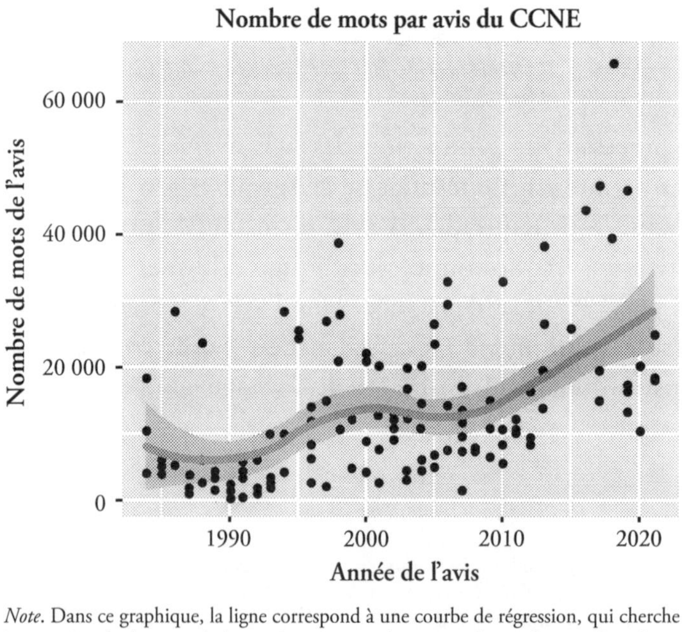

Note. Dans ce graphique, la ligne correspond à une courbe de régression, qui cherche à minimiser la distance de la courbe avec tous les points du graphique. Cette ligne dessine donc la tendance du nombre de mots par rapport au fil des ans.

L'augmentation de la longueur des avis s'accompagne d'un accroissement de la diversité lexicale des textes des avis au fil du temps, surtout depuis les années 2010. Par exemple, si on regarde le ratio entre le nombre total de mots des avis et le nombre de mots différents utilisés (après avoir enlevé les mots outils et regroupé ensemble les mots de la même racine), en prenant en compte la longueur différente des avis, on obtient des valeurs beaucoup plus importantes pour les avis récents, ce qui indique que ces avis emploient un lexique plus varié que ceux des premières années du CCNE. Il existe un nombre important de techniques visant à mesurer cette diversité lexicale et le résultat selon lequel les avis récents sont plus divers d'un point de vue lexical est stable selon les techniques utilisées. Par exemple, l'indice CTTR (pour *Carroll's corrected type-token ratio*[11]) est en moyenne de 30 pour les avis des années 1980, de 32 pour les années 1990 et 2000 et de 42 pour les années 2010, ce qui indique une forte accélération de la diversité lexicale sur les dernières années.

Ce constat signifie que les avis traitent de plus en plus d'aspects différents d'une même question alors qu'ils se focalisaient auparavant sur un petit nombre de dimensions des saisines.

Principales thématiques abordées depuis quarante ans

Recenser et synthétiser plusieurs centaines de questions posées au CCNE depuis quarante ans constitueraient un exercice fastidieux, voire dénué d'intérêt. En revanche, un résumé des principales thématiques abordées dans les différents avis ou rapports (c'est-à-dire les textes faisant l'objet d'une publication), doublé par une approche méthodologique portant sur l'analyse des univers lexicaux au sein de ces textes, nous apporte, à cet égard, une information concrète.

11. https://quanteda.io/reference/textstat_lexdiv.html.

Si l'on parcourt l'ensemble des avis publiés durant la première décennie, on notera que, le 22 mai 1984, est publié le premier avis du CCNE sur les prélèvements de tissus d'embryons et de fœtus humains morts. Cet avis inaugural aborde un thème que le Comité ne cessera de retravailler, celui de l'embryon, et pose un problème qui ne finira pas d'orienter ses réflexions, celui de la personne humaine. La question de la nature de l'embryon – amas de cellules ou être humain – a de nombreuses implications scientifiques et médicales traitées par une dizaine d'avis. Il y va de l'utilisation d'embryons morts ou surnuméraires à des fins de recherche, du prélèvement de cellules souches totipotentes, des opérations de réduction, du don de gamètes et d'embryons ou encore de la réalisation de diagnostics préimplantatoire et prénatal.

Les essais de nouveaux traitements sur l'homme, parce qu'ils ne sont pas sans poser des problèmes éthiques, particulièrement en ce qui concerne l'inclusion d'un patient à l'occasion de son traitement dans un groupe traité selon un protocole établi, et le recours à des essais sur des volontaires sains ont fait également l'objet de plusieurs avis.

Les enjeux de la génétique occupent aussi une part importante de l'activité du CCNE, enjeux soulevés par trois pratiques : la thérapie génique, les tests génétiques et le brevetage de gènes à l'occasion de leur découverte. Enfin, le Comité devra faire face à la progression de l'épidémie du sida, objet de trois avis.

Les avis de la deuxième décennie d'existence du Comité s'inscrivent en grande partie dans les mêmes domaines médicaux que ceux de la première décennie. Les progrès de la génomique et le développement parallèle d'une forme de médecine de prédiction posent des problèmes éthiques complexes. Les techniques d'assistance médicale à la procréation (AMP) soulevant des questions éthiques spécifiques attirent davantage l'attention du CCNE que lors de la décennie précédente. Par ailleurs, de nouvelles problématiques apparaissent dans le champ de réflexion du CCNE, dont deux qui ne le quitteront jamais : le handicap et la fin de vie.

Durant la troisième décennie, le champ de réflexion du CCNE se caractérise par des continuités et des ruptures : continuités, s'agissant des travaux sur l'embryon, les tests génétiques ou la fin de vie.

Toutefois des changements s'opèrent durant cette décennie, notamment l'émergence de nouvelles problématiques : données biométriques, nanotechnologies, migrants. Font aussi l'objet d'un avis la demande d'assistance médicale à la procréation (AMP) après le décès de l'homme faisant partie du couple, ainsi que le problème de l'accès aux origines et le secret de la filiation, thématiques qui seront étudiées à nouveau par le Comité dans la décennie suivante.

Durant la quatrième décennie reviennent au premier plan, dans le domaine de la génétique, en conséquence d'une double rupture technologique : d'une part, la mise en œuvre de plus en plus rapide des techniques de séquençage du génome ; d'autre part, la mise au point d'outils de plus en plus performants modifiant de façon ciblée les séquences existantes d'ADN.

Ces deux avancées techniques posent des problèmes distincts. La première ravive le problème des informations génétiques, de l'incertitude quant à leur signification pour la santé de l'individu et de leur gestion. La seconde pose un problème déjà présent dans les années 1990 avec l'arrivée des thérapies géniques somatiques non ciblées. Mais cette dernière décennie se démarque par la dimension sociale plus prononcée des réflexions du CCNE. Il ne délibère plus uniquement sur l'aspect éthique des innovations scientifiques. C'est le cas dans le domaine de la procréation où ni l'avis sur les demandes sociétales d'AMP ni celui sur l'adoption ne portent sur de nouvelles techniques. C'est également le cas des avis concernant la santé des migrants, les inégalités d'accès aux traitements ou les politiques de santé publique. Cette réflexion sur la santé publique fait suite à l'épidémie de Covid-19 qui amena le CCNE à réfléchir aux enjeux éthiques des mesures devant être mises en place, notamment les enjeux concernant la vaccination.

Un nouveau domaine scientifique fait son entrée dans le champ de réflexion du CCNE, celui de l'écologie et de la biodiversité (voir chapitre 14). Il constituera un problème majeur de réflexion éthique pour le CCNE.

L'évolution thématique que l'on vient de décrire peut aussi être consolidée par une analyse[12] des univers lexicaux contenus dans les textes des avis. Les classes qui apparaissent à travers cette analyse permettent de donner une visibilité nouvelle sur les différentes thématiques abordées.

Dressons ainsi un portrait rapide des préoccupations du Comité à travers neuf classes qui ont émergé de cette analyse (voir encadré).

La classe 1, dénommée « Institution », contient l'ensemble des rappels institutionnels des avis, avec la surreprésentation des termes qui constituent l'acronyme du CCNE, classe de texte plus prégnante dans les années 2010 qu'auparavant (44 % des textes de cette classe sont des années 2010, contre 34 % dans l'ensemble du corpus).
La classe 2, dénommée « Juridique », comprend la majorité des termes juridiques employés dans les avis du CCNE : article, code, loi, convention, décret…
Cette classe de texte est assez transversale à l'ensemble de la période et ne connaît pas de variation importante de son poids relatif dans les rapports.
La classe 3, dénommée « Essais cliniques », contient les termes relevant de ce type d'approche (essai, étude, sujet, placebo, etc.), ainsi que la dénomination de certains comportements à risque (alcool, drogue, etc.). Cette classe est spécifique des deux premières décennies d'existence du CCNE (41 % des textes de cette classe sont des années 1980 ou 1990, contre 33 % de l'ensemble du corpus).

12. À l'aide de la méthode Alceste, méthode qui se fonde sur l'analyse des cooccurrences au sein de groupes de 40 mots consécutifs, on peut distinguer différents univers lexicaux contenus dans les avis du CCNE. Ces univers lexicaux sont définis par l'usage concomitant d'une multitude de termes qui forment une unité et sont à concevoir comme des types de discours différents qui traversent le corpus. On peut ainsi y déceler des formes variées de préoccupations discursives éthiques, formes dont la place relative dans l'économie des avis évolue au cours du temps. Pour la méthodologie, voir : https://journals.openedition.org/sociologie/312.

La classe 4, relative à l'économie de la santé, traite des problématiques économiques et sociales autour de la santé (performance, économie, inégalités, etc.), notamment à propos d'enjeux globaux et sociétaux assez forts (vieillissement, écosystème, biodiversité, etc.). Cette classe prend une importance de plus en plus grande au cours du temps (45 % des textes de la classe sont postérieurs à 2010, contre 34 % de l'ensemble des textes).

La classe 5 est relative à une problématique éthique centrale, abordée dans beaucoup de rapports du CCNE : la fin de vie (euthanasie, mort, suicide, souffrance, palliatif...). Excepté son inexistence dans les années 1980, cette classe de texte est transversale à l'ensemble de la période et ne connaît pas de variation importante de son poids relatif dans les rapports.

La classe 6 relève des enjeux d'autonomie et de responsabilité (respect, principe, autonomie, éthique, liberté). Cette classe n'est également pas reliée à une période particulière, semblant indiquer que ces thématiques sont toujours centrales au sein du CCNE.

La classe 7 relève des enjeux de consentement et d'information médicale (information, consentement, médecin, refus, intervention, cas, patient). Cette classe est surtout liée aux premiers textes du CCNE.

La classe 8 relève d'une autre question éthique souvent abordée dans les avis du CCNE, celle de la filiation. On y retrouve principalement les termes liés aux différents statuts familiaux (parents, mère, enfant, couple), ainsi que des thématiques juridiques spécifiques liées à des formes de filiation (anonymat, adoption, secret, lien, reconnaissance). Le vocabulaire spécifique de cette classe est surtout lié aux années 2000 : 48 % des textes de cette classe datent des années 2000 (contre 33 % de l'ensemble des textes).

La classe 9 traite globalement de biologie cellulaire, avec différentes focales : d'une part, les termes généraux de biologie (cellule, souche, tissu, etc.), voire de génétique (gène, chromosome, mutation) ; d'autre part, une application de ces termes au domaine de la procréation (embryon, fécondation, *in vitro*, spermatozoïde, etc.). 40 % des textes sont antérieurs à 2000, contre 33 % de l'ensemble des textes : ainsi, l'approche purement médicale des questions de procréation est surtout liée aux premières années du CCNE, avant un élargissement sur des questions de filiation (classe 8) ou sur des problématiques sociales plus concrètes (classe 4).

Le CCNE et l'information fournie au public

Les avis ne sont pas les seuls outils de réflexion fournis par le CCNE. Il s'efforce aussi de diffuser son savoir et d'informer le public au moyen de son centre de documentation et d'information, évoqué plus haut, qui n'est pas réservé aux membres, loin de là. Ainsi, furent mis à disposition du public, à partir de 1989, des ouvrages, une base de données bibliographiques, des dossiers documentaires, un thesaurus d'éthique biomédicale.

Une lettre d'information du CCNE trimestrielle a été créée à partir de juillet 1985, avec l'ambition d'être pluri-institutionnelle, accompagnant aussi le développement des premiers comités d'éthique en France. Elle évolua plus tard dans les *Cahiers du Comité consultatif national d'éthique*. Une revue de presse est également produite.

Ce centre de documentation devint en 1993 un service commun de l'Inserm (SC n° 12), toujours en soutien du CCNE, mais impliqué aussi dans des partenariats nationaux et internationaux[13] qui permettaient de relayer la diffusion des travaux du CCNE.

À la fin de 1994, le centre de documentation quitta le siège de l'Inserm pour s'installer sur deux sites distincts : un pôle « bibliothèque » auprès du CCNE ; un pôle « publications-produits documentaires » temporairement à Necker, puis au CCNE.

13. Le centre de documentation et d'information participa, entre 1996 et 1998, à un projet d'information européen (Biomed 2), avec l'Allemagne, les Pays-Bas et la Suède, avec comme objectifs : l'amélioration de la diffusion et de la valorisation des travaux originaux élaborés en Europe dans le domaine de l'éthique et l'analyse et la comparaison des positions éthiques.

Le centre de documentation a accueilli des étudiants, des chercheurs, des professionnels de santé, pas toujours dans les meilleures conditions d'hébergement, mais offrant un potentiel de lecture qui a été constamment enrichi : jusqu'à 550 utilisateurs pour l'année 2003, puis en nette diminution par la suite (quelques dizaines de demandes électroniques par an, actuellement). Il dispose aujourd'hui d'un fonds documentaire d'environ 9 000 ouvrages et 21 000 numéros de revues.

Parallèlement, à partir de novembre 2007, le site Internet du CCNE fut créé (http://www.ccne-ethique.fr), avec la possibilité d'accéder non seulement à la liste des avis, mais également à une base de données permettant la recherche dans le fonds documentaire de la bibliothèque du Comité, ainsi que des actualités concernant l'éthique biomédicale.

Les visites du site Internet, au début de sa création, furent de 40 000 visiteurs uniques environ par an, la fréquentation étant stable jusqu'en 2012, puis augmentant progressivement par la suite, avec 226 358 visiteurs uniques en 2020, mais en diminution en 2021 (143 000).

Le centre de documentation du CCNE a donc, comme beaucoup d'autres, pris le virage du numérique, en perdant cependant quelques atouts qui avaient été précédemment constitués : une revue d'information trimestrielle qui était largement diffusée ; un accès au fonds documentaire devenu très peu consulté. Néanmoins, l'accès numérique devrait permettre d'informer un public plus large sur les travaux du CCNE, l'amélioration de l'accessibilité du site étant une priorité constante.

CHAPITRE 4

Le CCNE dans l'écosystème éthique national et international

Pierre-Henri Duée, Thomas Maillet-Mezeray, Emmanuel Didier, Jean-François Delfraissy

Le décret portant création du CCNE contenait deux défis à relever par le Comité : d'une part, donner un avis sur les problèmes éthiques soulevés par la recherche dans les sciences de la vie et de la santé et, d'autre part, organiser une conférence annuelle sur les problèmes d'éthique dans ces domaines, au cours de laquelle les questions importantes qui s'y rapportent sont abordées publiquement. Réfléchir, en s'appuyant sur des compétences multiples, mais aussi débattre en présence et avec le public, constituait donc cette double mission du Comité.

Après avoir décrit le fonctionnement et l'organisation interne du Comité (chapitre 3), ce chapitre aborde la démarche du CCNE en direction du public (au-delà des publications et de la documentation qu'il produit), mais aussi vers les autres comités d'éthique, à l'échelle nationale et internationale, et, plus généralement, son rôle dans le cadre de partenariats afin de mettre la réflexion éthique au cœur des activités et des décisions politiques, économiques et culturelles.

On notera aussi que le CCNE est représenté dans différentes instances par l'un de ses membres ou par une personnalité désignée par son président : le conseil d'orientation de l'Agence de la biomédecine, le Conseil national du sida et des hépatites, le comité d'éthique du CNRS, la Commission de déontologie et des alertes en santé publique et environnement, le conseil d'orientation stratégique du Centre national des soins palliatifs et de la fin de vie, l'Agence française de lutte contre le dopage, le comité éthique et scientifique pour les recherches, les études et les évaluations dans le domaine de la santé (adossé au Health Data Hub).

Le CCNE, son président et divers membres sont régulièrement auditionnés par différentes commissions parlementaires à l'occasion de la préparation de textes législatifs. Le Comité répond également à différentes saisines émanant d'instances qui sollicitent un regard éthique sur des questions complexes (voir chapitre 3). Dans ce cadre, il a noué un partenariat avec la CNIL, l'Institut Pasteur, l'École normale supérieure, le Forum de bioéthique de Strasbourg, la Commission nationale pour la promotion de la bientraitance et la lutte contre la maltraitance, l'Observatoire de la transparence dans la politique du médicament, la Cour de cassation, la Commission indépendante sur les abus sexuels dans l'Église catholique, mais aussi l'Unesco, l'OMS ou le Conseil de l'Europe, parmi quelques exemples.

En direction du public, deux facettes des activités externes du CCNE seront décrites, les Journées annuelles d'éthique, ainsi que les États généraux de la bioéthique, avant de résumer les interactions que le Comité tisse avec les comités d'éthique en France ou à l'échelle européenne et mondiale.

Les Journées annuelles de bioéthique, la Journée des lycéens

Les premières Journées annuelles d'éthique se sont déroulées les 6 et 7 décembre 1984, une année seulement après l'installation du Comité, sous une forme qui fut dupliquée vingt-cinq fois jusqu'en 2012 : une introduction générale par le président du CCNE, complétée par l'intervention d'une autorité gouvernementale (jusqu'en 2004), une présentation des avis adoptés, voire en cours, et un échange avec le public, des tables rondes réunissant des membres du CCNE et des personnes extérieures au Comité, des ateliers pour approfondir certaines questions, un débat toujours en présence de plusieurs membres du Comité.

Citons quelques thèmes qui ont été abordés à cette occasion : éthique, grand âge et société (1988) ; dimension éthique des choix collectifs (1999) ; du gène à l'humain, pluralité internationale de la vision (2003) ; la santé, la connaissance et l'argent (2006) ; norme, normalité, normativité (2012).

Ces Journées annuelles de bioéthique se déroulèrent aussi dans différentes villes, en plus de la manifestation parisienne, une initiative cependant transitoire, entre 1986 et 1992.

Didier Sicard, lors des Journées annuelles d'éthique de 2000, soulignait qu'elles « sont l'occasion pour le Comité de rendre compte de ses travaux afin de les placer dans le débat public, et le mot débat est très important. Il est évident que personne ne s'approprie l'éthique, et peut-être moins le CCNE que quiconque ».

Personne ne s'approprie l'éthique donc, mais l'initiative heureuse qu'a eue très tôt le CCNE fut d'associer les lycéens à sa réflexion. Ainsi, dès les Journées annuelles de 1985, ils ont participé activement, dans le cadre d'un atelier animé par Albert Jacquard, membre du Comité, sur les thématiques qui avaient fait l'objet de travaux du CCNE. Manifestant une grande soif de comprendre et de savoir, les élèves se sentent toujours très concernés pour tenter l'élaboration d'une véritable réflexion éthique, dépassant le premier stade d'un échange d'opinions. Et l'aventure se poursuit régulièrement depuis près de quarante ans, puisque les traditionnelles Journées annuelles d'éthique ont désormais laissé place à la Journée annuelle des lycéens, grâce notamment à l'engagement de Sylvette Estival, professeure de sciences de la vie et de la terre au lycée international de Saint-Germain-en-Laye, qui, lors des Journées de 2003, indiquait que « l'éthique est un questionnement qui engendre le doute, les incertitudes, qui relie l'école au monde, c'est un pas vers l'ouverture aux autres, et pouvoir au sein de l'école enclencher une prise de conscience sur des problèmes qui concernent les individus et la société participe pour une modeste part à la construction d'une personne responsable ».

Ces Journées des lycéens constituent des moments privilégiés de la vie du CCNE, permettant de réunir, avec leurs enseignants, de nombreux élèves issus aujourd'hui d'une dizaine de lycées de différentes régions, qui ont préparé pendant une grande partie de l'année scolaire, souvent de façon pluridisciplinaire, des thèmes qui feront l'objet d'une présentation d'exposés et d'un débat avec des membres du Comité : un échange très souvent passionnant et d'une grande maturité intellectuelle. Très motivés et sérieux dans leur démarche, les lycéens consentent un effort important de recherche, qu'accompagnent des lectures et l'audition d'experts. Ils n'hésitent pas à recourir parfois à des sondages pour mieux connaître les opinions de ceux qui les entourent ! Quelques thèmes abordés récemment : la place des personnes âgées dans la société (2013) ; la performance (2014) ; médecine et enjeux économiques (2017) ; la santé numérique (2019) ; Covid-19 (2021) ; la fin de vie (2022).

« Si je devais parler de la journée du CCNE, je dirais que, ce jour-là, j'ai vu le vrai pouvoir que pouvaient avoir les mots. Moi et mes camarades [...] étions fiers de notre travail, pensions rivaliser avec les lycéens de Paris. Mais on a vu la vraie différence entre nous et les autres. C'est savoir s'exprimer, parler, quoi [...]. Ce jour-là, j'ai vu de moi-même que les capacités intellectuelles ne sont pas tout, il y a le reste, et, malheureusement, le reste compte souvent plus que les capacités », témoignait K. il y a quelques années à propos de la question des inégalités sociales, révélée aussi à cette occasion.

À cet égard, Marc Rosmini, professeur de philosophie au lycée Antonin-Artaud à Marseille, affirmait que le sentiment d'incompétence, « croire que je ne serai pas capable », éloignait un grand nombre de nos contemporains de la « chose publique » : « En mettant en évidence l'égalité des intelligences, en prouvant à des jeunes issus de milieux modestes qu'ils sont tout à fait capables de comprendre et d'expliquer des problèmes complexes, les Journées des lycéens du CCNE contribuent à la revitalisation de notre démocratie et à l'inclusion de jeunes citoyens dans le débat public. »

Jean-Pierre Kahane, ancien membre du CCNE, à l'occasion de la Journée des lycéens de 2013 qui portait sur la place des personnes âgées dans la société, livrait ses impressions en ces termes : « Cette journée est une leçon de portée générale. Les jeunes nous donnent d'excellents exemples d'un nouveau regard. L'amour des grands-parents en est un aspect. Un autre est l'attention portée, tout au long des exposés et discussions, sur l'attitude à l'égard de la vieillesse en d'autres temps et d'autres lieux. L'ensemble est vraiment un kaléidoscope chatoyant à tourner dans tous les sens ! »

Les États généraux de la bioéthique en 2018

Depuis la loi de bioéthique du 7 juillet 2011, le CCNE est en première ligne dans le processus qui conduit à sa révision, la loi disposant, en effet, qu'elle soit révisée dans les sept ans maximum (cinq désormais) et prévoit que tout projet de réforme dans le domaine qui concerne le Comité doit être précédé d'un débat public sous forme d'états généraux organisés à l'initiative du CCNE.

Le CCNE a toujours eu une implication dans les révisions de la loi de bioéthique. Ce fut le cas, à la demande du secrétaire d'État à la Santé, lors de la révision des lois n° 94-653 et n° 94-654 du 29 juillet 1994, le CCNE rassemblant dans l'avis 60 ses avis et des propositions pour les transmettre au Parlement. Les thèmes abordés dans ce document étaient notamment les prélèvements d'organes, l'assistance médicale à la procréation, le diagnostic préimplantatoire. Puis, le CCNE, dans l'avis 67, souhaita clarifier les options retenues pour la future loi, notamment la « délimitation du champ à l'intérieur duquel la recherche sur l'embryon humain sera désormais considérée comme légitime », ainsi que proposer des modifications de l'avant-projet de révision des lois relatives à l'éthique biomédicale.

La révision de la loi de 2004 fut l'occasion d'initier des États généraux de la bioéthique, sous l'égide du ministère de la Santé, pour « s'affranchir de la logique sondagière qui procède par addition de points de vue séparés, produisant ainsi l'illusion d'une demande factice[1] ».

Les États généraux de la bioéthique avaient, en effet, pour ambition de permettre l'expression la plus large possible des opinions et convictions avant que ne s'engage le travail parlementaire[2].

Dans cette perspective, le Premier ministre avait souhaité que le CCNE puisse « identifier les problèmes philosophiques et les interrogations éthiques que suscite ce rendez-vous, en indiquant les questions qui méritent d'être débattues et en rendant compte de la complexité de ces questions ». Le CCNE avait situé sa contribution en amont des options législatives, en proposant une « boîte à outils » de nature à identifier les enjeux et servir à la mise en œuvre des états généraux. L'avis 105 préparait aussi « des avis futurs par lesquels le CCNE pourra apporter, à l'occasion de nouvelles saisines ou de sa propre initiative, sa contribution aux débats sur les thèmes retenus. »

L'avis 105 du CCNE rappelait également que la « finalité de la loi de bioéthique est de dégager un cadre qui concilie la libre pensée scientifique et le respect de la dignité des personnes et du bien commun », en notant que la loi issue du débat démocratique permet de dégager des valeurs communes qui fondent les règles de vie en société et joue « un rôle anthropologique structurant », en assignant à l'individu une place dans la société (voir aussi le chapitre 12). Le CCNE, dans cet avis, indiquait cependant que la loi n'était pas suffisante pour réguler le domaine de la bioéthique[3].

---

1. Roselyne Bachelot-Narquin, ministre de la Santé, au Sommet international des comités d'éthique en septembre 2008.
2. Les États généraux de la bioéthique, dans le cadre de la révision de la loi de 2004, se déroulèrent durant le premier semestre de 2009 (rapport final rendu le 1er juillet 2009), puis une loi fut promulguée le 7 juillet 2011.
3. « La légalité d'une pratique n'est pas une garantie de sa conformité à la morale. Par ailleurs, la réglementation d'une pratique est insuffisante à évacuer les problèmes éthiques nés de son application et ne saurait dispenser les acteurs d'exercer leur discernement personnel. Dans des domaines traitant des décisions concernant le début ou la fin de la vie

En définitive, la loi révisée du 7 juillet 2011, et le rôle d'initiateur des États généraux de la bioéthique confié au CCNE, marquait une nouvelle évolution dans la chronologie de son intervention, certes toujours en préalable du travail parlementaire, mais désormais postérieur au débat public qu'il est chargé d'organiser (voir les chapitres 5 et 6).

À la fin de 2017, le CCNE avait analysé et tiré parti des expériences de consultation[4] qui avaient déjà eu lieu, en France comme à l'étranger, notamment celles conduites par la Commission nationale du débat public ou à travers la mise en place de conventions ou de conférences de citoyens, voire des conférences de consensus. Il avait lui-même organisé en 2013 une conférence de citoyens sur la fin de vie[5]. Il en avait déduit que la nature même des thématiques abordées nécessitait de mobiliser différents outils de consultation conçus pour se compléter et essayer de compenser les biais inhérents à toute modalité de consultation, mais aussi pour capter l'ensemble du savoir profane, car, dans un tel débat public, il est impératif de donner sa valeur à chaque opinion singulière. Notons également que le CCNE mit en place des séances d'information auprès des journalistes sur les thèmes mis en débat à cette occasion, neuf thèmes que le Comité avait lui-même préalablement définis.

---

humaine, le respect de la loi n'épuise pas les enjeux éthiques des conduites. Il existe des cas exceptionnels dans lesquels la conscience du professionnel de santé peut le conduire à transgresser la loi, en assumant par avance les conséquences de ses actes. En outre, dans un contexte contemporain d'attente quelque peu excessive à l'égard du droit, sommé d'étendre son intervention à tous les domaines, s'impose trop souvent l'illusion que le vote d'une loi est suffisant pour régler un problème. Faire ressortir l'importance du droit ne doit donc pas aboutir à une surestimation de son rôle. La loi ne saurait dispenser d'aller constamment plus avant dans la réflexion éthique » (avis 105 du CCNE).

4. Le secrétariat général pour la modernisation de l'action publique avait publié en 2017 une « boîte à outils » portant sur les démarches de participation citoyenne. On notera aussi que le CESE est devenu la « Chambre de la société civile » animant notamment la participation citoyenne.

5. Cette conférence de citoyens s'est déroulée durant quatre week-ends à l'automne 2013 et a impliqué un dialogue des citoyens avec une vingtaine d'intervenants de tous horizons, une première moitié d'entre eux étant proposée par le CCNE, les autres choisis par les citoyens eux-mêmes. Afin d'éviter d'exercer une influence sur leurs réflexions, le CCNE n'a participé à aucune séance de travail des citoyens. L'avis et les recommandations de cette conférence ont été rendus publics lors d'une conférence de presse par les citoyens eux-mêmes, le 16 décembre 2013, puis mis en ligne.

Ces États généraux ont donc privilégié le recueil des avis exprimés, sans entrer dans une logique de sondage et en toute indépendance. Les questions de bioéthique, par leur complexité, n'appellent pas, en effet, à simplement formuler un avis « pour » ou « contre », mais à engager et construire une réflexion sur les raisons qui motivent ces choix.

La consultation, introduite par la question « Quel monde voulons-nous pour demain ? », a été portée par différents canaux durant les quatre premiers mois de 2018 : un site Internet d'information et de consultation, des lieux diversifiés de réunion en région, au plus près des personnes, avec la forte implication des espaces de réflexion éthique régionaux (voir chapitre 5), une écoute par le CCNE des experts et des porteurs d'idées à travers des rencontres et échanges avec les sociétés savantes, les associations et les grands courants de pensée, à leur demande, afin de recueillir l'éventail des points de vue sur les différents thèmes inscrits dans le périmètre des États généraux. Les modalités opératoires se voulaient exigeantes, avec des garanties de transparence et un regard critique inédit assuré par un « comité citoyen », composé de vingt-deux personnes anonymes, « représentatives » de la société dans sa diversité et ayant reçu préalablement une formation par des experts présentant l'ensemble des opinions sur une question donnée (voir aussi le chapitre 6).

La mobilisation citoyenne fut importante[6] et a offert la possibilité de recueillir ce que les personnes interrogées attendaient du système de santé et de la médecine, sans donner une évaluation scientifique de l'état de l'opinion française, bien entendu. La consultation fut ainsi l'occasion d'adresser en direction de la médecine une injonction stimulante, celle de soigner bien entendu, mais aussi d'accompagner.

Les États généraux de la bioéthique 2018 ont donné lieu à un rapport de synthèse remis à l'Office parlementaire d'évaluation des

---

6. 271 événements organisés en région et 21 000 participants ; près de 200 000 visiteurs uniques sur le site Internet et 30 000 participants qui ont posté près de 65 000 contributions dont l'ensemble a recueilli 833 000 votes ; 154 auditions d'associations, de sociétés savantes, de grandes institutions, de groupes de courants de pensée philosophiques ou religieux, par le CCNE.

choix scientifiques et technologiques le 5 juin 2018 et rendu public le même jour lors d'une conférence de presse. Ce rapport se devait, autant que le permettait l'exercice, de rendre compte, de façon factuelle et en toute impartialité, de l'ensemble des opinions que les citoyens avaient partagées au cours de la consultation[7].

Puis, dans les quatre mois qui ont suivi la remise du rapport de synthèse des États généraux de la bioéthique, le CCNE a souhaité construire un avis sur tous les thèmes qui avaient été débattus : l'avis 129, rendu public le 25 septembre 2018, a été conçu comme une table d'orientation, pour les acteurs publics en charge de construire la nouvelle loi de bioéthique et pour l'ensemble de la société.

Les réunions des comités d'éthique à l'échelle nationale

Le CCNE, dès l'avis 2, a recommandé de créer des comités d'éthique auxquels toute expérimentation sur l'homme devrait être soumise, en énonçant quelques principes qu'il a rappelés régulièrement : existence de prérequis ; intérêt scientifique du projet ; bilan risques-avantages acceptable ; principe du consentement libre et éclairé des participants. Tirés des textes fondateurs (par exemple, le code de Nuremberg) et des pratiques existantes dans les premiers comités d'éthique créés avant 1983, mais aussi dans le cadre des activités de la section technique avant 1988[8], certains de ces principes firent aussi l'objet d'une réflexion approfondie (par exemple, le consentement dans les avis 58, 70, 87, 136).

7. Dans son rapport d'évaluation, l'OPECST donnait acte au CCNE de la rigueur et de la conscience avec lesquelles le Comité avait rempli sa mission en 2018 et de la qualité, à tous égards, de son rapport de synthèse. L'Office parlementaire indiquait aussi être « très réservé » quant à créer un comité citoyen permanent auprès du CCNE (rapport n° 2120 déposé à l'Assemblée nationale le 9 juillet 2019).

8. Loi Huriet-Sérusclat du 20 décembre 1988, instituant les comités consultatifs de protection des personnes dans la recherche médicale. Claude Huriet fut membre du CCNE de 1996 à 2002.

Lors des Journées annuelles d'éthique de 1994, Jean Michaud rappelait surtout que le CCNE essayait d'éviter l'écueil qui consisterait à sortir de son domaine pour empiéter sur celui de la déontologie médicale. Il produira plusieurs contributions définissant un peu plus les pratiques de la recherche médicale (avis 7, 11, 12, 34, 38, 41, 73, 79, 131) ou le fonctionnement des comités (avis 13, 29).

Aujourd'hui, les comités d'éthique sont nombreux et diversifiés. Les comités de protection des personnes (CPP) ont notamment pour mission de donner un avis motivé préalablement à toute « recherche impliquant la personne humaine » (on parlait primitivement de recherche biomédicale), au regard des critères définis par l'article L.1123-7 du Code de la santé publique. C'est la loi n° 2012-300 du 5 mars 2012, dite « loi Jardé », qui a instauré les CPP, au nombre de 39 actuellement.

À côté des CPP existent aussi des comités d'éthique de la recherche (CER), réunis en une fédération depuis 2018, placés majoritairement auprès des universités (les CER sont actuellement au nombre de 18). Ils émettent un avis éthique sur les protocoles de recherche qui ne sont pas tenus par la loi Jardé de passer devant un CPP (par exemple, des recherches en sciences humaines et sociales).

La mission des comités d'éthique placés auprès des organismes de recherche, des académies ou des agences sanitaires est différente de celle des CPP et des CER, puisqu'ils sont en charge d'animer la réflexion sur les questions éthiques soulevées par les recherches dans leur domaine de compétences. Le comité d'éthique de l'Inserm, créé avant le CCNE (voir chapitre 1), est le plus ancien d'entre eux. D'autres organismes (par exemple, le CNRS, l'Institut Pasteur, le CNES, le Muséum national d'histoire naturelle, l'Andra, le CEA, l'Inria, l'IRSN, l'Institut Curie, l'INCA), mais aussi les Académies (sciences, médecine, technologies, pharmacie) ou la Ligue contre le cancer, mirent ultérieurement en place des comités d'éthique, y compris, pour certains d'entre eux, en mutualisant leurs initiatives (par exemple, le comité d'éthique commun à l'Inrae, le Cirad, l'Ifremer et l'IRD). Enfin, les espaces de réflexion éthique en région (ERER) sont devenus des acteurs clés de l'éthique en santé sur le territoire français (voir chapitre 5).

Ce rapide inventaire soulève deux remarques : d'une part, la multiplication des comités d'éthique, essentiellement après la création du CCNE, constitue une caractéristique majeure dans l'évolution des pratiques de recherche depuis deux à trois décennies. D'autre part, si les différentes entités partagent l'objectif d'une réflexion éthique, leur mission, les pratiques mises en œuvre, les thématiques abordées sont diverses, ce qui justifie de mieux les connaître.

Le CCNE a donc souhaité organiser une rencontre des différents comités d'éthique pour faciliter la connaissance mutuelle, mais aussi dessiner quelques pistes de réflexion transversale[9]. Cette rencontre, organisée en 2017, se renouvela en 2019, puis en 2022.

Au détour de cette dernière manifestation consacrée aux enseignements d'ordre éthique liés à la crise de la Covid-19, les différents comités, avec les espaces de réflexion éthique régionaux, ont souhaité publier, le 7 avril 2022, un communiqué commun explicitant notamment leur souhait de « mettre en place, dans le respect de la mission de chaque comité, une organisation souple d'échanges et de partages de leurs réflexions et pratiques, stimuler la formation aux questions éthiques, afin de consolider le tissu éthique français et de mieux collaborer à l'échelle européenne et internationale ».

L'ambition de consolider le tissu éthique français est donc désormais affichée. Elle devrait promouvoir la diffusion d'une « culture de l'éthique », non seulement dans les organismes et établissements de recherche, ou dans les agences, mais aussi au sein des espaces de formation secondaire et universitaire et, plus largement, au sein de la société : certes, une ambition, mais surtout un enjeu essentiel pour faire vivre les valeurs démocratiques !

9. Un réseau informel des comités d'éthique des organismes de recherche avait été ébauché dans les années 2000.

À l'échelle internationale

Le CCNE fit école, notamment en Europe ! Le modèle français développé à partir de 1983 servit de matrice pour différents pays qui mirent en place par la suite un comité national d'éthique. Le premier président du CCNE, Jean Bernard, réalisa plusieurs missions à l'international dans l'optique d'expliciter les spécificités françaises en la matière. Ce fut le cas également des autres présidents. On remarquera aussi que l'initiative mise en œuvre par le CCNE de construire les États généraux de la bioéthique en 2018 fit l'objet de présentations ou d'échanges à distance avec plusieurs comités d'éthique nationaux de la part du président du CCNE, Jean-François Delfraissy, compte tenu de l'originalité du principe.

Inversement, lors des Journées annuelles d'éthique ou à l'occasion des événements célébrant les « anniversaires » du CCNE, plusieurs présidents de comité national d'éthique furent invités. Notons aussi que, récemment[10], le CCNE contribua à la réflexion portée par l'OMS sur la participation de la société à la réflexion sur la politique de santé (*social participation*).

Dans sa contribution à l'ouvrage paru pour le 20e anniversaire du CCNE, Jean-Pierre Changeux défendait l'idée de créer un Comité mondial d'éthique qui puisse engager la discussion sur les questions qui se posent – elles sont nombreuses – à l'échelle de l'humanité dans son ensemble. Ce comité n'a pas vu le jour, même si l'idée fut justifiée. Elle fut plutôt mise en œuvre par le truchement de différents canaux de coopération transfrontalière qui se sont progressivement structurés à plusieurs échelles.

À l'échelle mondiale, le Global Summit of National Bioethics Committees réunit tous les deux ans les différents comités nationaux, l'OMS et l'Unesco, depuis 1996, à l'initiative américaine et française.

---

10. *Voice, Agency, Empowerment – Handbook on Social Participation for Universal Health Coverage*, World Health Organization, 2021.

La 13e rencontre eut lieu à Lisbonne en octobre 2022. Il faut noter que, dans ce cadre, Jean-François Delfraissy proposa, lors d'une rencontre précédente à Dakar, de constituer un réseau des comités d'éthique francophones. Une centaine de pays y sont représentés et les thèmes abordés lors de ces réunions internationales sont vastes : par exemple, « Global Health » ou les technologies émergentes en santé humaine.

Il existe aussi une autre réunion internationale bisannuelle, le World Congress of Bioethics, organisée par l'Association internationale de bioéthique, qui a pour objectif de développer une approche transversale et transculturelle des problématiques bioéthiques.

Ces rencontres régulières sont efficacement complétées par des échanges bilatéraux, convoqués souvent à l'initiative du CCNE.

À l'échelle européenne, la constitution d'un forum des comités d'éthique nationaux – le NEC Forum – a été décidée en 2001 par les autorités de l'Union européenne. Il réunit deux fois par an, dans le pays qui assure la présidence tournante du Conseil de l'Union européenne, les présidents et secrétaires généraux des comités d'éthique nationaux afin qu'ils puissent échanger des informations sur les activités nationales et leurs pratiques. Le 29e NEC Forum s'est tenu à Paris en mai 2022, le 30e à Prague en novembre 2022. Lors de ces rencontres européennes, les échanges sont plus ciblés (par exemple, l'éthique du numérique en santé, la démocratie sanitaire), et abordent aussi les questions d'éthique de la recherche.

On notera qu'il existe, depuis 1985, un Comité de bioéthique du Conseil de l'Europe (DH-BIO) chargé de suivre la mise en œuvre de la Convention sur les droits de l'homme et de la biomédecine (convention d'Oviedo), seul instrument juridiquement contraignant à l'échelle européenne dans ce domaine.

Par ailleurs, la Commission européenne a créé en 1997 le Groupe européen d'éthique des sciences et des nouvelles technologies (EGE), qui organise notamment les réunions du NEC Forum et exerce un rôle de conseil éthique à travers la publication d'avis.

Des coopérations plus ciblées se sont également développées avec deux comités d'éthique, celui d'Allemagne (Deutscher Ethikrat), celui du Royaume-Uni (Nuffield Council on Bioethics). Dans ce cadre, une délégation des trois comités se réunit chaque année, alternativement dans l'un ou l'autre des pays (« réunion tripartite »), et partage des réflexions sur les sujets en cours d'instruction par chacun. Ces rencontres sont constructives selon les différents présidents du CCNE interrogés. On notera qu'à l'occasion de la réflexion sur les problèmes éthiques posés par les collections de matériel biologique (avis 77), un travail en commun avec le comité d'éthique allemand a été conduit et un document commun élaboré. De la même façon, le CCNE a publié une déclaration commune avec les comités d'éthique allemand et anglais, le 3 mars 2020, reprise dans la revue *Nature*[11], portant sur les modifications du génome, transmissibles à la descendance, et appelant les États à mettre en place les législations pour encadrer toute utilisation de l'édition du génome transmissible (voir chapitre 9). Enfin, une réflexion commune a été publiée à propos de la crise humanitaire liée à la guerre en Ukraine[12].

La veille internationale sur les sujets transversaux d'éthique est nécessaire et pourra s'appuyer sur les réseaux de comités qui se sont construits au fil des dernières décennies et dans lesquels le CCNE est activement présent. Toutefois, si les réunions internationales sont l'occasion d'échanges d'informations générales sans réel objectif d'uniformiser l'approche éthique des grands enjeux internationaux, il pourrait apparaître judicieux pour le Comité de développer des partenariats bi- ou trilatéraux dans le but d'approfondir la réflexion éthique, voire de construire des textes de position communs, exercice exigeant, mais dont les retombées, à l'échelle européenne ou internationale, peuvent être bénéfiques pour valoriser les réflexions éthiques nationales. Il reste néanmoins une marge de progrès à réaliser pour faire en sorte que les publications du CCNE soient accessibles aux partenaires étrangers, impliquant leur traduction systématique en langue anglaise.

11. Davis Archard, Peter Dubrock, Jean-François Delfraissy, « Human-genome editing : Ethics councils call to governments worldwide », *Nature*, 2020, 579 (7797), p. 29.

12. David Archard, Alena Buyx, Jean-François Delfraissy, « Responding to the humanitarian crisis of the war in Ukraine with lessons from Covid-19 », *The Lancet*, 2022, 399 (10337), p. 1776.

CHAPITRE 5

Le rôle des ERER et leur partenariat avec le CCNE

Grégoire Moutel, Mélanie Heard,
Mylène Gouriot, Guillaume Grandazzi

Depuis les années 1980, les institutions de soins ont été confrontées à de nombreuses questions éthiques dans leurs pratiques quotidiennes, comme celles relatives au début ou à la fin de la vie, à l'assistance médicale à la procréation, au don d'organe, à l'information et la place des proches dans la relation de soin… amenant les structures hospitalières à se doter de comités d'éthique locaux. Ces comités avaient pour but de venir en appui aux équipes, non pour prendre les décisions à leur place, mais pour les éclairer lorsqu'elles sont face à des cas complexes, en facilitant leur résolution collective par une éthique de la discussion.

Ces comités s'étaient formés en dehors de tout cadre législatif et reposaient sur une composition multidisciplinaire associant soignants, juristes, représentants des sciences humaines, souvent sur la base du bénévolat des membres fondateurs et des participants.

Rapidement est apparu, en parallèle à ces structures, le besoin d'organiser la formation à la réflexion éthique et la diffusion des connaissances dans les territoires de santé. Ce besoin s'est aussi accompagné d'une demande de débats et de conférences pour sensibiliser le grand public à l'ensemble de ces questions importantes d'éthique en santé.

Historique des instances éthiques dans les territoires et création des ERER

En 2003, à la demande du ministre en charge de la Santé, le rapport Cordier, intitulé *Éthique et professions de santé*, évoqua la nécessité de développer la formation éthique des professionnels et d'animer l'éthique dans les territoires et, en particulier, en lien avec le public[1]. La loi relative à la bioéthique du 6 août 2004[2] créera ainsi les espaces de réflexion éthique régionaux (ERER) qui, pour la plupart, se constitueront dans la décennie qui suivra.

Depuis, les ERER sont devenus des acteurs clés de l'éthique en santé sur le territoire français avec, désormais, un espace éthique par région. Il leur revient, en effet, la mission de contribuer à développer, à cette échelle régionale, une véritable culture éthique chez les professionnels de santé et du médico-social, ainsi que dans le grand public.

À ce titre, ils assurent des actions de formation, de documentation et d'information, des rencontres et échanges pluridisciplinaires. Ils sont aussi, pour certains d'entre eux, porteurs de diplômes universitaires.

Les ERER constituent de ce fait une plateforme d'échanges sur les questionnements éthiques au plus près des territoires. À l'image de celle du CCNE, leur composition reflète la diversité des acteurs institutionnels engagés dans ces réflexions, ce qui favorise une approche transversale des enjeux éthiques et la construction d'une culture commune à ce sujet.

Les ERER sont adossés aux centres hospitalo-universitaires en étroite collaboration avec les facultés de santé, de droit et de sciences

---

1. Alain Cordier, *Éthique et professions de santé*, ministère de la Santé, de la Famille et des Personnes handicapées, 2003 (disponible en ligne : https://www.vie-publique.fr/rapport/26145-ethique-et-professions-de-sante). Alain Cordier fut membre du CCNE de 2008 à 2016.
2. Loi n° 2004-800 du 6 août 2004 relative à la bioéthique (art. 1).

humaines au sein des universités et s'appuient également sur le réseau des groupes d'éthique de chaque territoire, localisés à l'échelle des centres hospitaliers ou des établissements médico-sociaux.

Les ERER peuvent être saisis par toute personne physique ou morale qui souhaite voir conduire des travaux ou proposer des thèmes de réflexion concernant l'éthique des sciences de la vie et de la santé. Contrairement aux groupes d'éthique clinique, ils ne rendent pas d'avis, ni de recommandation portant sur des situations individuelles.

Ces équipes pluridisciplinaires participent à l'organisation de débats publics pour favoriser l'information et la consultation des citoyens sur les questions de bioéthique, et plus largement d'éthique en santé. Ils jouent également le rôle d'« observatoires régionaux » des pratiques en matière d'éthique[3].

Ce rôle d'observatoire éclaire les acteurs et décideurs de terrain sur des questions parfois délicates et sensibles qui se posent au quotidien, rend visibles des dysfonctionnements et des interrogations et peut aider à y répondre, exerçant, en quelque sorte, une fonction de « lanceur d'alerte ».

Trois exemples illustrant le rôle des ERER dans l'aide éthique à la décision

Les ERER créent des espaces de dialogue de proximité pour aider à la résolution de dilemmes éthiques. Pour ce faire, ils sont adossés à une réelle expertise collective reposant sur des universitaires, des professionnels de terrain et des citoyens, voire des équipes de recherche mêlant des compétences en santé, en droit et en sciences humaines et sociales.

---

3. Arrêté du 4 janvier 2012, relatif à la constitution, à la composition et au fonctionnement des espaces de réflexion éthique régionaux et interrégionaux (https://www.legifrance.gouv.fr/loda/id/JORFTEXT000025208399/).

Comme premier exemple illustrant leur action, on mentionnera la conception et la validation d'outils d'aide à la décision pour des femmes atteintes de cancer du sein qui, avant la mise en œuvre de leur traitement potentiellement stérilisant, souhaitent préserver leur fertilité, par exemple à travers la conservation d'ovocytes. Cette décision est complexe à prendre en fonction de l'état de la maladie, des antécédents des patientes, de leur âge et du nombre d'enfants qu'elles ont eus. Améliorer les processus d'information et de choix pour ces femmes participe de l'évolution des droits des patients, particulièrement dans ce domaine sensible désormais cadré par la loi de bioéthique. En effet, au-delà d'une information générale sur les traitements et la prise en charge, il convient de préparer les personnes à clarifier leurs choix. Aborder avec elles les conséquences de ces traitements et promouvoir le recueil de données fiables sur les avantages et les inconvénients de chaque option disponible constituent un appui essentiel et personnalisé. Pour la première fois, un outil d'aide à la décision a ainsi été élaboré à destination des patientes afin qu'elles prennent conscience des effets secondaires des traitements du cancer du sein sur leur fertilité et l'évolution de leur fonction ovarienne, en leur offrant différentes options pour qu'elles puissent prendre la « bonne décision » adaptée à chacune d'entre elles. Il s'agit désormais, pour l'ensemble des femmes concernées, de garantir une égalité d'accès à cette information et l'appui qu'elle apporte et de promouvoir la vocation nationale de cet outil.

Un deuxième exemple concerne la question de la non-participation ou de la faible participation des citoyens aux dépistages des cancers (sein, côlon et col de l'utérus), avec, en arrière-plan, la question des inégalités territoriales. Ainsi, un travail a été mené visant à analyser et comprendre cette situation, mais aussi améliorer les droits des patients en termes d'information, accroître leur adhésion au principe du dépistage et faciliter les démarches d'accompagnement, y compris pour les personnes les plus éloignées du dépistage.

Ce travail, comme d'autres, participe d'une approche interdisciplinaire dans laquelle le droit de la santé, les droits des patients et la responsabilité des médecins et des soignants sont en jeu, s'agissant des choix à venir en santé publique : convaincre ou contraindre, rendre ou non obligatoires certaines actions de prévention ou de dépistage, évaluer aussi leurs incidences sur les droits des patients. Pour mener une réflexion sur la généralisation des dépistages des cancers, ces travaux proposent un éclairage sur les stratégies d'organisation proposées et les points de vigilance à suivre dans l'avenir.

Le troisième exemple porte sur une action accompagnant la réflexion sur le développement de la télémédecine, ses enjeux éthiques et réglementaires, en s'appuyant sur la politique d'aménagement du territoire.

La médecine étant, avant tout, une pratique sociale et relationnelle, il convient de voir comment cette dimension peut ou non demeurer dans le cadre de la télémédecine dont on évaluera la juste place. La nature de la relation à l'autre est ici questionnée, la place de la subjectivité, de l'intersubjectivité, le rapport à la palpation du corps, au regard, à la main tendue ou tenue, tout en reconnaissant aussi les apports positifs des nouveaux outils numériques. Le spectre d'une déshumanisation de la médecine est souvent évoqué par ceux qui redoutent que l'éloignement matériel du patient et de son médecin n'engendre également un étirement du lien psychologique si fragile entre eux. Il est souvent craint que l'intrusion de l'ordinateur ne perturbe le colloque si singulier du médecin et de « son » malade, que l'écran (informatique) ne fasse réellement « écran », que le médecin devenu « virtuel » ne soit plus autant écouté par le patient et qu'inversement, l'empathie du médecin soit amoindrie envers un malade « virtuel ».

La réflexion qui a été conduite dans les territoires montre qu'un acte de télémédecine ou de téléconsultation consenti par le patient, coconstruit avec son médecin, reposant sur des acteurs connus, sans délocalisation hors du territoire, adapté à chacun et à chaque vulnérabilité, peut être accepté par le patient. Sa demande légitime est qu'il soit associé aux projets à mettre en place. Il existera toujours des alternatives et des accompagnements si besoin.

La fonction de « vigie » exercée par les ERER : retombées possibles pour les élus, les ARS et les ministères

Alertes remontées du « terrain », inquiétudes, interrogations, incompréhensions, insatisfactions ou même révolte morale des soignants, exprimées au sein des ERER, constituent une source précieuse d'informations à la disposition des autorités régionales. Conçus comme un véritable système de « vigilance éthique », les ERER ont démontré un rôle potentiel s'ils sont connectés aux instances de décision, la fonction de veille et d'alerte en éthique pouvant constituer un levier de justice, de justesse et d'efficacité de la décision publique en situation de crise.

La capacité à fédérer les réflexions éthiques a permis aux ERER de produire, en responsabilité, des alertes fortes auprès des instances décisionnelles (DGOS, ARS, etc.).

La coordination des ERER avec certaines structures d'État pourrait servir de relais à des ajustements indispensables. Par exemple, lors de la crise de la Covid, la communication avec certaines agences régionales de santé (ARS) n'a pas toujours été suffisante, ce qui a entravé les remontées du « terrain » qui auraient pu éviter de faire perdurer des situations de souffrance, tant des soignés que de leurs proches et des soignants.

Repérer les dilemmes éthiques affrontés par les équipes et les bénéficiaires du système de santé ou médico-social est devenu, au fil du temps, une action importante des ERER et l'agrégation de ces signaux ou alertes permettrait de nourrir la réflexion éthique tant à l'échelle régionale que nationale.

Ainsi, l'une des retombées des actions des ERER pourrait déboucher sur leur association à la construction des réflexions nationales afin d'y apporter l'expertise du territoire.

La crise sanitaire a constitué, de ce point de vue, un accélérateur de la mission d'observation des pratiques éthiques régionales.

D'ailleurs, cet usage de la « remontée » du terrain pour guider le pilotage de l'action est aujourd'hui un objet central de la conception de l'action publique. Pour la puissance publique, l'écoute du « terrain » aurait aussi la vertu d'attester de la confiance qu'elle place dans les acteurs de terrain : leurs remontées d'expérience sont porteuses de sens, et y être attentif c'est pouvoir mieux mobiliser la quête de sens et le professionnalisme.

Mais cette écoute a aussi une vertu transitive pour accroître la pertinence de l'action publique, l'efficacité des pratiques et la qualité du service rendu aux usagers.

À cet égard, les politiques des ARS sont parfois pointées du doigt car trop descendantes et centralisées, alors qu'elles devraient se fonder sur ce qui part du terrain, pour être mieux adaptées aux territoires. En revanche, la décision du Conseil d'État du 22 décembre 2020[4], nourrie par une « remontée du terrain[5] », a permis de supprimer les dispositions du décret du 1er avril 2020[6] sur la toilette mortuaire, « en raison de leur caractère général et absolu », constituant une « atteinte manifestement disproportionnée au droit à une vie privée et familiale normale ».

La pratique de la toilette mortuaire étant interdite pour ces défunts, la mise en bière immédiate était susceptible d'entraîner l'impossibilité pour les proches de personnes décédées de voir le défunt.

Toutefois, il ne faudrait pas tomber dans l'angélisme mais plutôt souligner la difficulté de renforcer une telle dynamique d'écoute et de partage, dans un système historiquement centralisé dans lequel tous les acteurs ne sont pas en accord avec notre appel à l'horizontalité et au partage des savoirs et des expertises !

---

4. Conseil d'État, 10e–9e chambres réunies, 22 décembre 2020, 439804 (en ligne : https://www.conseil-etat.fr/fr/arianeweb/CE/decision/2020-12-22/439804).
5. Remontées des ERER, mais aussi du CCNE dans sa position du 17 avril 2020 (voir annexe 2).
6. Décret n° 2020-384 du 1er avril 2020 complétant le décret n° 2020-293 du 23 mars 2020 prescrivant les mesures générales nécessaires pour faire face à l'épidémie de la Covid-19 dans le cadre de l'état d'urgence sanitaire.

Néanmoins, l'opacité du traitement des alertes constitue encore un frein à la traduction effective dans le pilotage national des remontées émanant de la fonction de vigie assurée par les ERER. En d'autres termes, il reste des marges de progrès pour améliorer la prise en compte des enjeux éthiques en amont de la décision, permettant ainsi de concrétiser l'existence d'un véritable « filtre éthique », reposant sur le recueil d'avis utiles.

La CNERER : une représentation nationale des ERER, un lien avec le CCNE

La Conférence nationale des espaces de réflexion éthique régionaux[7] (CNERER) est l'association loi 1901 qui fédère depuis 2021 les 15 ERER afin de valoriser leurs travaux et de permettre des échanges entre ERER, mais aussi entre les ERER, le CCNE et d'autres instances.

La CNERER a ainsi pour missions de faciliter les liens entre les ERER et réaliser des actions communes, d'être l'interlocuteur des ERER auprès des pouvoirs publics et de l'État, d'exprimer les positions communes des ERER, de relayer leurs observations, de promouvoir leurs travaux, de favoriser des actions interrégionales en éthique et d'assurer une continuité et un historique de ces activités.

Dans la relation avec le CCNE, le comité de liaison CCNE-CNERER constitue le catalyseur de ce partenariat afin de tirer parti de toutes les initiatives qui sont prises dans cette optique et qui permettent, entre autres, d'atteindre les deux objectifs suivants : nourrir la réflexion éthique menée par le CCNE, dans le cadre de groupes de travail thématiques ou permanents, à l'aide des données colligées dans les territoires ; participer au suivi des avis du CCNE en sollicitant les opinions citoyennes et professionnelles au plus près des territoires.

7. www.cnerer.fr.

Dans cette optique, un avis commun a été publié le 29 mars 2021 qui portait sur les enjeux éthiques soulevés par la vaccination contre la Covid-19 (voir annexe 2). Par ailleurs, la présence dans les groupes de travail mis en place par le CCNE d'un participant désigné par la CNERER devient une initiative récurrente.

Une attention particulière est portée sur l'organisation du « débat public », animé au niveau national par le CCNE et mis en œuvre notamment par les ERER. Le comité de liaison CCNE-CNERER peut d'ailleurs, le cas échéant, susciter des expérimentations en matière de débat public, afin de diversifier les modalités de recueil de l'expression citoyenne, compte tenu de sa diversité et/ou de l'intérêt variable qu'induisent les thématiques liées à la bioéthique.

Trois exemples illustrant le partenariat entre les ERER et le CCNE

Les preuves d'une complémentarité utile et efficace entre le CCNE et les ERER ont été souvent apportées depuis plusieurs années. Trois exemples illustrent ce partenariat : la réalisation des États généraux de la bioéthique ; la mise en place des cellules de soutien éthique lors de la crise liée à la Covid-19 ; une action conjointe dans le cadre de la préparation de la réforme des études médicales.

Le rôle de relais de proximité joué par les ERER a été largement démontré lors des États généraux de la bioéthique en 2018, en amont de la révision de la loi de bioéthique de 2011, avec l'organisation de réunions publiques ayant permis de partager une information et faire émerger des opinions citoyennes (voir aussi les chapitres 4 et 6).

À l'initiative du CCNE, la collaboration avec les ERER et les débats organisés en région ont permis des interactions riches avec les citoyens, qui se sont approprié les questionnements autour de l'usage de la génétique, l'utilisation du corps humain, le début de la vie, la fin de vie mais aussi l'émergence des nouvelles technologies dans le domaine de la santé.

Cinq réunions préalables avec le CCNE avaient permis aux ERER de construire l'organisation des débats. Si le format classique du débat public, c'est-à-dire un débat ouvert à tous, introduit par un ou plusieurs experts qui clarifient et explicitent les enjeux du débat, a été largement repris, plusieurs régions ont choisi de consacrer tout ou partie de leur programmation à des événements avec des méthodes adaptées d'animations destinées à susciter la discussion. Certaines rencontres étaient réservées à des publics spécifiques, particulièrement avec le jeune public (lycéens, étudiants), mais aussi avec les professionnels de santé ou les associations en santé. Par ailleurs, quelques régions ont mis en place des dispositifs destinés à faire émerger les points de vue ou les propositions parmi des groupes sociaux bien circonscrits, par exemple des méthodes utilisant les groupes de discussion (*focus groups*).

Au total, ce sont 271 événements organisés par les ERER, ayant réuni 21 000 participants, qui ont eu lieu pendant trois mois et demi sur tout le territoire.

Cette expérience a permis, selon l'ensemble des acteurs, de promouvoir une interaction fructueuse entre le CCNE et les ERER, là où auparavant la réflexion pouvait apparaître réservée aux seuls experts à l'échelle nationale, et de la rendre vivante auprès du plus grand nombre.

Un autre exemple de partenariat entre le CCNE et les ERER s'est déroulé durant la pandémie liée à la Covid-19, les mesures de santé publique prises ou envisagées ayant rapidement conduit le ministère des Solidarités et de la Santé à saisir le CCNE sur les enjeux éthiques qui leur étaient liés. Le CCNE a répondu à cette saisine dans un avis, publié le 13 mars 2020 (voir annexe 2), dans lequel dix points d'attention et quatre recommandations ont été formulés. L'une de ces recommandations proposait la mise en place de cellules de soutien éthique (CSE) pour accompagner les professionnels de santé dans les questionnements éthiques. Le CCNE recommandait que ces cellules bénéficient « de l'expérience des ERER, en s'appuyant sur les groupes d'éthique clinique des centres hospitaliers universitaires (CHU) ». Les ERER se sont majoritairement saisis de cette proposition du CCNE en impulsant la création de CSE.

Les CSE ont, à titre d'exemple, été saisies et ont rendu des avis sur la privation du droit d'aller et venir en institutions médico-sociales, sur l'interdiction des droits de visite, sur les questions d'admission en réanimation et les conditions de fin de vie, sur l'obligation vaccinale, sur l'accès des familles au corps des morts de la Covid et l'atteinte au processus de deuil…

Les ERER, par le biais des CSE, ont pleinement saisi leur rôle de médiateurs en adéquation avec leur mission d'observatoire des pratiques et de promotion du débat, en ouvrant leur mission d'appui et de consultation à l'ensemble de la population. Ils ont également su créer un canal de communication inédit entre le terrain et les instances de décision publique et permis par leur coopération un infléchissement des décisions publiques sur quelques thèmes significatifs, comme le droit de visite en établissements ou le respect du processus de deuil et le respect de la visite des proches en chambre mortuaire.

La réflexion éthique des CSE a alors essayé de marcher sur deux jambes : d'une part, une approche individuelle centrée sur la dignité de la personne et, d'autre part, une dimension collective fondée sur la justice en matière de choix sociaux. Ces deux registres qualifient la coopération des ERER avec l'ensemble des acteurs de terrain : une forme d'organisation solidaire de la réflexion éthique, mais aussi une capacité de fédération dans un travail collectif visant le réajustement des décisions de santé publique lorsque celles-ci paraissaient violentes et inadaptées.

Cet exemple souligne que les CSE ont participé à une interaction fructueuse entre le CCNE et les ERER, non seulement dans une collaboration de nature institutionnelle, mais aussi à travers un échange de points de vue et de travaux permettant d'enrichir la réflexion de chacun. Le CCNE a été alerté par les ERER, ce qui a nourri la réflexion nationale ; inversement, les ERER ont relayé les travaux du CCNE en les faisant vivre dans les territoires.

Un des autres enrichissements du réseau d'acteurs fédéré par l'ERER grâce à la CSE a été probablement l'ouverture aux usagers, à leurs représentants, aux citoyens et au grand public, ce qui devrait conduire à pérenniser cet engagement citoyen des ERER dans le soutien à la réflexion éthique de toutes les parties prenantes, du public dans son ensemble, et non des seuls soignants comme couramment pensé *a priori*.

On notera aussi que les saisines et les productions des cellules de soutien éthique ont constitué le corps d'un projet de recherche-action analysant le rôle des instances éthiques territoriales en période de crise sanitaire liée à la Covid et leurs interactions avec les instances locales et nationales (projet PANTERE)[8]. L'objectif principal, en lien avec la Direction générale de l'offre de soins et le CCNE, visait à évaluer en quoi les productions et les échanges issus des territoires pendant la crise ont contribué à la démocratie sanitaire et pourraient favoriser un nouveau mode d'action de la réflexion éthique à l'échelle nationale s'adossant aux travaux des cellules régionales.

Enfin, lors de la préparation de la réforme des études de santé en 2019, la CNERER et le CCNE ont élaboré une proposition commune avec l'objectif de développer la formation en éthique appliquée à la santé et aux soins devant faciliter l'appropriation par les professionnels de santé d'une éthique de la relation dans un contexte d'incertitude.

L'enjeu d'un apprentissage au questionnement éthique en santé et en soin est de concilier la nécessaire expertise des professionnels de santé et l'attention à porter à l'autre dans son environnement spécifique et à donner du sens à la notion même d'accompagnement, notion centrale dans la pratique du soin. Les mises en situation constitueront alors une expérience pédagogique essentielle durant

8. Rapport PANTERE (PANdémie, TERritoires et Éthique), 2021 (en ligne : https://www.espace-ethique-normandie.fr/9857/).

cet apprentissage, en rappelant qu'il s'agit d'abord de s'assurer d'un état d'esprit consubstantiel à la démarche professionnelle plutôt que de valider l'acquisition d'un savoir.

En définitive, depuis quelques années, les ERER, grâce à un ancrage local et aux nombreux cas très concrets et pratiques auxquels leurs équipes ont été confrontées et pour lesquels ils bénéficient d'une expertise interdisciplinaire de qualité, ont développé une « éthique de proximité », concrète et proche des préoccupations des citoyens.

Ils ont aussi renforcé leur rôle de relais de proximité concernant l'organisation des consultations citoyennes initiées par le CCNE à l'exemple des États généraux de la bioéthique de 2018. Ils ont enfin développé un maillage coopératif régional qui les amène aujourd'hui à collaborer avec le CCNE, mais aussi avec les instances de santé publique et les ARS par une remontée des travaux ou des alertes issues de leurs missions de terrain.

Le partenariat des ERER avec le CCNE est de nouveau mis en œuvre dans le cadre des débats publics organisés autour de la fin de vie. Sous pilotage du CCNE et avec la collaboration des ERER, les événements en région visent essentiellement à informer le grand public sur ce thème complexe et à donner à chacun les moyens de se forger une opinion.

Il sera bénéfique, nous semble-t-il, de renforcer et de valoriser les missions d'observation et d'expertise, de formation et d'animation du débat public afin de permettre le déploiement de groupes de réflexion thématiques sur les territoires, de soutenir la parole et la place des représentants des usagers, des patients et, plus largement, des citoyens au sein des instances éthiques.

Pour cela, les liens entre les ERER et les institutions sanitaires et médico-sociales ainsi que les tutelles territoriales et nationales doivent être reconnus comme moyen de faire vivre, de manière créative, la responsabilité citoyenne. C'est aussi à cette condition que le partenariat avec le CCNE pour l'organisation du débat public en santé pourra se décliner avec pertinence.

CHAPITRE 6

États généraux de la bioéthique, quelques leçons du passé

Marie-Angèle Hermitte

Le droit français de la bioéthique est né en 1994 sous la forme d'une « loi expérimentale », marque d'une incertitude qui fut maintenue lors de la révision de 2004. Lorsque fut entamée la deuxième révision, en 2009, la question fut posée de savoir si l'on conservait ce dispositif inquiet[1] qui n'avait plus guère de raisons d'être au regard de choix fondamentaux, consensuels et adoubés par le Conseil constitutionnel. Votée en 2011, cette loi entendit sortir du modèle expérimental après l'organisation d'États généraux de la bioéthique décidés et mis en scène par le président de la République. Il voulait « permettre, sur ces questions décisives et sensibles, d'informer et former » le public ; « à tous les points de vue de s'exprimer » ; aux citoyens de faire connaître leur avis sur des sujets qui engagent « les valeurs essentielles sur lesquelles est bâtie notre société[2] ».

1. Jean-Philippe Pierron parle d'intranquillité éthique : Jean-Philippe Pierron, Paul Valadier, « Les États généraux de la bioéthique. Premiers bilans », *Études*, octobre 2018, 4253, p. 44. En réalité, le système qui sera mis en place fait du droit de la bioéthique un domaine législatif à part, que le législateur ne réforme pas lorsqu'il constate que de nouveaux besoins se font jour, mais de manière régulière et obligatoire tous les cinq ans, avec des états généraux à la clé. Cela pose les sciences dans une position particulière par rapport aux autres sources d'évolution sociale, ce qui mériterait une réflexion en soi, esquissée dans la revue *Études* précitée.
2. Lettre de mission, publiée en annexe, de Alain Graf (rapp.), *Rapport final sur les états généraux de la bioéthique*, ministère de la Santé et des Sports, 2009 ; « L'adaptation de l'architecture institutionnelle à l'absence de clause de révision », *Rapport Leonetti*, Assemblée nationale, 26 janvier 2011, n° 3111.

L'expression « états généraux » excitant le souvenir de 1789 et de la transformation radicale du mode de gouvernement qui résulta de la procédure, nous chercherons à aller au-delà du mot pour savoir ce que le passé peut dire du présent.

Les messages de la monarchie, un pas de deux gouvernants-gouvernés

En 1302, la convocation de la noblesse, du clergé et du tiers état par Philippe le Bel lors d'un conflit avec la papauté inaugura la pratique des états généraux. Le roi, pourtant « source des droits », voulut ainsi obtenir des communautés formant le peuple assemblé un « assentiment à son action[3] ». Quand on reprend la totalité des questions qui seront abordées lors de ces grands événements allant de 1302 à 1614 – dernière convocation avant 1789 –, on est renvoyé à deux types de circonstances : la question du consentement à l'impôt (sans intérêt ici) ; la gestion des crises les plus graves, crises dynastiques, l'affaire des templiers ou le paiement de la rançon du roi fait prisonnier en 1356, ce qui permit aux états d'imposer au dauphin un conseil de vingt-huit membres pour encadrer son action[4]. La procédure échoua à empêcher l'évolution vers l'absolutisme, mais cela n'empêche pas d'en extraire les éléments intéressants.

On retiendra en premier lieu la fonction de réassurance du pouvoir confronté à des situations difficiles et, au-delà, les particularismes des procédures. La consultation est organisée ordre par ordre, échelon

3. Edgar Boutaric, « Les premiers états généraux, 1302-1314 », *Bibliothèque de l'École nationale des chartes*, 1860, 21, p. 1-37, https://www.jstor.org/stable/42995525. *Cf.* l'article très éclairant de Julien Théry, « Moyen Âge », dans Pascal Perrineau et Dominique Reynié (dir.), *Dictionnaire du vote*, PUF, 2001, p. 667-678.

4. Après bien des péripéties, une ordonnance fut adoptée en 1357 qui posait les prémices d'une monarchie contrôlée par cette commission nommée par les états. Quoique cette initiative menée par Étienne Marcel ait été un échec, Louis XIII convoquera des états généraux au début de son règne à seule fin d'écouter les plaintes de ses sujets, ce qui aboutit à l'abandon de la procédure en 1614 jusqu'à sa remise en service en 1789.

local par échelon local. Le roi est celui qui convoque, par des lettres personnelles pour les Grands, par des systèmes descendants pour le clergé, par les baillis et sénéchaux qui transmettent aux maires ou aux consuls, jusqu'à la « *tota communitas*[5] » ; les habitants peuvent être réunis à l'appel du crieur sur la place publique pour choisir leurs mandataires et discuter des termes du mandat. Tout cela aboutira à une décision qui remontera vers le roi par des représentants munis d'un mandat impératif dont le contenu avait été débattu et voté. La procédure est aussi l'occasion de faire monter les cahiers exprimant plaintes et propositions de réformes qui partent de la vie quotidienne pour s'élever aux questions de législation[6]. Les procédures de vote peuvent nous intéresser, allant de l'unanimité aux majorités – qualifiées, absolues, relatives – jusqu'à l'étrange saniorité qui retient la solution minoritaire lorsqu'elle est jugée meilleure après recours à un arbitre respecté ou des compromissaires. On retiendra aussi la « dose de tirage au sort » destinée à éviter les effets de clientèle[7]. Enfin, dans le cas particulier de l'administration consulaire, on retiendra l'obligation qui leur est faite de rendre compte de leur administration, voire de répondre aux accusations et mécontentements. Des précautions étaient prises pour éviter les conflits d'intérêts, cumuls de fonctions interdits, prise en compte des relations familiales, des liens de vasselage et des liens économiques[8]. C'est aux similitudes et différences des différents États généraux de la bioéthique que l'on va se consacrer.

5. Georges Picot, *Documents relatifs aux états généraux et assemblées réunis sous Philippe le Bel* (1872), Imprimerie nationale, 1901, https://gallica.bnf.fr/ark:/12148/bpt6k36700z/f11.item.texteImage.

6. Roger Chartier et Jean Nagle, « Les cahiers de doléances de 1614. Un échantillon : châtellenies et paroisses du bailliage de Troyes », *Annales économies, sociétés, civilisations*, 1973 , 28e année, 6, p. 1484-1494 ; Roger Chartier et Denis Richet (dir.), *Représentation et vouloir politiques. Autour des états généraux de 1614*, Éditions de l'EHESS, 1982 ; Jacques Cadart, *Le Régime électoral des états généraux de 1789 et ses origines 1302-1614*, Sirey, 1952 ; Amédée Vialay, *Cahiers de doléances du tiers état aux états généraux de 1789. Étude historique et économique* (1911), Hachette-BNF, 2022 ; *1789. Cahiers de doléances des femmes*, Des femmes-Antoinette Fouque, 1989.

7. Julien Théry, « Moyen Âge », art. cit.

8. Cela correspond à ce qu'on appelle aujourd'hui la gestion des conflits d'intérêts. Léo Moulin, « Les origines religieuses des techniques électorales et délibératives modernes », *Politix*, 1998, 43, p. 117-162, https://doi.org/10.3406/polix.1998.1746.

Les États généraux de la bioéthique et la traditionnelle réassurance du pouvoir en place

En 2009, une procédure originale est donc lancée par le président de la République pour « associer les citoyens » et éviter que les experts ne « confisquent » la parole. Il impose des forums régionaux, des auditions retransmises, l'association des grands courants de pensée, il dicte les sujets à aborder, mais ne laisse pas de place à un éventuel mouvement de bas vers le haut (type remontrances, doléances). Il nomme des proches pour former le comité de pilotage chargé de l'organisation. Celui-ci innove en ajoutant au projet présidentiel trois jurys citoyens situés en province, bénéficiant d'une formation pendant trois week-ends et d'un contact avec des « grands témoins ». Il y a donc une invitation venant d'en haut, puis un aspect citoyen et un aspect provincial.

Les représentants du pouvoir reprennent aussitôt la main puisqu'ils écrivent le rapport de synthèse et tiennent la conférence de presse en faisant disparaître les citoyens. Des conclusions importantes de leurs recommandations seront écartées, ce qui est normal, mais sans reddition de comptes – ce qui aurait dû incomber au comité de pilotage[9]. Le gouvernement se félicite et institutionnalise le procédé en le rendant obligatoire par l'article 46 de la loi de 2011 (art. L.1412-1-1 du Code de la santé publique) : « Tout projet de réforme sur les problèmes éthiques et les questions de société soulevés par les progrès

9. Cela s'est reproduit lors de la conférence sur la fin de vie de 2013 ; les citoyens se sont prononcés majoritairement pour la légalisation du suicide assisté et d'une exception d'euthanasie, *Avis des citoyens*, https://www.aspfondatrice.org/wpcontent/uploads/2014/06/20131214_Actualites_Avis_de_citoyens_sur_la_fin_de_vie.pdf ; *Note méthodologique de l'IFOP*, https://ethique.unistra.fr/master-ethique/ressources-documentaires/ressources-en-ligne/conference-de-citoyens-sur-la-fin-de-vie-note-methodologique-de-lifop/?oreawe67tdyfc=yes. Pour une critique des États généraux de 2009 nourrie par un long travail préalable et une argumentation serrée, *cf.* Bernard Reber, « La bioéthique en conférences élargies. Quelle qualité dans l'évaluation ? », *Archives de philosophie du droit*, 2010, 53 (7 articles).

de la connaissance dans les domaines de la biologie, de la médecine et de la santé doit être précédé d'un débat public sous forme d'états généraux [...]. » Les états généraux sont définis en ces termes : ils « réunissent des conférences de citoyens choisis de manière à représenter la société dans sa diversité. Après avoir reçu une formation préalable, ceux-ci débattent et rédigent un avis ainsi que des recommandations qui sont rendus publics. Les experts participant à la formation des citoyens et aux états généraux sont choisis en fonction de critères d'indépendance, de pluralisme et de pluridisciplinarité. »

D'un exercice à l'autre, les gouvernements mettront en valeur un modèle de démocratie sanitaire participative, insistant toujours sur les points de convergence entre le projet de réforme et l'avis des citoyens, illustrant ainsi la fonction de réassurance. En revanche, les divergences sont passées sous silence, sans effort de reddition de comptes[10] : ainsi, les citoyens ont fait des demandes répétées d'inscrire nombre de choix de la personne sur la carte Vitale (acceptation ou refus des prélèvements d'organes, directives anticipées...), sans jamais obtenir gain de cause. Ce qui pourrait être assimilé à des remontrances, telle la demande récurrente d'augmenter les moyens mis dans les soins palliatifs, subit le sort général de l'hôpital. Il y a même, en réalité, un certain évitement du citoyen : une loi de 2013 ouvrit la recherche sur l'embryon et les cellules souches embryonnaires, question éthique majeure, sans organiser d'états généraux, pourtant obligatoires depuis la révision de 2011, ce qui sera adoubé par le Conseil constitutionnel[11]...

La loi de 2011 prévoit donc que les états généraux soient organisés à l'initiative du CCNE. Or le rôle dévolu au CCNE interroge.

10. Jean Claude Ameisen fera une critique acérée de la conférence de 2009 et présentera les progrès de celle qu'il doit organiser sur la fin de vie : https://www.lequotidiendumedecin.fr/archives/fin-de-vie-jean-claude-ameisen-repond-aux-critiques. Cependant, les citoyens seront obligés de demander l'intervention d'un juriste, qu'il n'avait pas prévue, en l'occurrence Robert Badinter, certes interlocuteur prestigieux, mais n'ayant pas les connaissances fines nécessaires sur ce sujet précis.

11. Loi n° 2013-715 du 6 août 2013 et décision du Conseil constitutionnel n° 2013-674 DC du 1er août 2013.

Le positionnement difficile du CCNE et la survivance des ordres ?

Le rôle du CCNE est difficile, voire impossible, puisque la loi l'oblige à jouer trois rôles dont la compatibilité est douteuse. Il est celui qui convoque à la place du roi. Il est opérateur du processus à la place des ordres. Il est encore celui qui restitue non seulement les points de vue des ordres mais aussi le sien propre, ce qui crée des effets de chiasme.

Positionnement difficile du CCNE[12]

Créé en 1983 pour donner des avis d'experts, il n'a pas de compétences en matière de débat public. La loi de 2011 le dote pourtant de deux nouvelles fonctions : commanditaire des « états généraux » et opérateur des débats, ce qui aurait dû être confié à la Commission nationale du débat public (CNDP) à la condition d'étendre son champ de compétences au débat public en général[13].

Dans la logique de l'Ancien Régime, le CCNE apparaît en effet comme celui qui convoque, donc il se situerait à l'échelle du roi.

12. En 2009, le CCNE s'y était d'ailleurs astreint sans enthousiasme comme le montre l'avis 105 qui semble chercher surtout à réaffirmer le rôle de la loi « propre à placer des garde-fous », tout en dégageant des « valeurs communes » sans proposer de réflexion sur la manière de confier un rôle aux citoyens des états généraux.

13. Spécialiste des procédures de débat public et ayant déjà organisé des conférences de citoyens, la CNDP a une compétence de fond limitée aux projets d'aménagement/équipement. C'est une erreur que de n'avoir pas élargi ses champs de compétences à de nouveaux domaines au fur et à mesure que se développait la démocratie participative, voir le rapport de Patrick Bernasconi (CESE), *Rétablir la confiance des Français dans la vie démocratique : 50 propositions pour un tournant délibératif de la démocratie française* (version pdf en ligne https://www.gouvernement.fr), p. 45 : idée de « filière française de l'ingénierie démocratique », et p. 58 la proposition de faire de la CNDP une « Haute Autorité de la participation citoyenne (HAPC) ». L'OPECST l'envisage mais s'y oppose finalement, préférant le CCNE, instance experte du sujet, à la CNDP, instance experte du débat. C'est dénier la technicité de ce domaine des sciences sociales. *Cf.* Annie Delmont-Koropoulis et Jean-François Eliaou, rapport Sénat n° 644, Assemblée nationale n° 2120, https://www.senat.fr/rap/r18-644/r18-644.html, p. 14-26.

Il aurait en premier lieu à ouvrir l'opération, ce qu'il fait effectivement, par une conférence de presse, et à fixer l'objet du rendez-vous, soit la liste des questions qui seront traitées dans le projet de loi. Là, on a le premier effet de chiasme : à la lumière de son rôle originaire de veilleur scientifique et éthique, le CCNE a tendance à ouvrir des fronts qui débordent l'objet du projet de loi voulu par le gouvernement et qui justifient les États généraux ; ainsi en 2018 il a ajouté le sujet de la fin de vie, alors que l'on considère (peut-être à tort) que c'est hors du champ des lois de bioéthique. Mais on peut penser que l'intervention du CCNE à ce stade peut utilement servir l'autonomie du Parlement.

Au-delà, on sera plus critique à l'égard de la mission confiée au CCNE par la loi.

Dans le vocabulaire des conférences de citoyens, les fonctions de convocation et d'énoncé des problèmes à traiter correspondent à la notion de *commanditaire* qui, légitimement, nomme le président du futur comité de pilotage puis le laisse organiser de manière indépendante la conférence[14]. Or le CCNE met en ligne ses propres productions sur le sujet, organise l'audition de 154 courants de pensée allant de religieux à des sociétés savantes[15]. Ce n'est pas le rôle d'un commanditaire, qui doit ne pas pouvoir être soupçonné d'influencer les citoyens, et cela vient encore du premier effet de chiasme puisque le CCNE est lui-même producteur d'avis éthiques sur les mêmes sujets. Il est donc celui qui pose les questions et celui qui y répond.

De plus, il est hors de question qu'un commanditaire fasse partie du comité de pilotage, qui doit être indépendant par rapport à celui qui pose les questions. Or, en 2018, le président du comité de pilotage est le président du CCNE et presque tous les membres du comité de pilotage sont des membres ou anciens membres du

---

14. Marie-Angèle Hermitte, « Conférence de citoyens », *in* Ilaria Casillo *et al.* (dir.), *Dictionnaire critique et interdisciplinaire de la participation*, GIS Démocratie et Participation, 2013, http://www.dicopart.fr/fr/dico/conference-de-citoyens.

15. Sur tous ces points, voir le *Rapport de synthèse du CCNE sur les États généraux de la bioéthique*, EDP Sciences, 2018.

CCNE – faute procédurale redoublée par la nomination du comité plénier du CCNE comme comité scientifique de l'opération : c'est le deuxième effet de chiasme.

Les travaux sur les conférences de citoyens conduisent au contraire à faire choisir les membres du comité de pilotage par son président, avec pour partie des spécialistes de ce type de procédures – ici inexistants –, pour partie des spécialistes des sujets traités, en faisant attention à nommer des personnes de sensibilités différentes (pro- et antinucléaires, par exemple).

Le CCNE dépasse donc sa fonction de commanditaire lorsqu'il s'auto-institue comité de pilotage ou lorsqu'il engage des discussions avec des experts susceptibles de participer à la formation.

Ses productions principales, sous forme de « rapport de synthèse » d'une part et de l'avis 129 d'autre part, sont, elles aussi, à interroger car elles mélangent des fonctions qui devraient être tenues séparées[16]. Théoriquement, les citoyens des conférences de citoyens et les espaces éthiques régionaux devraient rendre compte directement au législateur, sans le filtre d'une synthèse, pourtant rendue obligatoire par la loi de 2011 en direction de l'Office parlementaire d'évaluation des choix scientifiques et technologiques (OPECST). Bien sûr, cela n'empêcherait en aucun cas le CCNE de faire ce pour quoi il est fait, rendre un avis, qui pourrait s'abreuver à toutes les sources.

Bref, c'est le triple positionnement du CCNE comme commanditaire – la place du roi – et opérateur des états généraux, et producteur d'avis, rôles dévolus aux ordres dans l'Ancien Régime, qui crée un trouble dans la rigueur des procédures. Le passé ne saurait être un modèle indépassable, mais il se trouve qu'il est rejoint par les principes actuels du débat public.

La question se pose donc de savoir qui devrait fixer les règles des procédures à suivre lors d'une conférence de citoyens, cette place

16. Or le rapport d'activité 2018-2019 fait du rapport de synthèse et de l'avis 129 la « contribution du CCNE à la révision de la loi de bioéthique ».

étant vide à l'heure actuelle, donc déléguée à des entreprises spécialisées, recrutées à la suite d'appels d'offres[17].

Au fond, le gouvernement aurait dû rester dans son rôle, convoquer et poser les questions avec l'aide du CCNE, son conseiller, et confier la définition des procédures et leur réalisation à une instance compétente pour ce faire, la plus évidente étant la CNDP réformée. On peut enfin se demander si la notion d'ordres, qui structurait le modèle historique, a encore un sens.

Survivance des ordres ?

Si les ordres n'existent plus, il n'est pas interdit de voir courir le flux ancien dans le courant contemporain.

Ainsi, *les religions* sont associées, que ce soit au CCNE de manière permanente ou lors des états généraux, mais sont-elles écoutées dans un pays laïque et majoritairement agnostique ?

Il est difficile de voir sérieusement des survivances de la noblesse même si un effort métaphorique permet d'imaginer des grands vassaux dans le CCNE, l'OPECST, l'Agence de la biomédecine, le Conseil d'État, les sociétés savantes, qui jouent tous un rôle dans l'élaboration de la loi.

Ce qui persiste le plus sûrement est le modèle revisité des corporations. Le « risque corporatif », aujourd'hui rapporté aux « conflits d'intérêts », est pourtant pris en compte par l'article L.1412-3-1 du Code de la santé publique, mais seulement pour ce qui concerne les experts : « Les experts participant à la formation des citoyens et aux états généraux sont choisis en fonction de critères d'indépendance, de pluralisme et de pluridisciplinarité ». Pourtant, la pluridisciplinarité est en général assez pauvre dans la formation des citoyens (Bernard

17. Il s'agit en 2018 de Cap Collectif pour le site Web et de Kantar Public pour le comité citoyen ; des associations et des chercheurs tentent de proposer des principes différents, généralement plus respectueux des principes d'indépendance et de pluralisme, qui auraient aussi l'avantage d'être moins onéreux pour l'État, voire sur l'indépendance et la neutralité du CCNE, l'OPECST expose les critiques à cet égard mais ne les partage pas, *op. cit.*, p. 19 et suivantes.

Reber), de même que le pluralisme des points de vue, souvent défaillant (Jacques Testart)[18].

De fait, l'expertise indispensable et l'intérêt corporatif sont proches : un expert sera un bon informateur de l'état des techniques, mais il n'apporte pas forcément une vision distanciée, ce qui peut le conduire à omettre des éléments de son savoir. La seule manière d'atténuer ces effets corporatistes est de faire une vraie formation de type « scolaire » en ayant recours à des experts de points de vue différents, méthode souvent marginalisée par les entreprises au profit d'animations et d'auditions de grands témoins, beaucoup moins efficaces[19].

La tota communitas *est-elle accessible ?*

Plus de tambours sur la place du village. Pourtant, les gouvernements et le CCNE insistent à juste titre sur l'importance de la géographie des débats pour que le citoyen puisse participer au plus près.

Les espaces de réflexion éthique au niveau régional

Le législateur a donc institué comme partenaires du CCNE les « espaces régionaux de réflexion éthique » (art. L.1412-6 du Code de la santé publique ; voir également le chapitre 5), avec pour mission

---

18. Bernard Reber, « La bioéthique en conférences élargies. Quelle qualité dans l'évaluation ? », art. cit. Jacques Testart, *Faire des enfants demain*, Seuil, 2014, p. 183 ; il donne l'exemple de la conférence tenue à Rennes en 2009 : le formateur sur le don de sperme était un représentant des Cecos (centres d'études et de conservation des œufs et du sperme) et défendait l'anonymat du don de gamètes comme son institution.

19. Mon expérience personnelle des conférences de citoyens m'a conduite dans un premier temps à comprendre qu'il était illusoire de demander la neutralité (1998), puis d'essayer de balancer les points de vue par des exposés successifs (2002, 2009), pour finalement exiger des formateurs qu'ils interviennent l'un à côté de l'autre avec une gestion rigoureuse des temps de parole. Marie-Angèle Hermitte, « Débats publics et nucléaire. L'expérience de la conférence de citoyens sur la gestion des déchets nucléaires dans le cadre du projet Cigéo », *in* Isabelle Doussan (dir.), *Les Futurs du droit de l'environnement. Simplification, modernisation, régression*, Bruylant, 2016, p. 189-205.

d'intéresser la « population générale », ce qui a abouti en 2018 à « 271 événements régionaux » organisés librement avec peu de moyens. Ils ont le choix des thèmes, mais se limitent à des débats très classiques (site Internet, experts en chaire, peu d'interactions, public déjà averti, grandes villes seulement)[20].

Les mouvements *bottom-up*

Il arrive que des associations généralistes, lycées et universités, se saisissent du dossier grâce aux bonnes volontés – aléatoires. Mais l'essentiel des initiatives citoyennes vient des groupes organisés (LGBTQIA+, paroisses et temples, transhumanistes, loges maçonniques…).

Le « citoyen ordinaire »

Il n'apparaîtra en 2018 qu'avec un « comité citoyen ». Ici encore, la réalisation suivant des normes rigoureuses imposerait des contraintes que le CCNE n'a pas les moyens d'assumer, ni techniquement ni financièrement. Si l'on réfléchit aux neuf thèmes qu'il avait retenus, chacun d'entre eux aurait dû faire l'objet d'une conférence de citoyens du fait de la complexité de la formation à assurer sur chacun de ces thèmes[21]. Le comité citoyen, bien sélectionné selon des principes traditionnels, a réalisé l'impossibilité de traiter l'ensemble et a choisi de n'en traiter que deux.

---

20. Une exception mérite d'être signalée dans le Nord-Pas-de-Calais où la technique des *focus groups* a été utilisée, voir Robin Crémer, « Réflexions sur la participation des espaces éthiques régionaux aux États généraux de la bioéthique de 2018 », *Revue générale de droit médical*, 2020, p. 74. Il s'agit de recueillir des points de vue sans chercher de consensus et d'en analyser les logiques ; la généralisation de la méthode pourrait en faire un outil précieux pour un législateur vraiment intéressé par les citoyens ordinaires. Il y a eu en tout 21 000 participants, la liste des villes impliquées figure dans l'annexe 3 du *Rapport de synthèse des États généraux de la bioéthique*.
21. Recherches sur l'embryon et les cellules souches embryonnaires ; applications diverses de la génétique ; transplantation d'organes ; neurosciences ; données de santé ; intelligence artificielle et robotique ; santé et environnement ; procréation ; fin de vie.

La qualité des interventions a été louée par les témoignages de citoyens[22]. Mais certains spécialistes des débats publics douteront du concept de formation retenu d'une part, de son caractère contradictoire requis par la loi d'autre part. Prenons l'exemple de l'utilisation des outils génétiques en « préconceptionnel », qui s'est terminé par une majorité en faveur d'un accès universel, ce qui est lourd de conséquences en matière de médicalisation des grossesses et d'approche « génomique » de la personne. Quatre thèmes scientifico-techniques ont été traités, chacun par une seule personne, donc de manière non contradictoire ; il convient d'ajouter un représentant d'association de malades dont l'objet social est de porter les intérêts des malades et non pas l'intérêt général. Les personnes auditionnées pour l'avis « fin de vie » sont nettement sur des positions différenciées, mais le modèle « audition » permet seulement d'avoir une idée générale de la manière d'appréhender les questions. Il aurait fallu des exposés didactiques – et contradictoires – sur les différentes techniques utilisables, ou sur les différentes analyses anthropologiques des demandes et des offres de suicide assisté et d'euthanasie[23]. Mes expériences de conférences de citoyens m'ont, sur ce point, conduite à avoir un avis différent de celui des entreprises qui agissent dans le secteur du débat public. Je suis beaucoup plus rigoureuse sur la différence entre formation et audition de grands témoins, et sur le principe du contradictoire strict.

Un point positif reste que les avis des citoyens ont été mis en valeur lors de la conférence de presse de restitution de leurs avis, même s'ils ont ensuite été noyés dans le rapport de synthèse et qu'il n'y a pas eu de reddition de comptes de la part du CCNE, soit la réunion du comité citoyen pour expliquer pourquoi le CCNE avait retenu dans son avis 129 certaines propositions et pas d'autres.

---

22. « Nous tenons à souligner qu'à aucun moment nous n'avons senti une volonté de nous convaincre ou de nous influencer », *Rapport d'activité du CCNE 2018-2019.* Les citoyens du comité citoyen regrettent cependant de n'avoir pu écrire « au mot près » le rapport final, qui leur a simplement été « envoyé pour avis ».

23. Sur tous ces points, voir *États généraux de la bioéthique. Rapport de synthèse*, où sont publiés les avis citoyens et les noms de leurs formateurs.

Et les cahiers de doléances pour un maillage territorial fin ?

Si les états généraux de l'Ancien Régime ne sauraient convaincre, tant l'entêtement royal bloqua toute réforme, les cahiers de doléances sont une source sans fin d'émerveillement. A-t-on, ici, l'équivalent ? Certains aspects des États généraux y font penser mais il faudrait aller plus loin.

On ne peut guère « voir » les participants au site Web que par le filtre très resserré des réponses du médiateur et la lecture qu'en fait l'entreprise qui l'a mis en place[24] ; c'est peu !

Les 154 auditions ont impliqué 88 associations d'usagers de santé et groupes d'intérêt, 36 sociétés savantes scientifiques et médicales, 9 groupes de courants de pensée philosophiques et religieux, 18 grandes institutions et 3 entreprises privées ou syndicats d'entreprises ; ce sont des regroupements situés ayant des intérêts propres à défendre, qu'ils soient économiques ou porteurs de visions de la société[25]. On n'y fait donc guère de découverte.

Des cahiers de doléances ont pénétré beaucoup plus profondément la société lors du Grand Débat national, grâce à un certain enthousiasme des maires, chevilles ouvrières de la citoyenneté : près d'une commune sur deux avait ouvert des « cahiers citoyens » (près de 2 millions de contributions). Pour avoir une idée complète de cette séquence, il faudrait analyser toutes les contributions, ce qui n'a été fait que partiellement, et y joindre celles du « Vrai Débat », qui souhaitait concurrencer l'organisation officielle. Ce sera un travail de très longue haleine[26].

---

24. 183 498 visiteurs uniques, 29 032 participants, 64 985 contributions, voir l'annexe 5 de *États généraux de la bioéthique. Rapport de synthèse* (2018).

25. Échappent à cette qualification quelques institutions publiques comme le Haut Conseil pour la santé publique.

26. https://granddebat.fr/ À titre d'exemple, Dimitri Courant, « Petit bilan du Grand Débat national », *AOC*, 9 mars 2019 ; Martine Legris, « "Grand débat" ou "vrai débat" ? Un essai de bilan comparé », *Études*, 2019, 11, p. 45-46 ; Géraud Guibert, « La transition écologique est-elle soluble dans la démocratie citoyenne ? », *Futuribles*, 2021, 6 (445), p. 33-43 ;

La question de savoir comment obtenir des points de vue sur la bioéthique qui puissent s'écarter des positions parfaitement connues des porteurs d'intérêts n'a pas de réponse connue.

Conclusion

On l'aura compris, beaucoup des critiques que je formule ne sont pas le résultat d'une malfaçon attribuable au CCNE mais à une loi mal conçue ; on notera que l'OPECST, chargé d'évaluer la manière dont le CCNE a organisé les États généraux, loue au contraire « la rigueur et la conscience avec lesquelles il a rempli, en 2018, sa tâche d'organisateur des États généraux de la bioéthique que lui confie la loi[27] ». Ni critique, ni autocritique donc. Je suivrai Bernard Reber, qui faisait remarquer qu'une telle « expérience sociopolitique » aurait demandé les mêmes, voire plus de précautions que n'importe quelle expérience scientifique. Cela, me semble-t-il, n'a pas été le cas, alors que cela mériterait d'être tenté.

> Les coordinateurs de l'ouvrage rappellent que le comité citoyen n'était qu'un des dispositifs mis en place dans le cadre des États généraux de bioéthique en 2018, comme cela est mentionné et décrit aux chapitres 4 et 5.

Éric Buge et Camille Morio, « Le Grand Débat national, apports et limites », *Revue du droit public*, 2019, 5, p. 1205 ; Sabine Ploux, Michael Genay et Leu Ploux-Chilles, *Les Mots du Grand Débat national : quelques résultats et réflexions préliminaires*, CAMS – Centre d'analyse et de mathématique sociales, 2020 (cf. archive en ligne). On pourra également consulter plusieurs articles dans le numéro spécial de *Statistique et société*, 2021, 9.

27. Page 43 du rapport d'évaluation de l'OPECST (2019) sur le rapport de synthèse par le CCNE des États généraux de la bioéthique en 2018, *op. cit.*, aux notes 7 p. 81, 13 p. 106 et 17 p. 109.

TROISIÈME PARTIE

Quels principes éthiques, hier et aujourd'hui ?

Au mitan de l'ouvrage, n'est-ce pas le moment d'approfondir ce que l'éthique signifie, terme souvent utilisé dans des occasions si diverses, par exemple pour un produit de supermarché tout autant que pour le comportement d'un sportif ? Éthique, mot-valise où chacun met ce qu'il a envie de trouver ? De plus, morale, déontologie, éthique sont des concepts qui se mélangent parfois, y compris dans la définition de la mission du CCNE : « donner son avis sur les problèmes moraux qui sont soulevés par la recherche… » (décret n° 83-132 du 23 février 1983) et, actuellement, « donner des avis sur les problèmes éthiques et les questions de société soulevés par les progrès de la connaissance… » (Code de la santé publique, art. L.1412-1).

Le chapitre 7 s'appuie sur une analyse d'une grande partie des avis publiés par le CCNE, y compris durant la pandémie liée à la Covid-19, pour essayer de répondre à la question initiale et rappelle les tensions, plus ou moins mises en débat au cours du temps, entre certaines grandes valeurs, en particulier autonomie et solidarité.

Le chapitre 8 met en discussion des membres du CCNE qui ont été nommés au titre des « familles philosophiques et spirituelles », spécificité notoire de la composition du CCNE, et analysent ce que l'on pourrait qualifier de dimension « morale » dans la réflexion éthique.

CHAPITRE 7

La réflexion éthique du CCNE à travers ses avis

Didier Sicard, Pierre-Henri Duée

> « Quand nous émettons des jugements moraux, nous ne disons pas seulement que ceci est meilleur que cela. Encore plus fondamentalement, nous disons que ceci est plus important que cela. La nature de nos jugements moraux dépend de nos facultés d'attention. »
>
> Susan SONTAG[1].

Le mot « éthique » vient du grec ἦθος qui signifie, chez Homère, « étable », lequel envisage la technique éthique comme celle du berger ramenant le troupeau à l'étable après l'avoir laissé paître dans les pâturages. Appliquée à la vie humaine, la technique éthique consiste à ramener ceux qui sont hors d'eux-mêmes à plus de stabilité et, de ce fait, à les identifier comme une personne. À l'origine, l'éthique est une interrogation sur les effets qui stabilisent notre existence, sur le mouvement par lequel on revient à soi[2]. L'éthique tourne toujours autour de cette question : comment

1. Textes de Susan Sontag réunis dans un ouvrage posthume par Paolo Dilonardo et Anne Jump : *Garder le sens, mais altérer la forme. Essais et discours*, Christian Bourgois, 2008.
2. Heinz Wismann, « Que vaut le corps humain ? Médecine et valeur du corps », Collège des Bernardins, département d'éthique biomédicale, 17 janvier 2018. Par ailleurs, Heinz Wismann est intervenu à plusieurs reprises au comité d'éthique INRA-Cirad pour y présenter sa définition de l'éthique.

assigner à quelqu'un une identité, identité qui peut être individuelle ou collective ?

L'ἔθος est un tout autre mot qui veut dire « habitude » et non identité de la personne.

La « morale », dont l'étymologie latine *mores* nous rapproche du mot grec εθος, est articulée à des références religieuses et culturelles fortes, ce qui lui attribue un caractère normatif (voir aussi le chapitre 8). Selon Paul Ricœur, le questionnement éthique précède l'introduction de l'idée de loi morale, c'est-à-dire tout ce qui est dans l'ordre du bien et du mal. Claude Huriet, ancien membre du CCNE, a coutume de dire que la morale, c'est la réponse avant la question, et l'éthique, un questionnement sans réponse[3].

La déontologie, qui vient du grec δέον, « il convient, il faut », est un ensemble de règles et de devoirs propres à une profession, qu'il faut respecter (des préceptes, c'est-à-dire des valeurs constituées dans une communauté) : par exemple, le respect de lois et conventions nationales ; le respect des règles de bon sens. La déontologie est fondée sur un accord qui existe entre les partenaires. « La déontologie n'a rien d'inné, elle est le fruit d'un partage d'expérience, d'une vigilance individuelle et collective de chaque instant ; elle exige un exercice de conscience et un recul critique », dira Jean-Marc Sauvé[4].

La recherche médicale, dans sa mise en œuvre, obéit à des règles déontologiques, parmi lesquelles le respect de l'intégrité scientifique et l'absence de conflits d'intérêts chez les auteurs de la recherche sont nécessaires. Elle obéit aussi à des principes éthiques énoncés notamment dans le code de Nuremberg (1947), rappelant le caractère essentiel du consentement volontaire du sujet humain, dans le rapport Belmont (1979) résumant les principes éthiques fondamentaux, le respect de la personne, la bienfaisance, la non-malfaisance,

3. Didier Sicard, *L'Éthique médicale et la Bioéthique*, Presses universitaires de France, « Que sais-je ? », 2022, n° 2422, 7e édition.

4. https://www.conseil-etat.fr/publications-colloques/discours-et-interventions/le-nouveau-contexte-de-l-exigence-de-deontologie-dans-la-sphere-publique.

la justice, ou dans la Convention sur les droits de l'homme et la biomédecine, dite convention d'Oviedo (1997). Les chapitres 3 et 4 ont souligné le travail initial déterminant du CCNE dans l'établissement d'une éthique de la recherche, à travers plusieurs avis.

Plus généralement, la réflexion éthique met en lumière les objectifs, les moyens et les finalités d'une action réalisée par une personne ou un collectif, à l'aune des principes et valeurs que l'on se donne, parce que l'« in-quiétude doit être nécessaire et sans fin ». La science n'a aucune raison de cesser sa progression, ni la bioéthique de la censurer ! La réflexion éthique est donc indispensable pour affronter les connaissances nouvelles et leurs applications et construire le futur sans naïveté et avec humilité. Ainsi, l'éthique est beaucoup plus liée à la réflexivité, au sens de ce que l'on fait, qu'à des certitudes : une question est éthique dans la mesure où elle provoque justement des doutes.

L'éthique est donc un questionnement et ce n'est pas une science ! Questionner, c'est chercher le bon chemin, c'est-à-dire délibérer parmi un ensemble de possibles et souvent dans des moments de trouble. C'est aussi rendre intelligible le sens et la complexité des enjeux d'une question.

Dès le début de son activité, le CCNE s'est trouvé placé devant la nécessité d'un choix fondamental : s'emploierait-il d'abord à définir une doctrine qu'il traduirait dans ses avis ou, de manière pragmatique, dégagerait-il cette doctrine au fil de ses travaux ? Préférant la seconde méthode, il a retenu certains principes qui ont progressivement orienté ses prises de position[5]. Parmi les plus constants d'entre eux, il faut citer la non-commercialisation du corps humain (avis 21).

L'éthique se fonde en effet sur des principes qui permettent de définir et d'authentifier des repères, préservant les valeurs de la

---

5. Deux rapports avaient résumé les principes sur lesquels s'est développée la réflexion éthique de 1984 à 1990 : *Recherche médicale et respect de la personne humaine* ; *Éthique et connaissance*. Plus récemment, une note publiée en 2020, « Méthodes et repères du CCNE », en explicitait les grandes lignes.

dignité humaine. Ces repères sont fournis pour l'essentiel par les valeurs historiquement fondatrices de nos sociétés (liberté, égalité, justice, solidarité, tolérance…), souvent prises en tension entre des revendications individuelles et des impératifs collectifs.

Dans cette optique, on peut distinguer la promotion de l'autonomie individuelle d'une part, l'estimation du bonheur du plus grand nombre d'autre part. Ou bien on améliore le destin de l'humanité en veillant à ce que l'homme se réalise pleinement, ou bien on se situe dans une perspective utilitariste. Ces deux éthiques de principes, dans la pratique, s'interfèrent, l'une portant sur les finalités, l'autre sur les moyens. Tout l'enjeu est de réussir à les unir, en ayant recours à une éthique de la réciprocité, une éthique qui relève de la communication, de la solidarité. « S'il n'y avait pas d'aptitude à penser la réciprocité avec l'autre, l'humanité n'aurait pas émergé », nous rappelait Axel Kahn. « On entre véritablement en éthique quand, à l'affirmation par soi de la liberté, s'ajoute la volonté que la liberté de l'autre soit. Je veux que ta liberté soit », dira Paul Ricœur qualifiant cette absolue réciprocité[6].

Relire une grande partie des avis publiés par le CCNE depuis quatre décennies au prisme de l'éthique permet d'en dégager quelques principes. Pour ce faire, nous présenterons les textes en les regroupant selon trois thématiques : le commencement de la vie, le déroulement de la vie jusqu'à sa fin, la dimension collective, à travers la santé publique. Ce découpage des avis permet de souligner notamment comment le CCNE a abordé le principe de l'autonomie au cours de cette période. Enfin, deux domaines (génétique et numérique) ont fait l'objet d'une analyse séparée (chapitres 9 et 10).

6. Paul Ricœur, « Fondements de l'éthique », *Autres temps. Les cahiers du christianisme social*, 1984, 3, p. 61-71.

Le commencement de la vie[7]

Le premier avis publié par le CCNE, portant sur les prélèvements de tissus d'embryons et de fœtus humains morts à des fins thérapeutiques, diagnostiques et scientifiques, fut ambitieux : définir le statut de l'embryon ! « Même mort, l'embryon n'est pas un produit neutre de laboratoire, il est, ou a été, une personne humaine potentielle », a proposé le Comité, sous forme d'un compromis qui ne règle pas définitivement la question juridique, mais qui sous-entend que c'est la naissance qui confère le statut de « personne humaine ».

L'examen des avis concernant le commencement de la vie s'articulera autour de trois points : (1) la recherche et le diagnostic ; (2) l'interruption de la grossesse ; (3) l'assistance médicale à la procréation.

La recherche sur l'embryon et le diagnostic prénatal

C'est l'émergence des procédures d'assistance médicale à la procréation qui, en créant des embryons *in vitro*, dits embryons préimplantatoires, a rendu possible, avant leur transfert dans l'utérus où ils s'implanteront vers le 7e jour de développement, l'accès à l'analyse du développement embryonnaire précoce, ces recherches se déroulant à partir des embryons « surnuméraires ». Les cellules souches embryonnaires (CSEh) sont des cellules issues de la culture de cellules de la masse cellulaire interne d'un embryon préimplantatoire de 5 à 6 jours après la fécondation. Après leur mise en culture, certaines de ces cellules proliféreront de façon illimitée en gardant leur potentiel pluripotent. Elles constituent alors des lignées de

---

7. On lira avec intérêt l'ouvrage : Éric Martinez et François Vialla (dir.), Anne Gibelin (coord.), *Les Grands Avis du Comité consultatif national d'éthique*, préface de Didier Sicard, Éditions Lextenso, 2013.

cellules souches embryonnaires, pluripotentes, c'est-à-dire capables de se différencier en l'un ou l'autre des tissus de l'organisme. Les premières lignées ont été dérivées à partir de 1998. Depuis 2007, une nouvelle classe de cellules souches pluripotentes a été décrite : les cellules souches adultes, qui peuvent être obtenues par la reprogrammation artificielle de cellules adultes différenciées en cellules pluripotentes (cellules iPS, pour *induced pluripotent stem cells*). Il est nécessaire d'avoir à l'esprit cette temporalité des innovations dans ce domaine pour poser un regard sur les réflexions du CCNE, à mettre en parallèle avec les évolutions législatives en la matière, puisque l'interdiction de la recherche sur l'embryon perdure jusqu'en 2013, même si des possibilités de dérogation ont été introduites en 2004, puis en 2011. Par ailleurs, les recherches sur l'embryon et sur les CSEh ont été regroupées sous un même régime juridique jusqu'en 2021.

Le caractère humain potentiel de l'embryon (avis 1) impose à la recherche et à la thérapeutique le respect de l'embryon, respect dont les modalités seules peuvent varier selon les fins poursuivies, mais aussi d'en condamner vigoureusement toute utilisation commerciale ou industrielle, quelle que soit la situation considérée. De ce fait, la finalité de la fécondation *in vitro* doit être « la naissance d'enfants, assortie de l'interdiction de procéder, même avec le consentement des géniteurs, à des fécondations en vue de la recherche » (avis 8).

Les recherches sur l'embryon visant à permettre la réalisation d'un diagnostic génétique avant transplantation furent d'ailleurs soumises à un moratoire à partir de 1986, sur lequel le CCNE n'a pas estimé revenir quatre ans plus tard (avis 19). Le respect de l'embryon humain « s'impose à tous » (avis 8), suscitant de la part du Comité des réserves concernant la constitution de collections de tissus ou de cellules embryonnaires (avis 53). Plus tard, en 2006, ces principes éthiques sont réaffirmés avec l'avis 93 qui tente cependant de concilier les exigences futures du progrès thérapeutique et le respect de ces principes fondateurs, ouvrant ainsi la possibilité de brevetabilité de lignées de cellules embryonnaires transformées.

En 2010, avec l'avis 112, le CCNE résumait clairement une position éthique qui pouvait paraître ambiguë : « Notre respect pour le tout début de la vie humaine doit être le témoignage d'un engagement entier de tous pour le respect de chaque personne, enfant et adulte, avec le souci de prévenir et de réparer au mieux les tragédies de la vie dans lesquelles sont plongés tant d'enfants à leur naissance. »

Deux aspects complémentaires caractérisent, en effet, la recherche sur l'embryon et les cellules souches embryonnaires et interrogent les principes éthiques : leur origine, par essence, légitimerait des restrictions à la recherche, le potentiel pluripotent des cellules souches pouvant conduire à des applications non acceptables sur le plan éthique. L'avis 129, qui prend en compte les débats lors des États généraux de la bioéthique de 2018, a estimé que la loi de bioéthique de 2011 était, dans ce domaine, inadaptée. Le CCNE proposa ainsi de séparer les régimes juridiques encadrant les recherches sur l'embryon préimplantatoire et celui sur les cellules souches pluripotentes, de revenir sur les interdits qui étaient énoncés dans la loi, celui de la création d'embryons transgéniques, celui de la création d'embryons chimériques, celui de la création d'embryons à des fins de recherche. Pour ce dernier interdit, le CCNE a rappelé la pertinence éthique de l'interdiction de la création d'embryons à des fins de recherche, mais souhaité que la loi soit précisée et clarifiée concernant la création d'embryons transgéniques, en rendant possible la modification du génome de l'embryon pendant le temps de l'expérimentation (voir chapitre 9), embryon qui n'a pas vocation à être implanté dans l'utérus, ainsi que la création d'embryons chimériques, en ouvrant la possibilité, avec encadrement, d'une insertion dans un embryon animal de quelques cellules souches pluripotentes humaines.

Le CCNE, dans ce domaine sensible, a essayé, au cours de cette période et compte tenu de l'avancée des connaissances et des techniques, de répondre à deux objectifs à la fois : comment préserver les principes éthiques de la recherche sans bloquer des avancées potentiellement bénéfiques pour tous ? Décider de mener des recherches sur l'embryon, c'est d'une certaine façon avoir une influence possible sur le futur de l'espèce humaine et toucher à des questions aussi essentielles que celle de savoir qui nous sommes. Couplées aux progrès réalisés dans l'analyse génétique à l'échelle cellulaire, les recherches dans ce domaine ont, depuis sa création, suscité de la part du CCNE une réflexion plus large sur leur éventuel caractère eugénique (notamment débattu lors des Journées annuelles d'éthique en 1991 ou, plus récemment, dans l'avis 138 ; ce point sera vu dans le chapitre 9).

L'interruption volontaire de grossesse

En 1987, dans le cadre de la loi existante, le CCNE avait été saisi, à l'occasion d'un essai thérapeutique, d'une demande d'avis sur l'utilisation de la mifépristone (RU-486), une molécule qui a, entre autres propriétés, celle d'être une antiprogestérone et peut donc être utilisée comme un abortif. Il en résulte que les interruptions volontaires de grossesse ainsi provoquées permettent d'éviter toute intervention chirurgicale.

Le Comité avait formulé, dans l'avis 10, certaines observations d'ordre général, notamment que l'administration d'un produit nouveau ne saurait être admise en contradiction avec la législation en vigueur, afin de ne pas entraîner une augmentation des IVG, acte médical qui n'est jamais banal.

Dans le cadre de propositions de loi, à vingt ans de distance, deux saisines ont posé au CCNE la question de l'allongement du délai légal d'accès à l'IVG, de 10 à 12 semaines (avis 66), de 12 à 14 semaines (avis non numéroté, 2020).

La première saisine interrogeait le Comité afin de savoir si cet allongement du délai était susceptible d'entraîner des dérives « eugéniques », en raison du progrès des connaissances et des techniques.

Le Comité répondit alors qu'une pratique qui se limitait à faire droit à des demandes individuelles ne relevait pas de l'eugénisme.

Il admettait toutefois que la multiplication et les performances accrues des examens de dépistage prénatal peuvent donner lieu, en cas d'annonce d'un risque ou de découverte d'un handicap grave, à des conduites d'interruption de grossesse de plus en plus facilement acceptées par notre société. Ces manières de faire, considérées dans leur ensemble, pourraient à la limite être considérées comme une sorte d'eugénisme, mais aucune étude statistique ou épidémiologique ne montre, à ce jour, que le nombre d'IVG ait augmenté en raison de la découverte d'« anomalies ».

Le CCNE considérait, en 2000, que le débat éthique se situait en amont et pas seulement dans l'allongement du délai prévu par la loi, une opinion qu'il renouvela vingt ans plus tard, en interrogeant la question de la bienfaisance et de la non-malfaisance à l'égard des femmes, au vu de la stabilité relative des données concernant le nombre d'IVG en France (entre 215 000 et 230 000 depuis 2001) et l'évaluation du nombre de femmes qui partent à l'étranger pour avoir recours à un avortement (5 000 selon les propositions de loi).

Le texte plus récent s'est appuyé sur une enquête approfondie qui a souligné que le nombre de femmes ayant recours à un avortement à l'étranger était plus faible (2 000) et qu'un faisceau de facteurs (découverte tardive de la grossesse, insuffisance de l'information et des mesures préventives, inégalité territoriale dans la prise en charge, non-respect de la loi…) pouvait contribuer à la difficulté de réaliser l'avortement pendant la durée légale. Le Comité rappelait aussi que l'IVG était un acte médical singulier (il justifie d'ailleurs le maintien de la clause de conscience) et insistait sur l'importance des mesures de protection des femmes et de prévention des grossesses non désirées (par l'information et l'éducation). « Le CCNE ne saurait cautionner une mesure prise pour pallier les multiples dysfonctionnements matériels, économiques, juridiques d'une politique de santé publique majeure pour les femmes et considérait qu'il n'y avait pas d'objection éthique à allonger, de deux semaines, le délai d'accès à l'IVG. » Mais, rappelait une position divergente, un allongement du délai d'accès peut constituer une solution de « facilité » immédiate, empêchant de procéder à tous les travaux préalables à effectuer (éducation, prévention) : « Le groupe de travail avait raisonné par rapport au bien-être des femmes, mais la question éthique n'était-elle pas la représentation de ce qu'est un fœtus de 14 semaines ? »

L'assistance médicale à la procréation

L'utilisation d'une technique d'assistance médicale à la procréation (AMP) répond à une difficulté pour un couple hétérosexuel rencontrant un problème d'infertilité ou de stérilité, ou pour éviter la transmission à l'enfant ou à un membre du couple d'une maladie d'une particulière gravité.

Provoquer une naissance par ces techniques est un acte qui suscite des interrogations éthiques qui, pour le CCNE, ne viennent pas d'un *a priori* à l'égard de ce qui est artificiel. En dissociant différentes étapes du processus de reproduction, les nouvelles techniques obligent à considérer séparément l'intérêt des patients, parents potentiels, et celui du futur enfant.

Ces questions éthiques sont au centre des travaux du CCNE depuis sa création. « Ces pratiques d'assistance médicale à la procréation peuvent être perçues comme préférables à l'adoption, parce qu'elles offrent au couple infécond la possibilité de procréer. Mais cette position, qui met au premier plan les avantages qu'une parenté dite biologique ou génétique comporterait pour le couple, ne doit pas cacher les difficultés et incertitudes qu'impose cette médicalisation de la procréation », rappelle l'avis 42, soulignant aussi que, « comme pour toute autre pratique médicale qui évolue en fonction des recherches visant à l'améliorer, des règles élémentaires de prudence doivent être respectées pour que la santé et la sécurité des femmes, ainsi que des enfants qui naîtront grâce à ces techniques, ne soient pas sacrifiées à l'efficacité et à la performance ».

Cette position prudente du Comité, qui préconise systématiquement de s'appuyer sur les résultats de recherches conduites dans des protocoles qui respectent les règles générales de protection des personnes, est exprimée dans d'autres avis. L'avis 18 recommande de ne pas encourager ces pratiques en ne les réservant qu'aux couples hétérosexuels stables, et en respectant l'anonymat des donneurs ; l'avis 20 rappelle la nécessité de respecter le principe fondamental de non-commercialisation des organes et tissus humains ; l'avis 24 souligne que « les traitements qui sont de nature à entraîner des grossesses multiples et, par suite, conduisent à envisager des réductions embryonnaires ou fœtales, tels que stimulations ovariennes, transferts d'embryons, ne doivent pas être engagés sans une information complète destinée à provoquer chez les patientes auxquelles il appartient de prendre une décision, avec le concours de l'équipe médicale, une réflexion approfondie sur leurs suites possibles ». L'avis 75 insiste sur le nécessaire principe de précaution à prendre à l'égard de l'ICSI (*intracytoplasmic sperm injection*), technique apparue à partir de 1992 qui permet l'introduction d'un seul spermatozoïde dans l'ovocyte, précisément parce que les données sont entachées d'incertitude et que l'intérêt de l'enfant doit l'emporter sur celui des parents[8]. Une position de précaution similaire avait été prise auparavant (avis 56), s'agissant d'un couple désirant un enfant, mais où l'homme est séropositif au VIH, dans la mesure où le CCNE accorde une grande importance à l'équilibre bénéfice/risque.

Cette réserve est aussi exprimée à l'égard de l'autoconservation ovocytaire, qui permet de différer un projet de grossesse à un âge tardif (avis 126 et 129) : un espace dans lequel la liberté des femmes pourrait s'exercer sans qu'elles ne compromettent leur maternité future, mais pour lequel il sera nécessaire de développer une information sérieuse, notamment sur l'évolution de la fertilité féminine,

8. « Le Comité d'éthique en est venu à penser que ce débat sur l'intérêt du futur enfant et le droit des parents devrait être mené selon une procédure plus ouverte et qui organise de façon plus solennelle la consultation et l'audition de tous les secteurs d'opinion. Les citoyens dans leur diversité devraient y être associés. À l'image de ce qui a pu être fait à l'étranger, cette vaste consultation publique contribuerait à faire mûrir les idées sur le sujet, et cette ouverture répond à un souci d'éthique », indiquait déjà l'avis 3.

sur les contraintes et les risques de la collecte des ovocytes (conditions d'ailleurs évaluées différemment dans les deux avis mentionnés, entraînant des conclusions différentes).

L'accès à la possibilité de procréation après le décès d'un membre du couple a fait l'objet de plusieurs réflexions convergentes de la part du CCNE, qui distingue les situations dans lesquelles ont été conservés soit les gamètes du membre du couple décédé, soit des embryons, attestant dans ce dernier cas d'un projet parental déjà plus engagé. Dans l'avis 40, comme dans l'avis 113 ou l'avis 129, il ne semble pas opportun pour le Comité de permettre l'utilisation *post mortem* du sperme cryoconservé, notamment parce que le principe de consentement du futur géniteur au moment même de la procréation est alors difficilement vérifiable. En revanche, le CCNE est favorable à l'ouverture de l'AMP en *post mortem*, c'est-à-dire au transfert *in utero* d'un embryon cryoconservé après le décès de l'homme, sous réserve d'un accompagnement médical et psychologique de la conjointe (avis 113 et 129), l'intérêt de l'enfant étant d'autant mieux préservé que la décision de la femme de recourir à un transfert d'embryon *post mortem* aura été prise de façon consciente, informée et réfléchie (avis 40 et 113).

L'enfant qui naîtrait ainsi serait, en effet, privé de père, ce qui constitue la privation d'un bien élémentaire pour un enfant (avis 113). « Cette situation délibérément programmée [...] nous conduit à nous interroger sur le sens et la place de la paternité dans notre société et sur le risque d'un effacement du rôle du père » (avis 113).

Les demandes sociétales d'accès à l'AMP sont plus récentes et se définissent par la possibilité d'utilisation de ces techniques à d'autres fins que celle de pallier l'infertilité pathologique chez les couples hétérosexuels. L'avis 126, puis l'avis 129 soulignent un accord majoritaire en faveur de l'accès aux techniques de l'AMP pour les couples de femmes et des femmes seules sur la base de trois arguments : la demande des femmes et la reconnaissance de leur autonomie ; l'absence de violence liée à la technique elle-même ; la relation à l'enfant dans les nouvelles structures familiales dans lesquelles la relation à ses origines et à sa filiation peut se construire, comme dans toute histoire familiale, sous réserve que la vérité sur son origine lui soit révélée. Le CCNE propose d'ailleurs, dans l'avis 129, de lever l'anonymat des donneurs de sperme pour les enfants issus de ces dons. « D'une manière générale, la question de l'accès aux origines touche la vérité de la procréation humaine dans sa double dimension biologique et sociale », indiquait déjà le Comité dans l'avis 90, tout en proposant que l'enfant ait accès à des informations non identifiantes en maintenant néanmoins le principe de l'anonymat des donneurs.

Concernant la maternité de substitution ou gestation pour autrui (GPA), le CCNE a conservé au fil du temps une position constante d'interdiction (avis 3, 110, 126, 129), estimant que ces demandes de GPA portaient atteinte à l'intégrité des femmes porteuses de grossesse pour autrui et indiquant que le désir d'enfant des uns ne constituait pas un « droit à l'enfant », en raison des obstacles éthiques de la pratique de la GPA : non-respect de la personne humaine, exploitation de la femme, réification de l'enfant, non-respect de l'indisponibilité du corps humain et de la personne humaine.

« Estimant qu'il ne peut y avoir de GPA éthique, le CCNE souhaite le maintien et le renforcement de sa prohibition, *quelles que soient les motivations, médicales ou sociétales, des demandeurs* », conclut l'avis 126, tout en interrogeant la question de la liberté des femmes d'être gestatrices ; le CCNE considère « que n'est pas une liberté celle qui permet à la gestatrice de renoncer par contrat à certaines de ses libertés (liberté de mouvement, de vie de famille, soins indispensables à sa santé), que n'est pas une liberté celle qui conduit à un contrat dont l'objet même est d'organiser juridiquement le transfert du corps et de la personne d'un enfant, transfert accepté par la gestatrice en faveur des parents d'intention. La personne humaine, ici celle de l'enfant, ne peut pas être l'objet d'"actes de disposition", que ce soit à titre onéreux ou à titre gratuit » (avis 126).

L'évolution des travaux du CCNE dans ce domaine complexe du début de la vie souligne la valorisation du concept d'autonomie, en l'occurrence celle des femmes, en y ajoutant toutefois une limite, celle du respect de l'indisponibilité du corps humain. L'affirmation de ce principe d'autonomie devrait s'accompagner d'une réflexion plus approfondie sur « l'intérêt de l'enfant », alors que se concrétise un peu plus le « désir d'enfant ». Enfin, le CCNE alerte (avis 126) sur la médicalisation accrue de la procréation et une banalisation des démarches prédictives et de sélection : « Ce refus de l'incertitude pourrait, à lui seul, justifier le recours à une procédure d'AMP dont l'objectif [...] serait le désir de faire naître un enfant parfait. »

De la naissance à la fin de la vie

Si de nombreuses questions d'ordre éthique ont été abordées par le CCNE, nous n'en présenterons que quelques aperçus qui mettent notamment en avant le principe de respect du corps humain et celui du consentement. Des avis concernant les dons et greffes d'organes, ainsi que les situations de handicap, les illustrent. Le vieillissement et la fin de vie constituent une période de la vie particulière mettant en tension les principes de liberté et de solidarité.

Les dons et transplantations d'organes : la non-commercialisation du corps humain

« Dire que le corps humain est hors commerce ou encore hors marché, c'est formuler deux propositions complémentaires : d'une part, le corps de l'homme ou l'un de ses éléments ne peuvent être l'objet d'un contrat, d'autre part, il ne peut être négocié par quiconque » (avis 21). En marquant son opposition à la commercialisation du corps humain, le CCNE entend donner la notion la plus extensive possible de la dignité du corps humain, qui s'étend aussi après la mort (voir l'avis 111 sur les problèmes éthiques posés par l'utilisation des cadavres à des fins de conservation ou d'exposition muséale). Le corollaire de ce principe de non-patrimonialité du corps humain est la gratuité du don, ainsi que son anonymat (à l'exception des dons intrafamiliaux), comme le résume l'avis 105.

Si le décès de trop nombreux patients en attente de greffe reste en soi une préoccupation médicale et éthique majeure, la question de l'allocation de cette « ressource rare » et l'égalité d'accès à la greffe sur le territoire constituent également pour le CCNE un point d'attention important développé dans l'avis 129. Par ailleurs, la nécessité d'augmenter le nombre de greffes pour répondre aux besoins des patients a conduit les pouvoirs publics à autoriser, dans des conditions prônant la stricte séparation des équipes soignantes et des équipes de prélèvement, les prélèvements sur des personnes décédées à la suite d'un arrêt cardiaque (prélèvements dits « de Maastricht 3 »). Que la mort soit déclarée par le constat des critères rigoureux de la mort encéphalique ou par l'évidence d'un arrêt cardiaque irréversible, il existe toujours pour l'équipe soignante de réanimation un dilemme éthique que constitue le passage de l'objectif de réanimation d'une personne à un objectif utilitariste et solidaire permettant à une autre équipe soignante d'enclencher les procédures de prélèvement d'organes *post mortem*. On notera que la réflexion du CCNE le conduit à recommander le développement de la formation des professionnels de santé pour l'accompagnement psychologique des familles de donneurs décédés, mais aussi de veiller à leur apporter de la clarté à propos des décisions d'arrêt des soins. Le Comité recommandait également que des campagnes d'information sur le don d'organes puissent se poursuivre activement.

La greffe d'organes à partir du don d'une personne vivante, peu développée en France (environ 10 % des greffes), a également fait l'objet d'une réflexion du CCNE (avis 115 et 129), qui insiste notamment sur l'importance d'une grande vigilance de la part des professionnels de santé encadrant la procédure de recueil du consentement du donneur, à l'égard des pressions intrafamiliales en faveur du don. Le Comité propose aussi la création d'un « statut » de donneur dans le respect du principe d'équité entre tous les patients inscrits en liste d'attente.

Enfin, deux avis plus anciens (avis 61 et 82) ont abordé la question de la transplantation, respectivement dans le cas de xénogreffes et dans celui de l'allotransplantation composite au niveau du visage. L'alternative à la greffe d'organes humains est perçue avec de grandes réserves par le Comité, compte tenu du peu de recul en matière d'expérimentation, le problème central étant celui de l'éthique de la décision de mise en œuvre clinique, mettant en pratique le principe de précaution. Quant à la greffe du visage, la question met en jeu une dimension psychique, à savoir le rapport à soi et aux autres, alors que les connaissances médicales et chirurgicales sont loin d'être avérées.

Les situations de handicap

Le CCNE a été saisi de questions concernant les personnes porteuses d'un handicap de différentes natures. En situation de fragilité, le respect de la personne et de son autonomie est toujours avancé par le CCNE, y compris lorsqu'il s'agit de dépister et de diagnostiquer le handicap. « Il nous faut refuser une fois pour toutes de faire un lien *a priori* entre la recherche ou la découverte de la cause d'un handicap ou d'une maladie et la recherche automatique d'un "coupable" qui conduit à la stigmatisation. Il s'agit là d'un impératif éthique. Il y a seulement des êtres qui souffrent et qu'il nous faut accompagner, accepter comme des membres à part entière de notre collectivité. Il nous faut refuser une fois pour toutes l'exclusion des plus vulnérables » (avis 102).

Ainsi, si les progrès de la science et de la génétique ouvrent des possibilités nouvelles de dépistage et de diagnostic d'un handicap, le respect de l'autonomie de l'individu est essentiel, lui permettant de recevoir une information le conduisant à prendre une décision éclairée (avis 24 et 33). On pourrait aussi indiquer que si les progrès de la chirurgie autorisent la pratique d'actes médicaux mieux adaptés aux situations de variations de développement sexuel à la naissance, le CCNE recommande, comme dans d'autres situations, de concentrer l'expertise dans quelques centres d'interventions, avec des professionnels de santé formés, œuvrant en collégialité et délivrant aux personnes concernées et aux parents une information claire et compréhensible facilitant une prise de décision autonome (avis 132 ; voir aussi le chapitre 3).

Dans le cas des handicaps congénitaux (avis 68), la solidarité sociale doit être garantie de telle sorte que la décision de la mère mise au courant du risque de naissance d'un enfant handicapé ne dépende que de son appréciation personnelle de la situation et de sa responsabilité envers l'enfant qui pourrait naître, en particulier de sa souffrance possible, et non pas des difficultés matérielles d'accueil et de soins qu'elle aurait à affronter sans disposer de l'aide nécessaire et possible. Pour le CCNE, « la reconnaissance d'un droit de l'enfant à ne pas naître dans certaines conditions apparaîtrait hautement discutable sur le plan du droit, inutile pour assurer l'avenir matériel des personnes souffrant de handicaps congénitaux et redoutable sur le plan éthique ».

Concernant les situations de surdité, le CCNE publia deux avis (avis 44 et 103). En 1994, il avait indiqué que l'aide auditive et l'apprentissage du langage des signes étaient complémentaires et méritaient d'être combinés (avis 44) et regrettait en 2007 que cette recommandation n'ait pas été suivie (avis 103). D'ailleurs, à propos de la mise en place d'un implant cochléaire chez l'enfant sourd prélingual, le CCNE estime qu'aussi longtemps que les conditions de grande incertitude persisteront, tout doit être fait pour ne pas compromettre le développement cognitif de ces enfants (avis 44), ni exercer de pression incitative auprès des parents (avis 103). Dans ce dernier avis, le CCNE rappelle que « la question éthique du dépistage néonatal de la surdité dépasse largement la seule dimension fonctionnelle et organique : l'humanité d'une personne s'accomplit dans une diversité d'actions sociales et d'échanges avec ses semblables ».

Autrement dit, le Comité indique le nécessaire changement du regard de la société sur le handicap.

La vie sexuelle des personnes handicapées a constitué un sujet de réflexion pour le Comité en plusieurs circonstances, ayant précisé au préalable « la reconnaissance de l'activité sexuelle comme expression et facteur de bien-être, impliquant que sa défaillance puisse être traitée par la médecine » (avis 62), tout en rappelant qu'il n'y a pas un droit à la vie sexuelle, ni de norme dans ce domaine d'intimité. La question de la contraception des personnes handicapées mentales a fait l'objet d'une réflexion (avis 49 et 50) écartant la systématisation de la stérilisation comme seul dispositif contraceptif et rappelant de nouveau l'importance du recueil d'un consentement valide de la part de la personne.

En 2012 (avis 118), le CCNE avait émis un avis réservé sur la création de l'assistance sexuelle, au nom du principe de non-marchandisation du corps humain, estimant difficile d'admettre l'assistance sexuelle comme un droit de créance relevant d'une obligation de la société : « Il ne peut être considéré comme éthique qu'une société instaure volontairement des situations de sujétion, même pour compenser des souffrances réelles », en insistant cependant sur le rôle de la société pour pallier l'isolement des personnes handicapées : « Faire toute leur place à ces personnes est une affaire collective dont chacun porte la responsabilité. » Cependant, dans sa réponse plus récente à la ministre en charge des Personnes handicapées (avis non numéroté, 2021), le Comité, tout en étant sur la même ligne qu'en 2012, admet que « la recherche d'une solution de nature à permettre un droit effectif d'accès à une vie sexuelle ne soulève pas de questions éthiques en soi, mais nécessiterait de modifier le cadre légal relatif à la prostitution et donc de s'affranchir des principes éthiques qui s'y réfèrent… cette décision étant éminemment politique », une position du CCNE suggérant donc de confier au politique le soin de s'affranchir de principes éthiques établis.

Le vieillissement et la fin de vie

Depuis plus de trente ans, le CCNE publie des avis ou rapports portant sur une période de la vie où les questions d'autonomie, de dépendance, mais aussi de solitude, deviennent cruciales.

Dans son rapport sur le vieillissement de 1998 (avis 59), le CCNE pointait les nécessaires orientations éthiques à développer : « Veiller à réduire les inégalités du vieillissement et les dévalorisations sociales, sources d'injustices ; mettre en œuvre l'exigence éthique de prévention, puis de prise en charge des situations de dépendance liées au vieillissement ; développer activement l'enseignement et la recherche en gériatrie, tant au plan de la clinique que des sciences sociales et des études fondamentales. On peut à la fois croire à l'allongement de la vie et avoir une vision optimiste de la santé des plus âgés. »

Vingt ans plus tard, dans l'avis 128 et dans la même logique, le Comité tentait de répondre à quatre interrogations déterminantes pour contribuer au changement des mentalités et à la modification du regard porté sur les personnes avancées en âge ; faire face à une clinique moderne de la vulnérabilité et de l'incertitude ; inventer de nouvelles formes de solidarité dans notre société en direction des personnes les plus fragiles et vulnérables ; renforcer les politiques d'accompagnement du vieillissement.

À plusieurs reprises, le CCNE a été amené à donner un avis sur la question de la fin de vie. Ainsi, dès juin 1991, à l'occasion de la proposition de résolution sur l'assistance aux mourants, adoptée le 25 avril 1991 au Parlement européen, le CCNE rappela le principe fondamental du respect de la dignité humaine et considéra que « l'acharnement thérapeutique déraisonnable, poursuivi au-delà de tout espoir, doit laisser place à l'apaisement des souffrances qui reste le devoir du médecin [...]. Le CCNE désapprouve qu'un texte législatif ou réglementaire légitime l'acte de donner la mort à un malade » (avis 26).

L'avis 63, en janvier 2000, proposa une réflexion en profondeur sur la fin de vie à propos de l'euthanasie. « Face à la difficile et douloureuse question de la fin de vie et de l'arrêt de vie, le CCNE affirme que la question de l'euthanasie proprement dite ne peut être isolée du contexte plus large que représente le fait de mourir aujourd'hui dans un monde fortement marqué par la technique médicale, ses qualités évidentes, mais aussi ses limites [...]. Faire face à la question euthanasique conduit à affirmer des valeurs et des principes touchant tant à la liberté des individus qu'aux exigences du respect de la vie individuelle et sociale. Ces valeurs et ces principes méritent tous la plus grande considération. Mais, de fait, ils entrent en conflit les uns avec les autres et s'avèrent contradictoires, générant ainsi un dilemme qui peut se révéler paralysant [...]. C'est ainsi qu'il apparaît au CCNE qu'une position fondée sur l'engagement et sur la solidarité est en mesure de faire droit aux justes convictions des uns et des autres et de lever le voile d'hypocrisie et de clandestinité qui recouvre certaines pratiques actuelles. Cette position d'engagement solidaire [...] pourrait trouver une traduction juridique dans l'instauration d'une exception d'euthanasie [...]. Une telle décision ne peut et ne pourra jamais devenir une pratique comme une autre. »

« Exception d'euthanasie » fit débat, y compris au sein du monde juridique. Il ne signifiait pas euthanasie par exception ou à titre exceptionnel, parce que ce serait signifier que le CCNE acceptait dans certaines situations de justifier l'euthanasie : le propos du Comité était d'appeler la justice, la société, à une meilleure compréhension de cet acte dont les motifs sont le plus souvent empreints de générosité.

L'avis 87, en avril 2005, portait sur le refus de traitement. « Le refus exprimé par un malade de continuer à vivre en refusant des traitements ne doit pas toujours être entendu comme la volonté de mourir, mais comme celle de retrouver une apparence de liberté par rapport à la médecine. Les concepts d'obstination déraisonnable et de persévérance déraisonnable doivent pouvoir être jugés autant par le malade que par le médecin. Une personne en fin de vie est dans la plus grande vulnérabilité qui soit et l'accompagnement, quelle qu'en soit sa forme, constitue une exigence qui transcende largement le refus de traitement. Respecter un refus de traitement engage une obligation d'accompagnement. »

L'avis 108, en novembre 2009, rappelait que « les questionnements éthiques touchant à la vie et à la mort des êtres humains interrogent sur la pérennité du lien social. La question du financement et du coût des actes médicaux engagés en fin de vie ne peut être isolée de la responsabilité à l'égard de tous. Ne pas prendre en compte cette dimension du soin reviendrait à sacrifier une partie de la population qui en serait exclue. Les soins palliatifs ne sont pas un luxe que seule une société d'abondance pourrait se permettre. Ils sont un potentiel novateur de l'activité soignante ».

L'avis 121, en juin 2013, ainsi que le rapport du CCNE sur le débat concernant la fin de vie, en octobre 2014, recommandait « la nécessité de faire cesser toutes les situations d'indignité qui entourent encore trop souvent la fin de vie » : la nécessité de rendre accessible à tous le droit aux soins palliatifs ; la nécessité de développer l'accès aux soins palliatifs à domicile ; la nécessité d'associer pleinement la personne et ses proches à tous les processus de décision concernant sa fin de vie, le CCNE recommandant que les directives anticipées deviennent contraignantes pour les soignants, sauf exception dûment justifiée par écrit ; le respect du droit de la personne en fin de vie à une sédation profonde jusqu'au décès si elle en fait la demande lorsque les traitements, voire la nutrition et l'hydratation artificielles, ont été interrompus à sa demande ; la nécessité de faire cesser toutes les situations d'isolement social et de dénuement des personnes malades, des personnes handicapées et des personnes âgées qui précèdent trop souvent la fin de leur vie et de leur donner accès à l'accompagnement qui leur est indispensable.

Concernant le droit d'une personne en fin de vie à avoir accès, à sa demande, à un acte médical visant à accélérer son décès et/ou le droit à une assistance au suicide, la majorité des membres du CCNE exprimaient des réserves majeures et recommandaient de ne pas modifier la loi (en l'occurrence, la loi n° 2005-370 du 22 avril 2005, dite « loi Leonetti »), exprimant que cette loi opère une distinction essentielle et utile entre « laisser mourir » et « faire mourir », même si cette distinction peut, dans certaines circonstances, apparaître floue.

L'avis 129, en septembre 2018, proposait de ne pas modifier la loi existante sur la fin de vie (en l'occurrence, la loi n° 2016-87 du 2 février 2016, dite « loi Claeys-Leonetti ») et insistait sur l'impérieuse nécessité que cette loi soit mieux connue, mieux appliquée, mieux respectée. Le CCNE souhaitait également le développement des soins palliatifs et la réduction des inégalités territoriales dans ce domaine, mais aussi le développement de la formation et de la recherche *via* la création effective d'une filière universitaire dans le domaine de la médecine palliative pour aboutir à une véritable « culture palliative » intégrée à la pratique des professionnels de santé. Le CCNE exprimait aussi la volonté que soit réalisé un travail de recherche descriptif et compréhensif des « situations exceptionnelles » auxquelles la loi ne permettait pas de répondre, en soulignant que d'indéniables avancées techniques de la médecine pouvaient parfois engendrer des situations de survie qui ne sont que souffrance, posant ainsi la question du sens de la vie à la fin de celle-ci.

Le travail de description des « situations exceptionnelles » est toujours en attente d'être réalisé. Néanmoins, le CCNE proposa, en septembre 2022, un nouvel avis sur le sujet (avis 139) et fit, de nouveau, le constat d'une déficience dans le développement des soins palliatifs, ainsi que dans le déploiement d'une reconnaissance universitaire dédiée. En d'autres termes, le droit actuel n'est pas complètement mis en œuvre, ni son appropriation par tous les professionnels de santé. Fallait-il alors ouvrir la possibilité d'une évolution législative, alors que le CCNE souligne qu'il existe au sein de la société un sentiment paradoxal face à la mort ? D'ailleurs, le CCNE considère qu'une « modification de la loi ou des pratiques qui favoriserait l'amoindrissement du soin relationnel et l'affaiblissement du devoir d'accompagnement ne serait pas éthiquement acceptable. »

Le CCNE rappelle, à cette occasion, que, « sur le plan anthropologique, l'interdit de donner la mort est un principe fondateur pour la société tout entière ». Le droit à la vie est lui-même consacré par l'article 2 de la Convention européenne des droits de l'homme. Toutefois, le Comité considère que « la délibération éthique se situe au niveau de l'appréciation de la valeur du droit à la vie », qui peut être mis en balance avec d'autres valeurs, notamment celle du respect de la liberté de disposer de soi-même. Le CCNE ouvre, pour la première fois depuis trente ans, un chemin éthique vers une aide active à mourir, sous certaines conditions, en se reposant sur la conciliation de deux principes fondamentaux : « Le devoir de solidarité avec les personnes les plus fragiles et le respect de l'autonomie des personnes. »

Certes, le Comité considère aussi qu'il ne serait pas éthique d'envisager une évolution de la législation si les mesures législatives déjà promulguées, concernant notamment les soins palliatifs, n'étaient pas prises en compte, mais ne fallait-il pas interroger le sens même d'une évolution de la loi qui autoriserait le principe de la suppression d'un interdit, quand ce message est reçu par des personnes âgées, handicapées, gravement malades, ou par le personnel soignant ?

La peur d'« avoir à mourir[9] », des situations de solitude en fin de vie, la volonté de ne pas souffrir contribuent à nourrir un déni de la mort au sein de la société. Ces situations obligent à respecter ce que le Comité nomme l'« interdit de l'indifférence », faisant écho à la valeur républicaine et désormais constitutionnelle de « fraternité ». Il ne faudrait cependant pas se méprendre quant à la portée de cette valeur : la fraternité comme la solidarité ne justifieront jamais la levée d'un interdit structurant comme celui de donner la mort, même par procuration législative.

Ce parcours de quelques avis du CCNE décline l'importance du consentement dans l'expression de l'autonomie de la personne. Ainsi, concernant le don d'organes, la question du consentement

---

9. Didier Sicard, *L'Alibi éthique*, Plon, 2006.

reste un élément central de la réflexion éthique, déjà évoquée dans l'avis 12 et développée dans l'avis 115, puis reprise dans l'avis 129. Le CCNE considère que le système de consentement présumé constitue « un compromis équilibré entre la nécessité absolue du respect du consentement des personnes au don et celle de proposer aux patients en attente de greffe une solution thérapeutique ».

Concernant l'accompagnement du vieillissement, l'analyse sous-tendait des éléments de réponse à une question d'importance existentielle, posant la question du consentement : « Quel sens donner à la concentration des personnes âgées entre elles dans des établissements dits d'hébergement qui sont devenus, souvent à leur corps défendant, leurs résidences définitives jusqu'à la fin de leur vie ? »

En fin de vie, le CCNE a clairement exprimé la nécessité d'associer la personne et ses proches à tous les processus de décision concernant sa fin de vie, en particulier à travers la rédaction de directives anticipées et l'identification d'une personne de confiance.

Ce thème du consentement fut aussi développé dans plusieurs autres avis (avis 58, 70, 136).

> L'expression de l'autonomie de la personne est assujettie au recueil de son consentement libre et éclairé qui consolide le respect de la dignité de la personne humaine, de toute personne humaine, y compris en situation de vulnérabilité. « Pour les personnes qui ont des difficultés à exprimer leur volonté, l'altération de l'autonomie physique ne signifie pas la perte de toute autonomie », selon l'avis 136, suggérant aussi d'accroître et de prioriser le rôle de la personne de confiance. Mais comment apprécier la réalité d'une capacité libre de jugement ? Comment être certain que le patient reçoive une information juste et loyale ?

Une question essentielle à travers les avis : la personne au sein d'un collectif

La science et la médecine, apportant toujours plus de connaissances, d'innovations, voire de progrès, ont ouvert de nouvelles possibilités, par exemple dans la procréation, le diagnostic et le dépistage, la prédiction, la clinique du handicap, la vaccination, qui répondent aussi à de nouvelles aspirations sociétales. Le CCNE a mis en exergue non seulement que le progrès technique entraîne des mutations dans le domaine de la santé, mais que la recherche de la « performance » exige de ne pas oublier la reconnaissance des limites qui sont celles de la condition humaine, leur dépassement conduisant à porter atteinte à la fragilité des personnes. Comment faire face aux demandes personnalisées dans le cadre d'une politique de santé ?

Cette question sera illustrée par les réflexions du CCNE durant la récente pandémie de la Covid-19, mais aussi à travers plusieurs avis qui ont tenté de déployer une vision plus collective, avant de traiter plus récemment de la question des enjeux éthiques d'une politique de santé publique pour se repérer à la fois dans les problèmes de court et de moyen terme, révélés notamment par la pandémie, et dans le long terme de nos sociétés démocratiques face aux questions de santé.

L'éthique par temps de pandémie[10]

La pandémie, provoquée par les différents variants du SARS-CoV-2, a affecté, à partir de 2020, une grande partie de la population à l'échelle planétaire. Dans ce contexte pandémique qui se

10. L'ensemble des avis du CCNE et CNPEN (Comité national pilote d'éthique du numérique, voir chapitre 10) est en cours de publication dans un ouvrage édité par La Documentation française (2023), sous la coordination de Jean-François Delfraissy et de Claude Kirchner. Ce paragraphe emprunte des développements parus dans cet ouvrage. Voir également Jean-François Delfraissy et Pierre-Henri Duée : « L'équité à l'épreuve de la Covid-19 », *in* Dario Mantovani (dir.), *Actes du colloque « L'équité hors du droit »* du Collège de France, à paraître.

prolonge avec une durée inattendue (trois ans, à la fin de 2022), les notions d'urgence et de ressources limitées (par exemple, en lits de réanimation, en vaccins) ont notamment obligé le réexamen et la mise en délibération de dilemmes éthiques, parmi lesquels celui de décider en urgence qui doit vivre et qui laisser mourir. Une telle situation exceptionnelle ne peut pas faire l'économie d'une réflexion éthique, mais ne doit pas déboucher sur une éthique d'exception. Le CCNE a publié plusieurs avis (voir annexe 2, avis non numérotés) et de cette réflexion continue trois principes ont été souvent mis en avant : l'autonomie, l'équité, l'éthique de la communication. Précédemment, le CCNE avait publié plusieurs avis à l'occasion de la pandémie d'infection par le VIH, apparue dans les années 1970 (avis 14, 31, 48, 86, 119) ou en amont d'une possible pandémie grippale due au virus H5N1 (avis 106). Les situations de pandémie sont révélatrices de questions éthiques générales, comme le respect du principe de justice, le danger de la stigmatisation des personnes, la robustesse de certains droits (liberté, autonomie). La pandémie de Covid-19 concentra ces questions d'éthique posées par le CCNE.

AUTONOMIE ET SOLIDARITÉ

Parce que le principe d'autonomie est affirmé, y compris en situation de contrainte, le CCNE a de ce fait rappelé l'ardente obligation d'expliquer et de rendre intelligibles les décisions contraignantes, mais également de se référer au principe de proportionnalité dans l'application des mesures de restriction de libertés, comme dans leur levée.

La vaccination contre le SARS-CoV-2 représente un acte médical où le consentement de la personne est sollicité, mais l'obligation vaccinale pouvait-elle être justifiée ? Pour les professionnels de santé et pour tout intervenant médico-social exerçant en établissement et à domicile, la vaccination représente une exigence déontologique fondamentale, mais une obligation vaccinale les concernant ne serait cependant pas justifiée en situation d'incertitudes et d'évolutivité des vaccins comme ce fut notamment le cas au début de l'année 2021. Le CCNE prônait plutôt d'engager une démarche pédagogique et active au sein des équipes afin de conduire chacun, comme soignant et comme citoyen, à une démarche responsable.

Pour les jeunes, le bénéfice individuel direct de la vaccination, en termes de diminution des risques liés à l'infection, est très limité. Le CCNE s'est, de ce fait, demandé s'il fallait solliciter leur contribution dans la mise en œuvre de la politique vaccinale pour atteindre un bénéfice collectif, alors qu'un nombre significatif d'adultes, dont des personnes présentant des comorbidités, refusait cette vaccination. Le discernement éthique doit aussi prendre en compte les conséquences indirectes de la vaccination et du respect des gestes barrières : chez les jeunes et les adolescents, garder ouverts les écoles, les collèges et les lycées permettait de garantir l'égalité de l'accès à l'éducation et à une alimentation équilibrée pour certains et de maintenir les liens sociaux indispensables à la construction de l'individu, en particulier chez l'adolescent. Pour le CCNE, il a semblé souhaitable de vacciner contre la Covid-19 les adolescents qui le demandaient, après qu'ils auront reçu une information claire et adaptée à leur âge, préalable au recueil de leur consentement.

L'expérience unique et hors du commun qu'a représentée le confinement en 2020, n'a-t-elle pas révélé également le caractère indispensable des liens et l'importance de l'altérité ? Le lien familial, intergénérationnel, le lien social, le lien à la nature, liens qui passent souvent inaperçus lorsqu'ils sont vécus par habitude et qui deviennent essentiels en situation de distanciation physique, en particulier *via* l'accès aux outils numériques.

Le maintien du lien social, voire le droit à son maintien, relève ainsi d'un besoin vital, notamment pour les personnes vulnérables isolées à domicile ou en établissement médico-social et constitue un repère qui doit guider toute décision concernant les personnes dépendantes.

Le questionnement éthique amène souvent à confronter principe d'autonomie et exigence de solidarité. L'un des enjeux éthiques majeurs, rappelé par le CCNE, était d'ailleurs d'engager la société tout entière dans une véritable démarche de responsabilité et de solidarité, un juste équilibre devant être trouvé entre l'affirmation de l'autonomie et la nécessité d'une solidarité collective, en particulier à l'égard des personnes vulnérables.

À cet égard, le CCNE a insisté précisément sur la question des inégalités sociales et de la précarité face aux risques liés au développement de l'épidémie et sur l'exigence morale de solidarité à étendre aussi à l'échelle internationale. Dans ce contexte, faciliter l'accès à la vaccination pour les pays à ressources limitées (en particulier pour les personnes âgées, fragiles et les soignants) reviendrait à qualifier le vaccin comme un bien commun et universel.

DIGNITÉ, ÉGALITÉ ET ÉQUITÉ À L'ÉPREUVE DE LA COVID-19

Considérer l'homme dans sa dignité, c'est, selon Kant, considérer que « l'homme [...] existe comme fin en soi, et non pas simplement comme moyen dont telle ou telle volonté puisse user à son gré ». La dignité d'une personne ne peut être tributaire de son utilité, a rappelé le CCNE, ajoutant que tout ce qui pourra participer à réaffirmer la singularité et la dignité des vivants constituera une marque d'humanité, une exigence qui oblige à respecter les principes éthiques de non-malfaisance, de non-discrimination, d'égalité et d'attention aux plus vulnérables.

Ces principes de dignité et d'égalité ont été mis à l'épreuve par la crise sanitaire : il a été montré que les personnes les plus modestes ont eu un risque infectieux et de morbidité plus élevé, à la fois à cause de leurs conditions de logement et de leur état de santé (présence plus fréquente de comorbidités dans les populations précaires). De plus, la crise sanitaire a contribué à accentuer les inégalités sociales en matière de vulnérabilité professionnelle et financière.

Depuis Aristote, le principe d'égalité ne constitue que l'une des dimensions du principe de justice : *être juste consistera aussi à être équitable*, c'est-à-dire à prendre une décision selon la règle générale ajustée au contexte, en veillant à accorder à chacun ce qui lui est dû. Dans le cas de la crise sanitaire, le CCNE a pris en compte la primauté du principe d'équité, tout autant que le respect de la dignité des personnes, conduisant à établir, en contexte de ressources limitées, des priorités dans leur allocation, même si définir des priorités dans ce contexte peut apparaître incompatible avec l'éthique médicale. Mais sélectionner les personnes à vacciner, en situation de restriction de vaccins, en fonction de leur seule valeur « économique ou sociale », immédiate ou future, n'aurait pas été acceptable.

L'épidémie de Covid-19 a mis en forte tension le système de santé français, reflétant l'insuffisance des moyens au regard des besoins de santé, en particulier en situation de crise. Cette tension a amené à décider dans l'urgence d'actions de réorganisation des soins, et a conduit à faire des choix concernant l'allocation des ressources et, de ce fait, à prioriser des personnes parmi celles requérant des soins et des traitements. Mais peut-on choisir à quels patients donner les ressources et sur quels critères établir de tels choix ? Si la priorisation des patients, nous le redisons, paraît incompatible avec l'éthique médicale, ne pas trier dans un contexte de rationnement, c'est courir le risque qu'un patient ne puisse être admis faute de place si les « premiers arrivés » ont déjà utilisé les ressources disponibles. La crise sanitaire a imposé pour cette raison une réflexion sur le triage, la priorisation et le rationnement des ressources disponibles.

TRANSPARENCE ET ÉTHIQUE DE LA COMMUNICATION

Nous vivons à une époque où l'information et l'échange d'informations sont omniprésents, utilisent des canaux multiples, éventuellement générateurs de déformations du message. Les crises, bouleversements divers et événements marquants engendrent bien souvent une surconsommation de l'information de la part des citoyens. D'où l'importance et la nécessité d'une information qui soit non seulement accessible, mais surtout transparente et compréhensible par tous les citoyens, y compris dans un contexte d'incertitude.

La transparence de l'information est fondamentale et implique d'informer les citoyens y compris de l'absence ou du manque de savoir : assurer une communication transparente, c'est parfois ne rien dire, ou dire que l'on ne sait pas. Développer une communication éthique est la condition même de l'établissement de la confiance au sein de notre société. Dès le 13 mars 2020, le CCNE avait d'ailleurs rappelé l'importance d'assurer une communication transparente et responsable, s'appuyant davantage sur le corps social (voir aussi les avis 45, 55, 85). La communication des responsables politiques, comme celle des experts scientifiques, doit être empreinte de certitudes lorsqu'elles sont scientifiquement confirmées, ou de doutes clairement énoncés s'ils apparaissent.

Vers un cadre éthique pour une politique de santé publique

En publiant un avis d'ensemble (avis 137), « L'Éthique et la santé publique », le CCNE a souhaité définir un cadre pour que notre société démocratique puisse se repérer face à des questions de santé complexes qui se posent à la fois dans le court et le moyen terme, comme celles révélées par la pandémie de Covid-19, mais également dans le long terme.

La santé publique a pour objectif de préserver et d'améliorer la santé, prise dans toutes ses dimensions, de la population présente sur le territoire, en mettant en place un ensemble cohérent de mesures et de moyens, mobilisant des compétences multidisciplinaires et non pas uniquement sanitaires et médicales, et constituant une politique publique impliquant une participation sociale.

Deux directions doivent être soulignées, indique l'avis 137 : d'une part les politiques de santé en direction de la société, champ encore trop médical alors même qu'il est traversé par les questions sociales, environnementales et l'émergence du numérique, et qui nécessite la prise en compte de la diversité des groupes dans la population générale et, d'autre part, la construction des comportements individuels et collectifs au sein de la société, en vue de préserver la santé, avec sa dimension psychique, en considérant le rôle essentiel de la communication et de l'information.

Les repères éthiques sont alors de deux types : ceux ayant l'individu comme sujet et horizon, et qui se fondent sur le critère éthique du respect de la personne, et ceux qui se fondent sur la notion de justice et d'équité dans l'accès aux soins, de solidarité, de participation citoyenne, constituant ainsi un socle de valeurs intégrant la santé publique comme « bien commun ».

La santé publique nécessite une interaction entre des disciplines et des savoirs professionnels et/ou profanes. La question est de savoir comment encourager des comportements qui préservent la santé par des groupes sociaux très différents sur le court et le long terme. Des mesures allant de l'éducation des jeunes générations à la prise en compte du contexte environnemental international et global, en passant par un enseignement adapté à la dimension spécifique et transdisciplinaire du domaine, s'imposent.

Le respect de l'éthique en santé publique et la confiance dans celle-ci sont deux facettes d'un même objectif : elles se conditionnent mutuellement pour réaliser l'objectif d'une santé publique au service de l'intérêt général.

Le respect de l'éthique, à travers les actions mises en œuvre, conditionne la confiance des citoyens dans les décideurs politiques ; en retour ces décideurs politiques renforceront ce respect des citoyens, également acteurs dans l'élaboration des politiques de santé publique, présents dans la délibération collective pour définir les actions à conduire en vue d'une coconstruction de ce bien commun que représente la santé publique.

Dans ce cadre éthique général s'inscrivent des réflexions antérieures du CCNE

Le lecteur est de ce fait invité à parcourir plusieurs textes publiés par le Comité, à la lumière du cadre posé par l'avis 137.

Ils concernent le milieu professionnel (avis 15, 80, 114), dans lequel se précise une approche éthique du principe de précaution, avec la nécessaire convergence des valeurs éthiques en jeu, s'agissant du respect des libertés individuelles et de l'intérêt collectif de santé publique.

Le milieu carcéral a fait l'objet d'une réflexion éthique du CCNE (avis 94), indiquant que le respect de la dignité humaine des personnes détenues trouve son prolongement dans la mise en place d'une véritable politique de réinsertion. Concernant les personnes migrantes (avis 100 et 127), le CCNE insiste là aussi sur le respect de la dignité humaine, mais aussi l'importance que cette valeur s'accompagne d'une véritable politique d'accueil dans laquelle fraternité rime avec hospitalité.

Des thématiques en émergence, comme celles des nanosciences (avis 96) ou de la neuro-imagerie fonctionnelle (avis 116), des techniques biomédicales qui peuvent induire une neuroamélioration chez la personne non malade (avis 122), mais aussi la coopération dans le domaine de la recherche biomédicale entre équipes françaises et équipes de pays en développement (avis 41 et 78) ont fait l'objet de diverses réflexions du CCNE, qui souligne la nécessaire transparence à atteindre dans les attendus des recherches, comme dans les acquis scientifiques ou techniques qui en résultent, la performance ne devant pas occulter les risques éventuels, en ayant toujours l'ambition de ne pas aggraver les inégalités, sociales ou d'accès aux soins.

Le CCNE a mis l'accent sur la dimension éthique des choix collectifs dans d'autres contributions (avis 57, 81, 84, 101, 135, 140). C'est, en effet, le sens du dernier avis publié, l'avis 140, centré principalement sur la situation tendue de l'hôpital public, « symptôme le plus saillant de la crise du système de soins ». Le CCNE, qui a fait du système de soins et de la santé publique un thème de réflexion prioritaire aujourd'hui, analyse, dans cet avis, la manière dont la pandémie de Covid-19 a contribué à révéler une crise morale de l'hôpital public et la souffrance des professionnels de la santé.

Ainsi, en incitant à réintégrer la dimension éthique et humaine dans l'économie de la santé, dans l'organisation du système de santé et dans l'émergence d'un *care*, c'est-à-dire faire en sorte de mieux « prêter attention » à l'humain, le CCNE explore à travers ces différentes contributions la tension entre autonomie et solidarité, entre la liberté individuelle et le bien public, dans différents contextes. Cette tension peut-elle recevoir une quelconque réponse ? Probablement dans la recherche permanente d'équité, de justice.

La Covid-19 n'est pas seulement une maladie grave, elle implique *une dimension collective*, notamment du fait des choix politiques qui sont faits, pour tenter en particulier de prévenir sa propagation et sa gravité chez les personnes vulnérables ou fragiles. Ces choix ont des répercussions sociales qui peuvent s'opposer à l'éthique individuelle et au respect des principes de liberté ou de protection de la vie privée, ce qui pose de nouveau des questions éthiques à traiter de manière spécifique. Le CCNE a exploré les tensions éthiques correspondantes et définit le cadre dans lequel les appréhender.
L'application de ce soubassement éthique de la politique de santé donne sens au sein de la société pour que chaque personne puisse y exercer sa responsabilité et exprimer son autonomie au bénéfice de l'intérêt général.

Conclusion

Cette rapide analyse des textes publiés par le CCNE a pointé à l'évidence que le respect de l'autonomie de la personne constituait, aux yeux du Comité, un concept légitime et nécessaire si l'on veut décliner le principe du respect de la dignité humaine.

Au cœur de l'autonomie de la personne, le recueil constant de son consentement sera toujours recherché, y compris dans des situations de fragilité et de vulnérabilité. C'est aussi une dimension éthique qui n'a pas cessé de croître durant ces quatre décennies.

Le CCNE a souvent fait appel à une certaine forme de prudence, notamment lorsqu'il s'agissait d'innovations pour lesquelles on pouvait reconnaître les limites de notre savoir et accepter le doute qui en résulte ; en indiquant également que le progrès et le savoir ne sont pas seulement le fruit de la science et de la technologie, mais résultent aussi de la manière dont nous parvenons, dans un tel contexte, à appréhender le devenir de l'être humain et de l'ensemble du vivant, et à en prendre soin.

Mais la réflexion éthique, c'est aussi le moment d'une rencontre, une attention portée à l'autre dans sa singularité (voir chapitre 14). N'est-ce pas alors en réfléchissant à la dimension éthique du bien commun que le CCNE dessine désormais les contours d'une réelle fraternité ? Une éthique de la réciprocité pour construire une solidarité et l'intérêt général.

CHAPITRE 8

Les membres du CCNE appartenant à des courants de pensée : témoignages et échanges

Ali Benmakhlouf, Haïm Korsia,
Marion Muller-Colard,
Dominique Quinio, Frédéric Worms[1]

La composition du CCNE renferme une spécificité que l'on ne retrouve que rarement dans les instances nationales ou internationales (cette particularité est aussi partagée avec le comité d'éthique allemand). Le président de la République avait, en effet, introduit, dans la composition du CCNE, la présence de cinq membres, personnalités nommées « au titre des principales familles philosophiques et spirituelles » qu'il nomme lui-même. Au sein d'une République laïque, essayer de faire comprendre l'apport des grands courants de pensée dans la réflexion commune contribue à l'enrichir et à consolider la cohésion nationale. Au sein du CCNE, même s'ils ne représentent pas explicitement les différents courants philosophiques ou religieux au titre desquels ils sont choisis, les membres ainsi nommés ont toujours apporté, à travers leurs témoignages et les

1. Par ordre alphabétique. Ce chapitre rend compte d'une table ronde organisée le 14 septembre 2022 au CCNE avec cinq membres, actuels ou anciens, nommés par le président de la République au titre de leur « appartenance à des familles philosophiques et spirituelles ». Il a été rédigé à partir du verbatim établi par Laurence Cacaud et après validation par chacun des intervenants.

échanges entretenus avec l'ensemble des membres du Comité, une réflexion originale et constructive.

Ainsi, trente-deux personnes ont siégé ou siègent aujourd'hui à ce titre. Parmi celles-ci, vingt-cinq personnes appartenaient (ou appartiennent) à des courants de pensée religieux (catholique, protestant, juif, musulman) et, par ailleurs, huit d'entre elles avaient, lors de leur passage au CCNE, un statut de religieux (prêtre, pasteur, rabbin, mais jamais imam), cette particularité ayant cessé depuis 2013. Dans le cadre du retour d'expérience que revêt l'ouvrage sur les quarante ans, cinq personnalités, ayant appartenu ou appartenant au CCNE à ce titre, se sont retrouvées pour partager leurs témoignages.

Cette table ronde informelle a été animée par Laëtitia Atlani-Duault[2], avec l'appui de Jean-François Delfraissy et Pierre-Henri Duée.

LAËTITIA ATLANI-DUAULT. – Réfléchir à ce qu'apporte au CCNE cette spécificité d'avoir dans sa composition, et cela depuis ses débuts, quatre membres au titre de leur appartenance aux communautés catholique, protestante, musulmane et juive et un au titre de son appartenance à la libre-pensée, pourrait constituer l'objectif principal de vos échanges, car il s'agit ici d'un modèle original. Avez-vous, par exemple, vécu des tensions entre une éthique « de conviction », une éthique « de responsabilité », voire une éthique « de solidarité communautaire » ? Avez-vous eu au cours de vos mandats respectifs, sur des sujets délicats, tels, par exemple, que le statut de l'embryon, discuté dès la création du CCNE il y a quarante ans, ou la fin de vie, sur lequel un avis vient d'être rendu, des échanges avec certains membres des communautés religieuses ou des libres penseurs à laquelle vous appartenez ou avez-vous subi des pressions ? Je vous invite à revenir sur ce modèle, à travers son fonctionnement, ses enjeux et la nécessité ou non de le faire évoluer.

2. Laëtitia Atlani-Duault est anthropologue et directrice de recherche au Ceped (université Paris-Cité, IRD, Inserm). Elle a publié *Les Spiritualités en temps de pandémie*, Albin Michel, 2022.

DOMINIQUE QUINIO. – Je siège au CCNE au titre de la famille catholique. J'ai bien compris que je n'y représentais pas l'Église catholique et me garderai bien d'usurper cette place ! J'ai, comme vous tous ici, été nommée par le président de la République, sans concertation, me semble-t-il, avec les autorités religieuses officielles. J'étais directrice d'un quotidien et avais pris des positions sur de nombreuses questions traitées par ailleurs au sein du CCNE. En tant que directrice de *La Croix*, j'ai toujours eu conscience d'avoir la responsabilité de parler au nom et en direction d'une diversité de catholiques, en direction d'hommes et de femmes de toutes opinions. J'ai toutefois derrière moi le poids de ce que représente l'Église catholique sur les questions de morale, avec l'impression, à l'intérieur du CCNE, de porter à moi seule une telle charge, peut-être plus que d'autres membres évoluant dans des univers plus divers. L'Église a en effet, sur certains sujets débattus au CCNE, une pensée et un discours affirmés, réitérés, relayés parfois très bruyamment.

Cette articulation entre le fait de ne représenter que soi et le fait de porter une histoire, un contenu, d'être identifiée à ce contenu même s'il est, en fait, mal connu, m'apparaît parfois difficile.

Je m'apprêtais à dire que je n'avais jamais eu, depuis que j'ai été nommée au CCNE en 2016, un quelconque contact avec un responsable de l'Église catholique à propos de ma présence au sein du CCNE. Ceci était vrai… jusqu'à ce matin, où j'ai reçu un message d'un évêque qui m'a remercié d'avoir signé la réserve formulée à l'égard de l'avis 139 sur la fin de vie, publié le 13 septembre 2022 par le CCNE. Jamais pareille situation ne s'était produite auparavant.

Je vois deux interprétations possibles à ce silence, dont je me réjouis d'ailleurs : il peut témoigner de la part des instances catholiques soit d'une volonté de respecter mon indépendance, soit d'un désintérêt pour la parole d'une personne n'ayant pas été dûment nommée par elles et ne s'exprimant par conséquent pas en leur nom.

Il est, en outre, arrivé que des courants au sein de l'Église catholique jugent certaines prises de position « pas assez ceci ou trop cela ».

Ces réactions que j'ai déjà connues comme directrice d'un quotidien ne sont pas toujours très confortables à vivre.

J'apprécie tout particulièrement, au sein du CCNE, la diversité de ses membres. Il peut d'ailleurs arriver que certains d'entre eux se réclament du catholicisme, bien qu'ils aient été nommés au Comité à d'autres titres que celui des « principales familles philosophiques et spirituelles ».

Je pense toutefois qu'il devait y avoir à l'origine au sein du Comité plus de membres proches du catholicisme qu'aujourd'hui, mais cela traduit vraisemblablement l'évolution de la société tout entière. En définitive, j'ai ainsi le sentiment d'exercer, au sein du Comité, une forme de « libre pensée ».

ALI BENMAKHLOUF. – J'ai appartenu au CCNE de 2008 à 2016, nommé au titre du courant musulman, en tant qu'appartenant à cette communauté. Il y a, selon moi, beaucoup à dire sur ce point de l'appartenance *vs* la représentation.

Le fait d'appartenir à une communauté et de ne pas la représenter signifie que l'on n'est tenu ni par un dogme, ni par une institution. L'appartenance est davantage une sensibilité. Nourri et élevé dans la religion musulmane, j'en connais les repères. Mais, ne pas être considéré au sein du CCNE comme représentant cette religion fait que ni le dogme, ni l'institution n'y ont eu leur place : seule compte l'appartenance, du fait d'être né dans, d'avoir grandi dans, d'appartenir à, de ressentir. Je me permets d'insister sur cette notion de sentiment, qui n'est ni subjectif ni solipsiste. Il s'agit de partage du sensible. J'ai assurément une sensibilité musulmane, que j'ai en commun avec de nombreuses personnes qui sont de religion musulmane. N'étant l'objet d'aucune injonction dogmatique ou institutionnelle, je me suis immédiatement senti très à l'aise lors de mon arrivée au CCNE. J'ai choisi de prendre ma casquette de philosophe des sciences et de mettre quelque peu en sourdine mon appartenance à la communauté musulmane. De plus, la communication avec les scientifiques s'est avérée aisée et fluide.

Bertrand Weil, membre de 2009 à 2017, m'avait fait remarquer que le CCNE comptait près d'une dizaine de personnes se reconnaissant dans la tradition juive, dix ou quinze dans la tradition catholique, alors que j'étais le seul musulman. Je crois que cela est emblématique de la France en général et ne renvoie pas à une faible représentativité, mais à une moindre connaissance de la religion musulmane. La difficulté à nouer un dialogue tient certainement en partie au fait qu'il faut considérer les personnes dans toute leur diversité : je crois important de ne jamais parler de l'islam de manière monolithique, mais de considérer plutôt la pluralité des voix de l'islam.

Lorsque les musulmans (pour parler schématiquement) constatent que, dans ce pays qui les accueille, les gens ne font aucun effort pour connaître et comprendre leur religion, alors cela crée une difficulté pour nouer un dialogue. En 2013, lors d'une table ronde d'un colloque, un collègue, professeur à l'université, spécialiste de Spinoza, me demanda s'il existait dans l'islam l'équivalent de l'amour du prochain et de la pratique de la charité. J'en fus estomaqué, car son intervention laissait entendre que l'islam ne pouvait prôner que la violence !

Je souhaiterais également parler d'un second point qui me tient à cœur : je trouve bizarre que le législateur ait eu peur d'utiliser le mot « religion » et lui ait préféré une référence à la notion de spiritualité. Pour moi, la religion est quelque chose de digne et d'important et la noyer dans la spiritualité pose un problème de dénomination. L'arrière-plan en est la loi de 1905.

S'il est important à mes yeux que la religion ne soit pas présente comme élément de la décision politique, il m'apparaît en revanche impossible de la supprimer socialement de la sphère commune.

Les questions de début et de fin de vie concernent directement les gens qui ont une foi : on ne peut leur interdire de se prononcer à ce propos. En France, au nom d'une certaine vision de la laïcité, on a mis sous le boisseau une réflexion sur la religion. Il en va de même d'ailleurs avec toute réflexion sur la race. J'ai une conception anthropologique de la religion, avec laquelle il faut travailler, et plaide pour une connaissance dynamique de la religion dans la société, considérant que l'on a affaire à des gens qui expriment socialement (et non politiquement) leur foi et veulent être entendus sur des sujets qui les concernent.

HAÏM KORSIA. – Ma vision est sensiblement différente de la vôtre. Ce que vous présentez tous deux comme un atout (à savoir le fait d'avoir une parole libre) pouvait être vécu négativement par le Comité, qui avait, au début des années 2000, exprimé le besoin de connaître le point de vue judaïque. Il existe au fond une sorte de malentendu sémantique, entre « représentant », « parlant au nom de » et « faisant partie de ». Il s'agit à mon sens d'une question essentielle aujourd'hui. Je suis entré au CCNE en 2005, mais, au bout de quatre années, mon mandat ne fut pas renouvelé !

J'avais par ailleurs soulevé une question qui reste à mon sens toujours pendante aujourd'hui : les membres nommés au CCNE au titre des « principales familles philosophiques et spirituelles » (je partage d'ailleurs le point de vue d'Ali sur le fait qu'il est ridicule de ne pas utiliser le terme de « religions ») le sont par le président de la République, mais sur quelle base ces nominations sont-elles effectuées, car, en République, on ne connaît pas la religion des gens ? Nommer des gens au titre d'une appartenance à une famille religieuse sans qu'ils aient la reconnaissance des cultes par le fait d'être prêtre, rabbin, pasteur ou imam constitue une vraie difficulté dans un système républicain. Choisir un rabbin offre la certitude de désigner un juif, parce que c'est ce qu'il met en avant.

Cette question est importante, mais apparaît finalement secondaire lorsque l'on vit les débats du Comité de l'intérieur. J'ai siégé au CCNE en même temps qu'Olivier Abel, Olivier de Dinechin et Sadek Beloucif et ai toujours trouvé que le Comité était un lieu formidablement ouvert, avec une grande écoute et un respect mutuel. Nous avions des discussions passionnantes avec les scientifiques, qui écoutaient la parole religieuse avec attention, non pour l'adopter, mais pour l'entendre comme une façon de penser autrement. J'ai adoré cette période de ma vie au CCNE, lors de laquelle j'ai pu observer de la part des membres une forme de courage, y compris de la part des religieux, dans le fait d'accepter de faire mourir une partie de ce qu'ils croyaient et considéraient comme une vérité au contact de récits reflétant la réalité. Je pense notamment à Chantal Deschamps, infirmière de terrain, dont la parole extraordinairement forte nous plaçait régulièrement face au quotidien vécu dans les hôpitaux. Je me souviens par exemple d'une discussion au cours de laquelle nous évoquions le retour à domicile de personnes après qu'elles avaient bénéficié d'un traitement à l'hôpital. Chantal Deschamps avait alors attiré notre attention sur le cas de jeunes SDF, dont le domicile était la rue. Elle parlait d'expérience et son témoignage me bouleversait chaque fois, bousculant toutes mes théories et m'obligeant à trouver une autre façon de mettre en correspondance ma logique avec ce vécu. Il m'apparaît ainsi que tous les membres, par-delà leurs spécificités, leurs disciplines, leurs compétences, sont aussi des personnes porteuses de leur âme.

Je souhaiterais aborder brièvement à présent la question des avis divergents. J'en ai produit un seul, dans le cadre de l'avis 94 sur la santé et la médecine en prison. Cette autosaisine faisait suite au drame d'une femme qui avait accouché menottée. J'avais alors eu un différend avec un membre du Comité, philosophe, qui pensait inutile, dans cette réflexion, de s'intéresser au sens de la peine et s'était exprimé dans ce sens dans le cadre d'une contribution complémentaire. Il me semblait important, à l'inverse, de réfléchir aux raisons pour lesquelles on emprisonnait les gens, à l'origine de certaines maladies contractées en prison, aux raisons de la détérioration de la santé des détenus. J'avais alors décidé de produire ma propre contribution.

Je considère cette possibilité d'exprimer ponctuellement une réserve, voire un désaccord, comme une vraie richesse pour le Comité. Je ne l'ai utilisée qu'une seule fois, car je me suis reconnu globalement dans tous les autres avis produits au cours de mon mandat ; mais le fait que cette possibilité existe et que personne (notamment les membres porteurs d'une foi) ne se sente prisonnier du vote d'une majorité est un élément extrêmement important.

Permettez-moi de revenir sur l'avis 100, qui a marqué la fin de mon mandat au CCNE. Il avait été prévu à l'origine que ce texte au numéro symbolique soit un avis sur le coût de la santé. Sur ces entrefaites, nous est parvenue une saisine nous demandant de produire en urgence un avis validant l'idée qu'il fallait autoriser la prise d'empreintes génétiques pour déterminer la filiation ou l'absence de filiation chez les migrants.

ALI BENMAKHLOUF. – Cette pratique était tout à fait scandaleuse.

HAÏM KORSIA. – Au-delà du sujet de la saisine, j'ai trouvé particulièrement scandaleux que les membres du CCNE reçoivent un courrier électronique leur faisant part de la nécessité de rendre un avis en urgence et leur demandant de valider un texte par simple retour de mail ! Je me suis opposé au fait d'avaliser, sans aucune discussion, un avis discriminant à l'égard des enfants migrants, en exigeant une correspondance entre leur ADN et celui de leurs parents. Or on sait pertinemment qu'en Afrique par exemple, existent des pratiques d'adoption intrafamiliales. Il en va de même avec la *kafala*, qui permet dans certains pays à une famille d'adopter un enfant d'un milieu défavorisé, qui devient son enfant alors même qu'il n'existe pas entre eux de lien génétique. J'ai trouvé ce procédé inadmissible et lors de la réunion plénière, nous avons été plusieurs à argumenter contre ce texte : le comité plénier a finalement voté contre le projet d'avis. Cela a passablement agacé l'Élysée, qui a fait part en 2009 au grand rabbin de France de son souhait de ne pas renouveler mon mandat au sein du CCNE ! J'ai donc quitté le Comité dans ce contexte...

Cette histoire m'a beaucoup fait réfléchir et j'en suis arrivé à la conclusion que nous n'étions pas là seulement pour apporter une réflexion biblique, une vision de l'Évangile ou du Coran au sein du comité, mais aussi pour être dans une véritable position éthique et avoir un regard critique. Réfléchir au sein d'une instance comme celle-ci signifie avoir l'honnêteté de reconnaître parfois que ce qui est exprimé dans un avis ne nous convient pas. J'ai tenu cette ligne avec bonheur et ai été presque heureux de partir à la suite de cet épisode, au cours duquel j'ai eu l'impression d'avoir été honnête. Peut-être les religions ont-elles aussi cette vocation : nous n'évoluons pas nécessairement dans les mondes universitaires souvent très codifiés et sommes en quelque sorte des éléments de lien entre tous, les « serviteurs des serviteurs » en quelque sorte.

MARION MULLER-COLARD. – La notion de « représentation », qui revient régulièrement, est pour moi source d'ambiguïté. C'est là d'ailleurs la première ambiguïté que j'ai cherché à lever lorsque j'ai reçu un appel de l'Élysée me demandant si j'accepterais d'intégrer le CCNE. Il se trouve en effet que j'appartiens à une communauté religieuse absolument impossible à représenter. Cela est sans doute vrai, à des degrés divers, pour chacun d'entre nous, mais tout particulièrement, me semble-t-il, pour le protestantisme. Représenter « les protestants » aurait été impossible, dans un paysage religieux extrêmement fragmenté. La guerre actuelle n'est-elle pas intrareligieuse plutôt qu'interreligieuse et les communautés ne sont-elles pas toutes fracturées par la ligne qui sépare ceux qui sont en capacité de douter et ceux qui sont enfermés dans ce que Paul Tillich, écrivain et théologien protestant (1886-1965), qualifiait de « forteresses de certitude » ?

Lorsqu'on se retrouve à siéger au CCNE, on doit être en capacité de douter, de faire le deuil de certaines convictions. La fraternité (pour employer un terme religieux) va pour moi au-delà des représentants des différentes familles spirituelles et philosophiques et se joue de ce côté de la ligne plutôt que sur la question de savoir dans quelle confession on se reconnaît. J'avais ainsi indiqué que, pour ma part, la représentativité n'était pas envisageable, ce à quoi il m'avait été répondu que ce n'était pas ce que l'on attendait de moi !

Au sein du CCNE, je participe, comme chacun des membres, à représenter la diversité, qu'il s'agisse d'une diversité disciplinaire ou religieuse. Je suis par ailleurs tout à fait d'accord avec Ali sur le fait d'assumer l'usage du terme « religion ».

En définitive, la question que me renvoie ma place au CCNE n'est pas celle d'une quelconque représentativité, d'une loyauté envers une communauté, mais plutôt de mon intégrité. Pour moi, le protestantisme est un fait de naissance, que j'ai choisi de poursuivre d'une façon particulière, c'est-à-dire non dans une position cléricale au sein de ma communauté, mais dans une situation disciplinaire, en tant que théologienne, comme ce fut également le cas pour Jean-François Collange, Olivier Abel ou France Quéré. Peut-être cette « esquive » disciplinaire est-elle d'ailleurs une manière d'éviter une forme d'embarras dans cette incapacité à représenter.

En réalité, cela me pose la question de la spécificité de ma discipline de théologienne protestante et me renvoie en premier lieu à une interrogation anthropologique. Dominique, Ali, Haïm, Frédéric et moi avons une approche anthropologique mâtinée de l'éducation (religieuse ou non) que nous avons reçue et de nos histoires spécifiques et cette teinte-là s'inscrit naturellement dans le jeu de la diversité.

Lorsque je prends la parole en revanche, j'essaie toujours de préciser à quel titre je m'exprime (c'est là qu'est convoquée la question de l'intégrité, mais aussi celles de la communication, de la visibilité, de la transparence). Il m'est ainsi arrivé de sentir que le protestantisme était abandonné dans ma prise de parole, alors qu'à d'autres moments il était présent. J'ai parfois ressenti que ma discipline d'une anthropologie biblique dominait et motivait ma prise de parole. Il m'a donc semblé nécessaire, à chaque fois, de me situer et de me rendre situable le plus possible pour mes interlocuteurs, que ce soit dans le cadre du comité plénier ou des groupes de travail.

Mais là encore, cette identification n'est peut-être pas si spécifique à nous autres, nommés au nom de notre « appartenance » aux familles religieuses ou philosophiques.

Parmi mes nombreuses expériences très enrichissantes au sein du CCNE, j'ai été corapporteuse du groupe de travail sur l'eugénisme (avis 138), avec une collègue scientifique non croyante. Notre dialogue a été passionnant, nous parlions à partir d'identités et de disciplines très différentes, et nous nous sommes cependant retrouvées dans quelque chose de l'ordre de la conviction plus que d'une croyance prescrite par une appartenance religieuse spécifique.

Cela me renvoie à l'un de mes grands sujets d'intérêt et de préoccupation, celui de la frontière entre croire et savoir. Nous ne sommes pas les seuls à être embarrassés par cette frontière et cette question du « croire » est centrale, comme l'a rappelé la crise de la Covid ! Or, lorsqu'on est « croyant », cette question nous taraude depuis la naissance et nous sommes habitués à nous interroger sur ce qui peut être commun et ce qui ne l'est pas. L'enjeu éthique entre le croire et le savoir est, me semble-t-il, celui du commun. Nous sommes toujours appelés, dans les prises de décision, à effectuer des « paris raisonnables », comportant une dimension de croyance et une part de raisonnable (j'entends par raisonnable davantage la notion de commun que la pure rationalité). Plus je travaille au sein du CCNE et plus il m'apparaît que le petit coup d'avance des familles religieuses réside peut-être dans le fait que nous avons conscience, à la différence de certains membres du milieu scientifique, de devoir travailler sur cette frontière croire/savoir. Qu'est-ce que je garde pour moi parce que de l'ordre de ma croyance particulière, qu'est-ce que je peux mettre dans le pot commun ?

Ainsi, s'il me fallait légitimer la raison de la présence de personnalités religieuses (cléricales ou non) au sein du CCNE, j'avancerais l'argument selon lequel ces personnes, contrairement à d'autres, savent quand elles croient et savent que lorsqu'elles croient, elles ne savent pas. Nous sommes extrêmement bien entraînés à cet exercice !

DOMINIQUE QUINIO. – Toutes les personnes, religieuses ou non, n'ont pas cette capacité…

MARION MULLER-COLARD. – C'est la raison pour laquelle j'ai précisé que le recrutement s'effectuait plutôt dans la partie intrareligieuse capable de douter…

FRÉDÉRIC WORMS. – Merci d'avoir organisé cette rencontre : cet échange est très important, dans la mesure où ce groupe, qui existe par le truchement de la loi, suscite de nombreux malentendus. Mais, l'un des risques de cette table ronde n'est-il pas, paradoxalement, de durcir ces malentendus par le fait même de nous réunir, alors que dans la pratique ce groupe n'existe pas en tant que tel ? Chacun de nous intervient finalement plus avec sa sensibilité d'ensemble et ses compétences disciplinaires qu'au nom d'une appartenance religieuse ou philosophique.

Au moment de la création du CCNE, le président de la République de l'époque avait considéré que la réflexion éthique ne pouvait pas être partisane et que, même si la décision législative était *in fine* prise au Parlement, les sujets concernés impliquaient d'autres enjeux, d'autres partages, d'autres débats et regards.

Le principe même de désigner des membres du CCNE choisis en raison de leur appartenance aux « principales familles philosophiques et spirituelles » doit être analysé. Le choix du terme « familles » est d'ailleurs intéressant : il suppose en apparence l'unité, mais peut-être en fait la discorde interne, comme dans toutes les familles ! Je pense que l'enjeu fondamental de ce groupe est lié au fait que l'une des fonctions du Comité d'éthique est de préserver la paix civile en France, sur des sujets qui peuvent entraîner des guerres de croyances, raviver des tensions entre laïcité et religions, mais aussi exprime la volonté d'associer toutes les sensibilités dans une même réflexion et d'éviter les conflits. Construire ce que les philosophes qualifient de « consensus entre doctrines raisonnables », c'est-à-dire des doctrines acceptant leur coexistence dans un même espace, n'est-il pas essentiel hier comme aujourd'hui ? Cela se place assurément, pour faire écho aux propos de Marion, du côté du doute, du non-fanatisme, de la volonté de construire un accord, un forum public pour en débattre. Le CCNE est ainsi un lieu de coexistence affichée des différences, ce qui est très nouveau en France et nécessiterait de le mesurer dans notre histoire politique. Créer un compromis entre laïcité et religions ! Mais on a oublié à quel point cette démarche était révolutionnaire, surtout de la part d'un gouvernement socialiste dont on aurait pu penser qu'il mettrait plutôt l'accent sur la laïcité. Aujourd'hui, la laïcité est devenue en France un sujet très clivant et l'existence de ce lieu d'échange et d'écoute me semble très importante en termes de paix sociale.

On pourrait toutefois être partagé dans la mesure où certaines religions ne sont pas, j'allais dire, « représentées », par exemple le bouddhisme, n'ayant pas la possibilité de manifester leur expression, dans un cadre de coexistence démocratique, sur des sujets touchant aux questions éthiques fondamentales, au sens que l'on donne à sa vie, à sa mort. Quel est le rôle de la philosophie dans ce contexte ? Cette situation est très curieuse pour moi, dans la mesure où je n'ai pas su précisément à quel titre j'étais pressenti pour siéger au sein du CCNE. Je n'ai, contrairement à vous semble-t-il, jamais été contacté par l'Élysée !

ALI BENMAKHLOUF. – Frédéric, moi non plus !

FRÉDÉRIC WORMS. – La présence de la philosophie dans ce contexte ne renvoie pas à une communauté de plus, à côté des autres. Dans le cadre des travaux du Conseil scientifique Covid-19, j'ai participé à quelques conférences téléphoniques en présence du président de la République, avec des représentants des différentes religions (dont des orthodoxes et des bouddhistes), mais aussi avec d'autres communautés telles que des loges maçonniques. Mais, quant à moi, je ne me sentais associé à aucune de ces « familles », pas même de la libre pensée. Lors de ces échanges, et dans le CCNE en général, j'ai eu l'impression d'être convié précisément au titre de représentant de ce que je qualifierais de « case vide » ! Je ne me ressens pas, au CCNE, comme représentant des libres penseurs et encore moins d'une sorte de courant qui s'inscrirait comme la religion dans une communauté philosophique particulière ! J'appréhende plutôt la « famille philosophique » (cela rejoint d'ailleurs la question de la laïcité et de la conception que l'on en a) comme une catégorie, ouverte, plurielle, permettant de déployer des arguments sans transcendance, de faire coexister les « doctrines raisonnables », dans un enjeu de démocratie, au sein d'un forum public.

Dans mon cas, il a été facile d'interpréter « famille philosophique » à la fois en tant que discipline (puisqu'il se trouve que je suis professeur de philosophie et que je pense avoir été sollicité pour un travail philosophique sur le soin, la vie et la mort, la bioéthique) et en tant que case vide parmi les « grandes doctrines compréhensives » de l'existence (pour reprendre les termes de Rawls).

À côté des religions, les humains construisent en effet des philosophies de la vie, qui disent, avec les moyens de la raison, ce que sont naître, mourir, se soigner, etc. Cela renvoie toutefois à une ambiguïté personnelle : représenter la philosophie ou être présent en tant que professeur de philosophie ?

Cette ambiguïté me semble intéressante, dans la mesure où elle nous concerne tous. Dominique, tu es, par exemple, souvent intervenue en tant que journaliste, pour attirer notre attention sur la dimension de communication autour des avis.

Cette expérience de huit années au sein du CCNE a été extrêmement riche et fondamentale pour moi : une expérience de parole libre, informée, personnelle, argumentative, raisonnable, parfois divisée, mais s'attachant à construire un cadre commun, reflétant des divisions de la société. Or cette fonction consistant à assumer les divisions de la société, y compris religieuses, apparaît comme un défi posé au CCNE, qui le rend absolument crucial. Tu as raison, Ali, d'affirmer qu'il faut assumer le religieux, précisément parce qu'il est potentiellement clivant et conflictuel. En effet, à côté de la fraction qui doute, évoquée par Marion, il existe de grands risques de non-coexistence.

Il me semble très important que l'on puisse échanger sur ce sujet aujourd'hui, mais il ne faudrait pas que le lecteur soit amené à croire qu'il existerait au sein du CCNE un groupe constitué, car ce n'est précisément pas le cas. Le but est plutôt d'essayer de montrer comment fonctionne réellement le Comité. Je n'ai pour ma part jamais eu l'impression d'intervenir au nom d'un groupe. Peut-être existe-t-il là une légère différence entre vous et moi, dans la mesure où vous devez assumer tous les quatre, contrairement à moi, une relation à une communauté de personnes dans cette société.

HAÏM KORSIA. – Nous ne représentons pas plus une communauté unique que toi, dans la mesure où, comme l'indiquait Marion à juste titre, les religions auxquelles nous appartenons sont morcelées, divisées.

Cette vision ne vaut pas, me semble-t-il, que pour les religions : Bernard Debré, par exemple, était-il là en tant que député ou comme médecin ? Chacun de nous apporte dans les débats la diversité de ses identités, au service d'une création nouvelle. Chacun de nous est multiple.

FRÉDÉRIC WORMS. – J'ai été corapporteur de l'avis 126 sur la PMA. Les débats ont permis à différentes sensibilités de s'exprimer, mais en réalité je n'ai entendu que des arguments philosophiques au sens large, et pas de propos doctrinaux, dogmatiques, s'appuyant sur des autorités ou des textes. Il me semble important que cette discussion serve à lever certains malentendus : la croyance est une forme d'argument sur un certain nombre de sujets, mais je n'ai jamais entendu quiconque dans l'enceinte du CCNE invoquer un dogme religieux comme devant faire autorité. Cela me semble fondamental : le CCNE est un lieu de discussion libre, de grande confiance dans la démocratie française et dans la démocratie en général. Il faut le souligner et il est important de montrer la réalité du fonctionnement du CCNE.

Faudrait-il faire évoluer ce modèle ? Je suis, pour ma part, assez partagé, ce modèle me semblant à double tranchant, car, d'une part, il laisse croire au public qu'il existe au sein du CCNE des représentants des religions. Mais, d'autre part, il apporte un aspect explicite de pluralité et de discussion éthique dans ce pays, qui peut-être désamorce certains conflits en les assumant.

DOMINIQUE QUINIO. – Lorsque j'ai succédé à Xavier Lacroix en 2016, je l'ai contacté pour lui demander de m'expliquer le fonctionnement de l'instance et la manière dont il avait appréhendé son rôle. Il m'avait alors conseillé de ne jamais me référer à un texte doctrinal et de simplement parler en raison.
J'ai toutefois entendu, au cours de la discussion autour de la fin de vie, l'un des membres du CCNE souhaiter que les « appartenants » à une famille spirituelle explicitent davantage leurs convictions.
J'ai en moi, ancrés dans mon histoire et dans ma formation, des repères que m'apporte l'enseignement social de l'Église : l'attention au Bien commun, au bien de tous, au regard des droits individuels ; le respect de la dignité de toute personne, l'attention aux plus vulnérables, le principe de solidarité…

HAÏM KORSIA. – Il ne s'agit bien évidemment pas d'arriver en citant le Talmud comme une parole de vérité qui devrait à ce titre s'imposer à tous. En réalité, le texte est un prétexte à une raison et est par définition contestable. Il ne s'agit que d'ajouter un argument. Ne pas utiliser le mot « religion » est étrange, mais ne plus oser citer ce qui fait notre foi l'est tout autant. Il faut simplement accepter l'idée qu'une contradiction est possible. D'ailleurs, le fait de croire comporte nécessairement une part de doute. Lorsque l'on dit qu'il pleut, les choses sont claires ; si en revanche on indique que l'on croit qu'il pleut, alors cela signifie qu'en réalité on l'ignore et que l'on formule cette hypothèse, avec un certain degré de probabilité qu'elle soit exacte. De même, lorsque l'on dit que l'on croit en Dieu, il faut accepter que ce doute existe. Il faut toujours mettre en rapport la raison et la foi. En vérité, une personne doctrinaire n'aurait pas pu rester dix minutes au CCNE.
Cela ne concerne d'ailleurs pas uniquement les questions comme la fin de vie ou la procréation. Je me souviens de discussions plus que houleuses survenues dans le cadre de deux débats organisés en région sur les nanotechnologies et les implants cochléaires, à l'occasion de la publication d'avis du CCNE sur ces questions (respectivement

avis 96 et avis 103). Nous nous étions alors aperçus que la radicalisation ne s'exprimait pas nécessairement là où on l'attendait ! Ainsi, concernant les implants cochléaires, la contestation portait sur le fait que le CCNE avait considéré qu'il était bénéfique pour certains enfants atteints de surdité de bénéficier de tels implants afin de leur permettre d'acquérir le langage et ainsi d'échanger. Or certains parents s'étaient violemment opposés à cette vision, estimant qu'il appartenait à la société d'apprendre la langue des signes et non aux enfants d'être appareillés pour devenir conformes à ce qu'elle considérait comme la normalité. Leur position était si doctrinaire qu'il devenait impossible de discuter avec eux ! Il est évident que celui qui n'accepte pas d'entendre les idées des autres n'a pas sa place au CCNE. Quiconque, en revanche, est en capacité de comprendre des visions différentes des siennes et d'accepter que ses propres idées soient contestées peut être membre actif de cette instance.

ALI BENMAKHLOUF. – Permettez-moi de réagir aux interventions précédentes en sept points très brefs.

Je suis tout à fait d'accord avec Haïm Korsia : évitons l'incarcération religieuse, veillons à ne pas enfermer les uns et les autres dans une appartenance religieuse. Finalement le législateur a très bien fait les choses en écartant la notion de représentativité.

Ce même législateur a également, de façon très judicieuse, fait cohabiter des « hyperlaïcs » (je représente l'un d'entre eux) avec des rabbins et des curés, c'est-à-dire utilisé toute la palette sociale concernant la religion. Il est important que les gens puissent s'exprimer religieusement à des degrés d'engagement divers, y compris en pointillé.

Si je n'ai absolument pas envie de parler de mon appartenance à l'islam, en revanche, j'accepte de parler de l'islam en relation avec les 9 ou 10 % de la population française. On peut simplement s'étonner que jamais aucun imam n'ait été désigné pour siéger au CCNE.

Cette désignation au titre d'une appartenance aux « principales familles philosophiques et spirituelles » marque en réalité, selon moi, la reconnaissance d'une sensibilité religieuse.

J'ai beaucoup apprécié l'expression de Marion disant qu'elle était « née dedans ». Je suis moi-même « né dedans » et n'ai jamais fait l'effort de quitter cette religion, tant j'ai été nourri par le sentiment de piété qui animait mes proches.
C'est ce qui me permet d'être devant vous aujourd'hui. C'est à eux que je dois tout et certainement pas en premier à la République française où sévit le drame d'une stigmatisation subie ici par les musulmans. Le travail en groupe est très important, car il permet de relativiser y compris cette appartenance. Je souhaiterais illustrer mon propos avec un exemple précis : il est ainsi arrivé que je me retrouve sur la même ligne que Claude Sureau, qui bien qu'engagé dans la foi chrétienne ne partageait pas le point de vue de Xavier Lacroix, professeur de théologie chrétienne et tout aussi engagé dans sa foi, sur la recherche sur l'embryon. Claude Sureau considérait en effet qu'il fallait créer des embryons pour la recherche en vue de la médecine fœtale, dans la mesure où les embryons surnuméraires utilisés jusqu'ici étaient issus par définition de couples rencontrant des difficultés à procréer, ce qui pouvait avoir des répercussions sur les résultats des travaux de recherche. Il ne voyait là aucune contradiction avec sa foi chrétienne. Je me retrouvais parfaitement dans ses propos et nous avions à ce sujet des débats houleux avec Xavier Lacroix. Malgré l'absence de consensus, ces discussions se sont toujours déroulées dans un climat de grand respect et d'écoute mutuelle.
J'aime beaucoup l'expression reprise par Marion concernant les « forteresses de certitude ». Je vois les débats intrareligieux qui animent l'islam et aimerais que l'on n'évoque plus des religions de manière monolithique. La part de doute est un élément extrêmement important. Une idée prévaut parfois selon laquelle les incertitudes seraient scientifiques et les certitudes religieuses. Je pense qu'il importe également de faire dialoguer les certitudes et les incertitudes religieuses.
Tu as beaucoup insisté, Frédéric, sur les compétences. Concernant l'éthique, je partage le point de vue de Haïm selon lequel il n'existe pas vraiment de compétences en éthique. Il y a certes des personnes compétentes nommées au Comité d'éthique, mais je pense

que l'éthique est un élément ouvert, à distinguer des déontologies, toujours professionnelles. L'éthique n'est ni une profession ni une compétence. Spinoza l'a dit mieux que moi.

Je ne suis enfin pas certain que le CCNE soit « le » lieu de la paix civile et du consensus. De nombreuses autres entités s'inscrivent dans le même type de travail que celui qui est effectué au CCNE. Je pense par exemple à des structures comme l'Office parlementaire d'évaluation des choix scientifiques et technologiques (OPECST), qui mène un travail très consensuel et produit des rapports sur la base de nombreuses auditions.

Ces points me conduisent à la conclusion que toute l'ambiguïté que nous avons soulignée témoigne finalement de la sagesse du législateur.

DOMINIQUE QUINIO. – Le travail collectif et le croisement des regards, rendu possible par la diversité disciplinaire qui caractérise le CCNE, sont très riches d'enseignements et font évoluer chacun dans ses convictions, ses certitudes et ses doutes. Le travail en groupe est passionnant et je trouve toujours très enrichissant le cheminement commun conduisant à l'élaboration des avis, car il permet véritablement d'exposer la complexité des sujets, de présenter les éléments de questionnement, les tensions, d'appréhender les points de butée. Bien souvent, les divergences apparaissent ensuite, lors de la formulation des recommandations.

Une question me perturbe depuis mon entrée au CCNE : comment aborder aujourd'hui dans notre société certains sujets sans être renvoyé à des positions extrêmes ? Par exemple, pour moi, des questions éthiques autour de l'avortement demeurent (inégalités sociales, inégalités territoriales, carences de l'éducation sexuelle et relationnelle, etc.). J'ai participé en 2020 au groupe de travail portant sur l'allongement du délai légal d'accès à l'interruption volontaire de grossesse et nous avons constaté qu'il y a, dans ce domaine, des questions qui doivent continuer à être posées. Mais il n'apparaissait pas possible d'aller au-delà du périmètre de la saisine : l'allongement du délai.

Du coup, je m'interroge sur le rôle du CCNE : a-t-il plutôt vocation à mettre en lumière des questions, des dilemmes ou à formuler des préconisations ?

Je regrette, pour ma part, que le travail foisonnant de réflexion mené pour élaborer l'argumentation et exposer les questionnements passe souvent inaperçu lorsque nous rendons nos avis, dans la mesure où l'attention des médias se focalise généralement sur les recommandations. Je ne suis bien évidemment pas opposée au fait de prendre des positions, mais déplore que le travail d'élaboration et de maturation préalable ne soit pas suffisamment valorisé, car c'est durant cette phase d'écoute, d'échange, voire de confrontation que chacun bouge dans ses convictions, ses certitudes et ses habitudes de pensée.

ALI BENMAKHLOUF. – Ce que tu décris reflète effectivement la magnifique alchimie qui opère au sein du CCNE, lorsque se produit ce que d'aucuns ont qualifié d'« agrégation des croyances ». Au fil du travail en commun, émerge peu à peu un consensus, qui ne résulte pas des positions de chacun, mais de leur évolution au contact les unes des autres, jusqu'à arriver à un propos dans lequel chacun peut raisonnablement se reconnaître et que les membres peuvent défendre dans leur grande majorité. J'ai pu expérimenter cela lors de l'élaboration de trois avis dont j'ai été corapporteur (avis 115, avis 116, avis 122).

LAËTITIA ATLANI-DUAULT. – Permettez-moi de recentrer un peu plus le propos, en tentant de définir ce qu'apporte au CCNE le fait d'avoir des membres désignés au titre de leur appartenance à des « familles philosophiques et spirituelles », mais aussi dans la perspective d'introduire ce modèle dans d'autres instances, y compris à l'étranger.

Vous avez, par ailleurs, souligné la bizarrerie que constitue le fait de ne pas avoir plutôt utilisé le terme de « religions ». Pensez-vous qu'une clarification sur ce point serait nécessaire pour lever l'ambiguïté que vous avez tous mentionnée ou estimez-vous que le législateur a bien fait les choses et que l'emploi de cette expression générique et floue est finalement pertinent ? La notion de « familles spirituelles » renvoie-t-elle exclusivement aux religions ? Pourquoi ne pas intégrer par exemple les orthodoxes ou les bouddhistes ? De même, qu'entend-on par « familles philosophiques » et à quelle communauté des libres penseurs appartient le membre nommé à ce titre au CCNE ?

MARION MULLER-COLARD. – Pour moi, le terme « spirituel » est euphémisant ; je n'ai pour ma part aucun problème à parler de religion. Sans répondre précisément à toutes ces questions, je souhaiterais m'exprimer sur la pertinence de notre présence au sein du CCNE. Je suis étonnée que nous n'ayons à aucun moment prononcé le mot de « sacré ». Nous sommes, en réalité, obligés de travailler la question du sacré commun, républicain, si l'on définit le sacré comme ce qui est intouchable sans que quelque chose d'essentiel ne soit détruit. J'ai l'impression que l'élément le plus sacré, qu'il nous est donné de préserver, est la vie. La difficulté réside toutefois dans la définition que l'on donne de ce mot. Tout le monde n'est pas d'accord sur ce qu'est la vie. C'est là que le sacré se réinterprète de façon différente, mais finalement pas tant d'une religion à l'autre : selon moi la fracture se situe ailleurs aujourd'hui. On est sorti des guerres de religion pour entrer dans une guerre du religieux (j'emploie ce terme dans le sens négatif de système de fabrique de sens exclusif, fermé sur lui-même). Or le religieux n'a plus rien à voir avec la question de la confession et de l'appartenance. Il est devenu une maladie cryptée, qui se manifeste dans l'incapacité à traverser le doute et l'incertitude. J'en reviens à la fameuse frontière que j'évoquais précédemment, dont l'islam fait les frais injustement puisque chaque religion a ses propres mouvements intégristes. Je suis moi-même très inquiète pour ma propre communauté et, au-delà, préoccupée par la montée conjointe du cryptoreligieux et de la pseudoscience. Je pense que le fait que ces deux phénomènes se développent de concert n'est pas un hasard. Cela résulte peut-être du fait que le sacré n'est pas travaillé en commun, de façon supraconfessionnelle. Aujourd'hui le religieux est diffus,

il avance masqué, de façon rampante. Je crois que c'est là que les religions historiques et la philosophie ont un rôle à jouer.
Cette question religieuse se manifeste partout, y compris dans le milieu scientifique.
Le fanatisme ne se joue pas de nos jours exclusivement dans le religieux. Je suis inquiète que l'on ne comprenne pas aujourd'hui que le religieux est un fait anthropologique qui dépasse de loin la question de l'appartenance et est en train de grignoter des terrains autres, y compris scientifiques. La pandémie nous en a apporté une illustration éclatante !
La société a un temps de retard lorsqu'elle reste focalisée sur les croyants institués, alors même que nous sommes souvent capables de douter et savons quand nous croyons. Je pense que si nous n'étions pas représentés au CCNE, tellement entraînés à cet exercice du doute par notre histoire, cela laisserait une place vide, manquante.
Je crois que nous portons un regard spécifique sur cette histoire du religieux et la façon dont il est en train de nous dépasser et dont nous prenons conscience avec énormément de retard. Nous sommes face à une anthropologie qui ne se comprend pas elle-même, parce qu'elle ne comprend pas ce qu'est le fait religieux.

HAÏM KORSIA. – En fait, le CCNE a popularisé l'idée selon laquelle tout débat sur les grandes questions touchant la société nécessite la présence des cultes. Imaginons qu'un débat se déroule sans la participation des cultes : aujourd'hui cela se remarquerait et serait souligné. Lors des discussions sur le mariage pour tous, les religions avaient été écartées ; il n'avait pas été jugé nécessaire de les auditionner. Cela avait conduit à ce que les extrémistes des religions descendent dans la rue, car cette parole n'avait pas pu être portée.
Le modèle créé par le CCNE est, d'une certaine manière, prophétique, dans le sens où l'organisation de la diversité suppose d'y intégrer la diversité des pensées, qui sont par nature irréconciliables, mais que le dialogue permet de faire se rencontrer, afin de faire société, de construire une pensée collective qui dépasse toutes les crêtes des

uns et des autres pour élever le débat. Il serait aujourd'hui impensable d'imaginer le CCNE sans la présence des cultes.
Le CCNE a permis non de tomber d'accord, en une forme de chute, mais d'élever la pensée. Les religions ont contribué à produire cette intelligence collective, l'idée étant d'accepter de porter une part de parole, simplement entendue et intégrée dans une pensée collective.

ALI BENMAKHLOUF. – Je défends l'ambiguïté, qui figure notamment dans l'article 16 du Code civil où il est question de la dignité. Il y est en effet indiqué que la loi protège la « personne », néanmoins sans définir ce terme. De même, on ne définit pas le « début de la vie », ni la mort qui est « constatée » et non définie.
Le législateur énonce des articles sans définition. Pourquoi nous mettrions-nous à préciser les notions ? Il faut pouvoir s'exprimer sous toutes les formes, sans précisément avoir à définir les termes.
J'ai noté, par ailleurs, dans plusieurs avis du CCNE, la présence d'un inconscient religieux dans l'expression « dignité intrinsèque », qui charrie le catholicisme dans des textes qui se prétendent pourtant neutres religieusement. Je vous renvoie à ce propos au magnifique ouvrage de Gilbert Hottois, *Dignité et diversité des hommes* (Vrin, 2009), sur le concept contradictoire de la dignité, mobilisé indistinctement par les partisans et les opposants de la PMA ou de l'assistance au suicide. La dignité est un véritable fourre-tout !
Il m'apparaît enfin que l'étalon de mesure de l'islam est désormais l'intégrisme, notamment dans les médias, si bien qu'il n'est plus possible de parler de cette religion sans la rapporter à un extrémisme. La seule question qui s'est imposée dans les médias est de savoir comment on se situe par rapport à l'extrême musulman. C'est la raison pour laquelle désormais j'évite tout débat public sur ces questions.

FRÉDÉRIC WORMS. – J'ai été très intéressé par l'analyse de Marion sur la notion de « sacré républicain ». Il s'agit d'un point important, que je ne formulerais toutefois pas exactement de la même façon. Le CCNE a quarante ans et s'est appuyé au fil des années

sur des repères communs, que nous avons explorés à l'occasion d'un travail mené sous la conduite de Pierre-Henri Duée. L'histoire est importante : une sorte de doctrine bioéthique française et mondiale se construit peu à peu, autour de certains repères partagés, qui servent de boussole à la réflexion éthique. Les sujets évoluent, mais un certain nombre de grands principes perdurent, qui constituent des invariants et une sorte de sacré commun. Il existe ainsi un consensus de base sur les repères, qui permet ensuite l'expression de désaccords sur les applications. Le modèle évolue à l'épreuve du temps, les sujets reviennent et les formulations changent ; mais les principes et repères construits au fil du temps perdurent.
J'ai évoqué les compétences, car je pense que nous avons besoin des médecins, des scientifiques, des juristes : leur apport est fondamental pour nous qui ne le sommes pas et pour la société. L'interdisciplinarité est une richesse. La compétence des philosophes est de montrer comment les arguments se rapportent à des principes, qui peuvent être opposés. Mais il ne s'agit pas de réduire quiconque à une compétence spécialisée ; et, inversement, il faut faire une place aux « compétences » générales, citoyennes, humaines, et la nouvelle composition du Comité le reflète d'ailleurs.

ALI BENMAKHLOUF. – L'idée était simplement de ne pas assimiler l'éthique à des compétences. Personne ne peut se prétendre éthicien, comme on dit très maladroitement aujourd'hui.

FRÉDÉRIC WORMS. – Il n'y a en effet pas de compétence spécifique en éthique, au sens où celle-ci est partagée par tous. Mais le Comité d'éthique incarne aussi l'idée selon laquelle on a besoin des savoirs, de tous les savoirs. L'interdisciplinarité et la force du collectif sont des éléments essentiels.

MARION MULLER-COLARD. – L'éthique se situe en effet dans le « pluri » plus que dans le « disciplinaire ». Notre compétence est d'être en capacité de contribuer à une élaboration commune.

HAÏM KORSIA. – J'ai constaté lors des discussions menées au sein du CCNE que l'on pouvait ne pas s'entendre avec quelqu'un sur un dossier, une idée, batailler sur des arguments, sans qu'il y ait de brisure des personnes. Il est très rare à mon sens de disposer d'un espace tel que celui offert par le CCNE, permettant, dans des situations d'antagonisme, de retisser un lien d'écoute, de débat et d'échange respectueux.

ALI BENMAKHLOUF. – Montaigne estimait préférable de parler par devis (au sens de deviser, renvoyant à l'aspect conversationnel de l'échange, qui n'est jamais fini) plutôt que par avis. L'idée sous-jacente est que la parole est à moitié à celui qui la prononce et à moitié à celui qui l'écoute. Il ne sert à rien de parler si personne n'écoute. On converse beaucoup au Comité d'éthique et l'on en sort complètement transformé, les mauvaises crispations étant absentes de ces échanges. On peut parfois garder de ces échanges le sentiment d'un magnifique dissensus, mais toujours fondé sur une grande honnêteté intellectuelle et un profond respect mutuel.

DOMINIQUE QUINIO. – J'ai pour ma part le sentiment d'une tâche passionnante, mais d'une lourde responsabilité, dont je n'avais d'ailleurs pas réellement conscience lorsque j'ai été nommée, une responsabilité vis-à-vis de moi-même, de ma famille d'appartenance et du CCNE lui-même dans son mode de fonctionnement.

FRÉDÉRIC WORMS. – Cette responsabilité, si lourde soit-elle, fait partie de la vie sociale et doit être assumée.

LAËTITIA ATLANI-DUAULT. – Je vous remercie vivement pour cette tranche de vie et d'échanges entre vous, reflet de la réalité souvent vécue au sein du CCNE. Vos témoignages ont souligné ce que pouvaient apporter des membres nommés au titre des « principales familles philosophiques et spirituelles », qui acceptent notamment de faire douter une partie de ce qu'ils croient pour construire, avec l'ensemble des membres, une intelligence collective, pour exprimer une parole libre, celle de personnes en capacité de douter et de quitter des « forteresses de certitude », peut-être plus aisément que d'autres.

En d'autres termes, ne s'agit-il pas de faire naître, dans une société laïque, un commun républicain où le sacré a toute sa place ? Le modèle développé depuis quarante ans par le CCNE est, à cet égard, prophétique.

QUATRIÈME PARTIE

Deux thèmes permanents de la réflexion : génétique et numérique

Les progrès des connaissances en génétique sont sources et moteurs de la bioéthique depuis la création du CCNE. En revanche, le numérique a progressivement pris une place dans les réflexions du CCNE, jusqu'à s'en émanciper avec la mise en place d'un comité pilote d'éthique du numérique en décembre 2019. Dans la poursuite de l'analyse du chapitre 7, on s'est interrogé sur les principes éthiques sur lesquels s'appuie la réflexion du CCNE dans ces deux disciplines et on a essayé de comprendre pourquoi le numérique avait pris une telle place dans les travaux du CCNE. Le chapitre 9 aborde la relation entre éthique et génétique. Le chapitre 10 souligne l'émergence des questions liées aux données de santé et du numérique dans la réflexion du Comité.

CHAPITRE 9

Éthique et génétique

Hervé Chneiweiss, Laure Coulombel

S'il est un domaine scientifique qui a révolutionné les sciences de la vie et la pratique médicale au cours des quarante dernières années, c'est bien celui de la génétique. Ces connaissances nouvelles ont jalonné l'histoire du CCNE.

En conséquence, il n'est pas surprenant de voir que plus de 25 avis du CCNE portent principalement sur des questions éthiques associées à l'usage de la génétique dans la recherche, à ses applications médicales à tous les âges de la vie (dès le stade embryonnaire préimplantatoire), ou sur les conséquences du diagnostic et de la prédiction de maladies d'origine génétique et le développement de nouvelles stratégies thérapeutiques (en corrigeant l'expression des gènes). Enfin, sont traitées les questions éthiques associées à l'usage sociétal de ces techniques pour établir la filiation, développer des applications industrielles et commerciales comme les tests en accès direct au consommateur. Les récentes avancées sur l'édition du génome, les stratégies vaccinales utilisant les ARN messagers ou les progrès en épigénétique nous annoncent déjà bien des débats à venir compte tenu de leur impact potentiel sur nos vies.

Un lien fort entre bioéthique et génétique

Les progrès des connaissances en génétique sont sources et moteurs de la bioéthique. Ainsi, lorsque le 19 avril 1971 apparaît pour le grand public le terme « bioéthique », c'est dans un article du *New York Times* intitulé « Man into superman : The promise and peril of the new genetics ». L'article fait référence au livre alors tout récent de Van Renselaer Potter, *Bioethics : Bridge to the Future*, où celui-ci définit la bioéthique comme « une nouvelle discipline qui combine les connaissances biologiques avec la connaissance des systèmes de valeurs humaines ».

On notera que lorsque la conférence générale de l'Unesco vote le 15 novembre 1995 la création du Comité international de bioéthique, elle demande dans le même temps au directeur général de préparer un instrument international pour la protection du génome humain : la Déclaration universelle sur le génome humain et les droits de l'homme[1].

Et ce n'est certainement pas un hasard si le 27 avril 2021, le tout nouveau conseil scientifique de l'Organisation mondiale de la santé (OMS) décida de consacrer son premier rapport aux avancées de la génétique dans le contexte de la pandémie liée à la Covid-19, aux bénéfices avérés de la médecine génomique (tests, vaccins, nouvelles thérapies), mais aussi aux questions éthiques soulevées par l'impact de ces technologies, en particulier le risque de stigmatisation et de discrimination, et les inégalités d'accès aux soins.

Soulignons aussi une très grande convergence des idées dans les textes de bioéthique concernant la génétique, à mettre certainement en relation avec la présence de personnalités clés à l'origine et au

---

1. Adoptée le 11 novembre 1997, puis l'année suivante par l'Assemblée générale des Nations unies pour le 50e anniversaire de la Déclaration des droits de l'homme.

développement de ces textes fondateurs et siégeant simultanément dans plusieurs instances d'expertise et de conseil[2].

> Pour mémoire, et pour simplifier notre propos, les termes « gène, génétique, génome, génomique » sont tous construits à partir de la racine grecque γένος qui signifie « naissance, origine ». L'information qui permet à nos cellules de se construire, de se maintenir, de se renouveler, de s'associer en organes et de former un organisme d'une espèce donnée, transmissible de génération en génération, est portée par une double hélice composée pour chaque brin chez l'humain de 3 milliards de molécules ayant un squelette d'acide désoxyribonucléique, l'ADN, une variation sur les quatre bases adénine (A), thymidine (T), guanine (G) et cytosine (C). Le gène est l'unité minimale de cette information et son étude est la génétique. La génomique est l'étude de l'ensemble des gènes d'un organisme.

Une impressionnante aventure scientifique et technologique

L'histoire de la génétique commence en 1857 avec les travaux de Gregor Mendel. Il en résultera les lois de Mendel publiées en 1866. Les années 1900 voient Walter Sutton proposer que les chromosomes portent les caractères héréditaires, puis Thomas Morgan montrer qu'un gène donné est porté par un chromosome particulier. Il faut attendre 1944 pour qu'Oswald Avery et ses collègues démontrent que l'information génétique est portée par l'ADN dont Erwin Chargaff en 1950 découvre la composition moléculaire (A, T, G, C), juste avant que Rosalind Franklin, Maurice Wilkins, James Watson et Francis Crick ne démontrent la structure en double

2. Par exemple, la réflexion sur la convention d'Oviedo, adoptée en 1997, et qui constitue à ce jour le seul instrument juridique international contraignant, fut initiée dès 1982 par un comité d'experts présidé par Jean Michaud, lui-même membre du CCNE.

hélice en 1953. En 1958, Marthe Gautier observe un chromosome surnuméraire dans le mongolisme qu'elle étudie avec Raymond Turpin et Jérôme Lejeune. Cette maladie deviendra la trisomie 21, première maladie d'origine génétique biologiquement caractérisée. Enfin, Arthur Kornberg, à partir de 1958, décrit les enzymes qui permettent la réplication de l'ADN et sa modification.

C'est au tournant des années 1970 que la révolution du génie génétique nous fait changer d'échelle grâce aux techniques de recombinaison de l'ADN, d'analyse de l'ADN, de séquençage, avec en parallèle un premier essor de la bio-informatique. Il en résulte des avancées scientifiques et médicales considérables. Le premier diagnostic prénatal d'une maladie humaine, la drépanocytose, est publié en 1976, le premier gène humain cloné, la bêta-globine, en 1977, et la décennie 1980 verra émerger le projet de cartographie et de séquençage du génome humain (achevé en 2003).

La description en 1988 par Kary Mullis de la PCR (*polymerase chain reaction*), réaction permettant l'amplification rapide et massive de fragments d'ADN, produit un nouveau changement d'échelle. La PCR permettra le diagnostic génétique prénatal et le diagnostic préimplantatoire, l'analyse des empreintes génétiques en médecine légale, ainsi que la mise en évidence de très nombreuses variations entre les différents génomes, mais aussi celle de séquences plus ou moins répétées (*copy number variants*), essentielles à notre compréhension des bases moléculaires de nombreuses pathologies. Associée à des techniques de marquage de fragments d'ADN, elle ouvrira la première tentative d'appropriation du génome humain lorsqu'en 1991 Craig Venter, au nom des Instituts nationaux de la santé américains (NIH), dépose une demande de brevet qui aurait permis, si elle avait été acceptée, l'appropriation de l'ensemble du génome.

Les deux dernières décennies ont vu l'émergence de techniques de séquençage à haut débit associées à une puissance bio-informatique inégalée. Le résultat est sans appel : le premier séquençage complet de l'ADN humain a nécessité treize années de travail (1990-2003), mobilisé 20 000 scientifiques et coûté 3 milliards de dollars, alors qu'il est désormais possible d'étudier l'ensemble du génome en quelques heures et pour quelques centaines d'euros.

Par ailleurs la description à partir de 2012 du système d'édition du génome CRISPR-Cas9 et ses évolutions permettent aujourd'hui des modifications de l'ADN efficaces, précises, rapides et peu coûteuses au point de faire déjà l'objet d'essais cliniques prometteurs pour le traitement des maladies génétiques rares et de certains cancers.

Ces révolutions techniques ont balayé bien des doutes sur leur potentiel et la fiabilité de leur usage qui apparaissent dans plusieurs des avis du CCNE. Mais les questions éthiques posées dès les années 1980 demeurent et n'en sont devenues que plus aiguës, plus pratiques, plus réelles. Les grands programmes nationaux de médecine génomique comme le plan Médecine France génomique 2025 en France ou Genome UK au Royaume-Uni le soulignent.

Une relation fondamentale aux droits de l'homme

De sa création à son avis le plus récent sur l'eugénisme (avis 138), le CCNE a régulièrement été critique de l'idée d'un « réductionnisme génétique » et d'un « déterminisme génétique » souvent entendus en écho à l'importance sociale accordée à l'hérédité.

Il est en effet essentiel de savoir que le génome ne détermine pas forcément le phénotype[3] d'une personne. L'expression des gènes est en effet aussi contrôlée par des facteurs issus de l'histoire propre de chaque individu et en particulier l'environnement social, culturel et physique au sein duquel il se développe : ce sont les facteurs épigénétiques[4]. Comme l'explique Richard Dawkins, « il n'y a pas plus

3. Les caractéristiques physiques d'une personne.

4. L'épigénome « regroupe les mécanismes de régulation par lesquels le génotype conduit à la diversité des phénotypes et au fonctionnement de la cellule et de l'organique [...]. Cette régulation est mise en œuvre au travers de marques épigénétiques qui sont de différentes natures : modifications chimiques de l'ADN lui-même, modifications des protéines autour

de correspondance biunivoque entre les morceaux du génome et les morceaux du phénotype qu'il n'y en a entre les miettes d'un cake et les morceaux de la recette[5] ». Pour le dire autrement et illustrer l'importance de l'épigénétique, deux jumeaux issus du même œuf (jumeaux monozygotes), dont le génome est copie conforme l'un de l'autre au départ, deviendront deux adultes autonomes et différents[6]. Notre environnement sculpte l'expression de nos gènes.

Par ailleurs, la connaissance du génome reste lacunaire et conduit souvent à surinterpréter l'importance des gènes déjà connus. De plus, la partie du génome qui « code » nos protéines, soit environ 25 000 gènes, ne représente que 2 % du génome. Nous ignorons encore le rôle de l'ADN dit « non codant » et beaucoup des mécanismes par lesquels notre environnement influe sur l'expression de nos gènes. Par ailleurs, à l'exception des maladies monogéniques à pénétrance complète[7], finalement assez rares, les variants de gènes (allèles) associés à certaines maladies ne révèlent qu'une probabilité accrue, et souvent marginale, de les développer. Le premier facteur de risque d'une maladie ce sont les inégalités sociales bien avant le risque génétique, les deux n'étant malheureusement pas exclusifs l'un de l'autre.

Dans ses avis, le CCNE inspire et s'accorde avec les articles 2 et 3 de la Déclaration universelle sur le génome humain et les droits de l'homme. L'article 2 de la Déclaration affirme que les caractéristiques génétiques d'une personne ne peuvent en aucun cas justifier des limites à la reconnaissance de sa dignité ou à l'exercice de ses droits, ce qui a pour corollaire l'interdiction des discriminations fondées sur les caractéristiques génétiques (article 6). On retrouve de fait ici

desquelles l'ADN est enroulé, régulateurs qui se collent à l'ADN et modifient l'utilisation ou non des gènes » (CCNE, avis 124, p. 15).

5. Citation issue de la note du comité éthique de l'Inserm, *De la recherche à la thérapie embryonnaire*, décembre 2017, p. 12.

6. Dans une ruche, toutes les abeilles ont le même génome, pourtant les ouvrières mesurent 1 centimètre et vivent deux mois là où la reine fait 7 centimètres et vit deux à trois ans. C'est la « simple » adjonction de gelée royale à la nourriture de la larve qui fait la différence.

7. C'est-à-dire celles pour lesquelles l'individu porteur de l'allèle morbide va nécessairement développer la maladie.

la Déclaration universelle des droits de l'homme du 10 décembre 1948 : « Chacun peut se prévaloir de tous les droits et de toutes les libertés proclamés dans la présente Déclaration, sans distinction aucune, notamment de race, de couleur, de sexe, de langue, de religion, d'opinion politique ou de toute autre opinion, d'origine nationale ou sociale, de fortune, de naissance ou de toute autre situation », à laquelle l'article 2 ajoute le critère génétique. Condamner le réductionnisme génétique, c'est souligner le danger des théories qui sous-tendent les visées eugénistes, croyance absurde qu'il existe de bons et de mauvais gènes et qu'il s'agit d'un critère pertinent pour décider quels individus méritent de vivre et les autres non. De la même manière, l'article 3 de la Déclaration rejette toute forme de déterminisme génétique qui peut conduire à l'idée que l'individu est génétiquement programmé dès le début de sa vie[8].

Les questions éthiques associées aux tests génétiques

Ayant affirmé plus haut que l'expression de nos gènes est dépendante de leurs interactions avec notre environnement, nous ne pouvons qu'être surpris de la réticence française au développement des tests génétiques, position régulièrement sous-jacente aux avis du CCNE. Ainsi lit-on dans son avis 46[9] « [un test génétique] comporte une entrée dans l'intimité d'une personne » et « peuvent être révélées des fragilités quasiment "constitutives", innées et non accidentelles, dont l'interprétation pour la représentation de soi-même ainsi que les conséquences pour sa vie présente et future ont une importance majeure ». De fait, la structure de l'ADN d'un individu présentera les mêmes caractéristiques toute sa vie. Ainsi, elles sont fortement

8. Comme le rappelait Axel Kahn, ancien membre du CCNE : « Un gène code une protéine et non un destin. »
9. CCNE, avis 46, « Génétique et médecine : de la prédiction à la prévention ».

identifiantes pour la personne elle-même, mais aussi pour ses proches apparentés appartenant à la même lignée génétique.

Contrairement au pragmatisme anglo-saxon qui donne le primat à l'autonomie de l'individu et fait devoir à la science et à la médecine de mettre à sa disposition toute l'information possible à partir du moment où l'individu y consent, le CCNE a toujours mis en avant la nécessaire prudence concernant la portée de l'information délivrable, la réalité du consentement à recevoir toute l'information et les conséquences de cette information sur l'individu et sur la société. Ainsi trouve-t-on au début de l'avis 124 : « Au-delà du changement d'échelle et de la prééminence d'une gestion de données personnelles qui risquent d'échapper à l'individu, c'est la nature des informations obtenues de ce séquençage, dont toutes ne sont pas sollicitées, et l'incertitude de leur signification pour la santé de l'individu qui nous confrontent aux vraies limites du savoir. »

Qu'est-ce qu'un test génétique et pourquoi le pratiquer ? Un test génétique a pour objectif de déterminer une anomalie au niveau des chromosomes (nombre et/ou structure) ou une variation de la séquence d'un gène responsable d'une maladie ou qui lui est associé (on parle alors de mutation). Ces tests peuvent être pratiqués à tous les âges de la vie pour rechercher l'origine d'une maladie avérée ou prévenir la survenue d'une maladie connue au sein de la famille[10].

Le test peut ainsi être fait sur un embryon *in vitro* (le test peut être pratiqué sur une seule cellule) pour éviter la naissance d'un enfant qui développerait rapidement une maladie d'une particulière gravité et incurable, c'est le diagnostic préimplantatoire (DPI). Le test peut être pratiqué plus tard sur le fœtus, ce sera un diagnostic prénatal (DPN), ou à partir du sang de la mère, c'est un diagnostic prénatal non invasif (DPNI).

Plus de 17 avis du CCNE abordent les différents enjeux éthiques des tests génétiques au fur et à mesure qu'ils sont devenus disponibles et au regard des techniques qui les ont permis. Au fil du temps et des

10. Une analyse génétique est aujourd'hui systématiquement faite sur les tumeurs cancéreuses et à la recherche de nombreuses maladies rares.

révisions successives de la loi relative à la bioéthique, l'encadrement strict de ces tests a été précisé en France.

L'utilisation de ces tests pour certaines visées est interdite. Ainsi, l'article 16-4 du Code civil interdit « toute pratique eugénique tendant à l'organisation de la sélection des personnes », le clonage reproductif[11], et son dernier alinéa prévoit qu'aucune transformation ne peut être apportée aux caractères génétiques dans le but de modifier la descendance de la personne en accord avec l'article 13 de la convention d'Oviedo (1997), ratifiée par la France.

L'utilisation des tests génétiques est liée à leur finalité : ils peuvent être entrepris uniquement à des fins médicales, de recherche scientifique ou à des fins judiciaires (article 16-10 du Code civil[12], le contenu de ces finalités étant ensuite strictement détaillé au niveau réglementaire[13]) et le fait de détourner l'étude des caractéristiques génétiques à d'autres fins est pénalement sanctionné[14], y compris le fait d'avoir recours aux tests génétiques disponibles *via* Internet[15].

On note une constance des avis du CCNE portant sur l'importance primordiale de l'information des personnes. Ainsi, dans l'avis 46 on peut lire :

> L'examen des caractéristiques génétiques d'un individu peut avoir, quel que soit son résultat, de profondes répercussions sur la vie du sujet qui s'y prête. Le respect de son autonomie exige qu'il ait une

---

11. Défini comme « toute intervention ayant pour but de faire naître un enfant génétiquement identique à une autre personne vivante ou décédée ».

12. « L'examen des caractéristiques génétiques d'une personne ne peut être entrepris qu'à des fins médicales ou de recherche scientifique. / Le consentement exprès de la personne doit être recueilli par écrit préalablement à la réalisation de l'examen, après qu'elle a été dûment informée de sa nature et de sa finalité. Le consentement mentionne la finalité de l'examen. Il est révocable sans forme et à tout moment. »

13. À l'article R.1131-1 du Code de la santé publique (CSP) : « Confirmer ou infirmer le diagnostic d'une maladie génétique, rechercher les caractéristiques de gènes susceptibles d'être à l'origine du développement d'une maladie chez une personne ou sa famille, adapter la prise en charge aux caractéristiques génétiques. »

14. Article L.1133-2 du Code de la santé publique.

15. Article 226-28-1 du Code pénal.

> compréhension aussi complète que possible des conséquences de sa décision de se soumettre ou non à cet examen.
> Une compréhension implique une information sur la nature de l'examen, la signification des résultats, l'existence d'une éventuelle prévention et d'une thérapie ainsi que leurs contraintes. Cette information doit être donnée par un professionnel ayant une bonne connaissance de la génétique médicale et être directe et orale pour permettre un dialogue puis consignée dans un document écrit.

Et l'avis 138 reprend la formulation déjà énoncée dans l'avis 107 concernant le DPN :

> [...] il importe de cultiver une éthique de l'annonce selon les trois critères établis [...] :
> - Pluralité des options, « une information a une réelle valeur éthique quand elle éclaire, sans le dicter, un choix qui reste ouvert sur plusieurs possibilités d'action. »
> - Neutralité, appelant à la plus grande précaution oratoire lors de l'évocation de la possibilité d'une IMG (interruption médicale de grossesse) : le simple fait d'envisager l'éventualité d'un arrêt de la grossesse peut produire un effet incitatif dans la mesure où, tacitement, le médecin juge la situation préoccupante.
> - Temporalité : le temps participe aux conditions d'une réflexion non contrainte.

On retrouve cette préoccupation dans la loi relative à la bioéthique qui veille à ce que la personne consente à un tel test en toute connaissance de cause, exigeant le consentement exprès écrit de la personne quant à la nature et à la finalité de l'examen[16]. Cette personne a également la possibilité de refuser, à tout moment, que les résultats de l'examen lui soient communiqués[17]. Par ailleurs, seuls certains laboratoires de biologie médicale autorisés[18] et des praticiens

16. Articles R.1131-4 et 5 du Code de la santé publique.
17. Article R.1131-19 du Code de la santé publique.
18. Article L.1131-2-1 du Code de la santé publique.

agréés[19] peuvent procéder à de tels examens et seul le professionnel prescripteur est habilité à communiquer les résultats[20].

La loi interdit toute discrimination en raison des caractéristiques génétiques (article 16-13 du Code civil et article 225-1 du Code pénal[21]), notamment dans le cadre des relations de travail[22] et les banques et assurances ne peuvent prendre en compte ces caractéristiques même si elles leur sont volontairement transmises par la personne concernée[23].

Impossible ici d'entrer dans le détail de chaque avis du CCNE, mais arrêterons-nous plus précisément sur trois questions particulières : le droit de savoir ou de ne pas savoir et l'information génétique de la famille (avis 76), le diagnostic génétique systématique de certaines maladies (avis 83 sur le dépistage de la mucoviscidose, avis 37 sur le dépistage de la trisomie 21, avis 86 sur le diagnostic des maladies génétiques) et enfin la question de ce qu'est une maladie génétique d'une particulière gravité et de l'eugénisme.

Quelle information génétique ?

Comme le rappelle l'avis 124, les connaissances actuelles de la séquence de l'ADN, si elles peuvent répondre à quelques questions, suscitent parallèlement beaucoup d'interrogations et même d'incertitude.

Commençons par les informations désirées, celles pour lesquelles l'examen a été prescrit ou sollicité. Ce sera, par exemple, la découverte

19. Article L.1131-3 du Code de la santé publique.
20. Article L.1131-1-3 du Code de la santé publique.
21. On retrouve un interdit similaire à l'article 21 de la Charte des droits fondamentaux.
22. Article L. 1132-1 du Code du travail.
23. Article L. 1141-1 du Code de la santé publique : « Les entreprises et organismes qui proposent une garantie des risques d'invalidité ou de décès ne doivent pas tenir compte des résultats de l'examen des caractéristiques génétiques d'une personne demandant à bénéficier de cette garantie, même si ceux-ci leur sont transmis par la personne concernée ou avec son accord. En outre, ils ne peuvent poser aucune question relative aux tests génétiques et à leurs résultats, ni demander à une personne de se soumettre à des tests génétiques avant que ne soit conclu le contrat et pendant toute la durée de celui-ci. »

d'une mutation dans le gène BRCA1 que l'on sait associée et causale d'une forme de cancer du sein. On parle dans ce cas de variant de signification connue (VSC).

Poursuivons avec les informations pertinentes, mais non sollicitées, appelées découvertes incidentes et/ou secondaires. En effet, une mutation connue comme associée à une autre maladie que celle pour laquelle le test a été initialement prescrit peut être découverte, la technique ne se limitant pas à analyser les seuls gènes liés à la maladie d'intérêt. Enfin, de très nombreuses variations de signification inconnue (VSI) sont également révélées par les tests génétiques. Les progrès de la génétique médicale éclaireront peut-être un jour le sens de ces variations : pure neutralité ou au contraire influence bénéfique ou néfaste sur l'origine et/ou l'évolution d'une maladie. En l'absence de certitude actuelle sur la signification de ces variants, quelle information délivrer ? Au regard des évolutions futures de nos connaissances de ces variants, faut-il ou non conserver les résultats et si oui comment et à quel coût en protéger la maintenance et en contrôler l'accessibilité ?

Par ailleurs, les informations génétiques ne sont pas strictement individuelles, mais familiales. De manière intéressante la dernière révision de la loi de bioéthique développe de façon très étendue et très précise dans ses articles 14 et 15 les modifications apportées à plusieurs articles du Code de la santé publique, et en particulier les articles L.1130 et L.1131, pour permettre au patient, quel que soit son état de consentir ou non, comme à sa famille, *via* le patient ou *via* le médecin, d'avoir accès à une information génétique pertinente pour sa santé[24].

24. Par exemple, article 14. – I : « [...] le secret médical ne fait pas obstacle à ce que les informations concernant une personne décédée nécessaires à la prise en charge d'une personne susceptible de faire l'objet d'un examen des caractéristiques génétiques [...] soient délivrées au médecin assurant cette prise en charge, sauf volonté contraire exprimée par la personne avant son décès » ou article L.1130-4. – I : « Par dérogation à l'article 16-10 du Code civil, lorsque la personne est hors d'état d'exprimer sa volonté ou lorsqu'elle est décédée, l'examen peut être entrepris à des fins médicales dans l'intérêt des membres de sa famille, potentiellement concernés, dès lors qu'un médecin suspecte une anomalie génétique pouvant être responsable d'une affection grave justifiant de mesures de prévention,

Ces dispositions complètent un système obligatoire d'information des membres de la famille lorsqu'une anomalie génétique grave[25] et qui peut faire l'objet de mesures de prévention ou de soins[26] est détectée (article L.1131-1-2 du Code de la santé publique). Cette information peut être apportée à sa famille directement par le patient ou, s'il refuse, anonymement par la médiation du médecin.

Cette procédure a été étendue aux enfants nés d'un don de gamètes ou d'un don d'embryons lorsque le donneur est la personne testée.

Le dépistage systématique des variants génétiques à l'origine de certaines maladies

En 1995 (avis 46), le CCNE faisait le constat suivant : « D'un côté, l'ignorance est rarement facteur de liberté, et la connaissance de sa susceptibilité à des affections évitables rend l'individu responsable d'en tirer les conséquences. [...] Il n'empêche que l'on ne peut manquer de s'interroger sur la signification réelle de l'exercice de sa liberté par une personne à laquelle ses prédispositions génétiques ne laissent que le choix entre une existence parfois terriblement contrainte ou des mutilations à visée préventive, et le risque d'une maladie incurable. » Cette réflexion prenait alors son sens dans le contexte d'une médecine prédictive relativement impuissante. Or les avancées récentes et celles qui apparaîtront dans un proche avenir permettent la mise en œuvre de stratégies préventives relevant de l'hygiène de vie qui pourraient avoir une incidence considérable

y compris de conseil génétique, ou de soins. Lorsque la personne est décédée, l'examen est réalisé à partir d'échantillons de cette personne déjà conservés ou prélevés dans le cadre d'une autopsie à des fins médicales. »

25. Définie par un arrêté du 8 décembre 2014 comme le risque de décès ou le risque de handicap sévère – en particulier le risque d'impossibilité d'autonomie à l'âge adulte.

26. Ce même arrêté précise que cette condition n'est pas remplie lorsque, selon une forte probabilité, l'affection diagnostiquée n'est pas susceptible, chez l'apparenté, d'un acte de soin permettant d'éviter la maladie, d'en retarder l'apparition ou d'en diminuer la gravité.

sur la santé et la qualité de vie des individus et sur les dépenses nationales de santé. Un diagnostic précoce devant la manifestation clinique d'un problème de développement, par exemple certaines maladies des muscles (myopathies) ou certaines formes d'autisme et de retard mental, permet dans certains cas une prise en charge précoce réduisant les effets délétères de la maladie, et peut, dans d'autres cas, permettre à la famille le recours au diagnostic préimplantatoire afin de sélectionner un embryon non atteint.

Nous voyons ici apparaître la question de savoir comment agir face à des variations génétiques dites « actionnables » (qui vient du terme anglais *action*), c'est-à-dire pour lesquelles une stratégie médicale préventive de la maladie à venir est possible. En 2013, le Collège américain de génétique et de génomique médicale a publié des recommandations d'obligation d'information au sujet/patient, que celui-ci en ait manifesté le souhait ou non, et quel que soit son âge, en cas d'analyse globale du génome de personnes, quelle qu'en soit la raison, pour une liste d'une cinquantaine d'anomalies génétiques, liste régulièrement mise à jour depuis.

L'attitude du CCNE est plus prudente et considère le droit de ne pas savoir comme essentiel. Les risques psychologiques peuvent expliquer la revendication d'un droit de ne pas savoir[27]. Il est donc important que la personne ait pu bénéficier d'un entretien psychologique au cours duquel elle réalise un travail d'anticipation d'annonce du résultat, tant la préparation psychique pourra renverser l'effet traumatique de l'annonce du résultat génétique.

Qu'en est-il alors d'une recherche systématique de ces mutations « actionnables » ? Le CCNE s'est toujours montré prudent sur une mise en œuvre systématique de ces possibilités de diagnostic. Ainsi, dans son avis 124 il considérait : « S'il devenait génétique et

27. L'annonce du résultat du test génétique conduit le sujet à réaliser un travail de deuil anticipé d'un avenir sur lequel il se construit ou s'est construit. Chacun de nous n'a pas le courage de l'actrice Angelina Jolie révélant être porteuse d'une mutation BRCA1 la prédisposant au cancer du sein et des ovaires et acceptant une chirurgie préventive mutilante extensive.

pangénomique, ce type de dépistage [...] soulèverait le problème de la liberté de l'enfant et du futur adulte », problème qui avait été envisagé dans l'avis 97 du Comité, au sujet du dépistage des porteurs hétérozygotes de la mucoviscidose : « Le CCNE recommande avant tout que le bénéfice d'un dépistage ait des conséquences pratiques pour le sujet dépisté. [...] Il s'agit de ne pas transformer un être humain en un être enfermé dans son statut génétique, avec le risque de sacralisation du gène que cela comporte. »

Le bénéfice pour l'individu et la société d'un dépistage précoce est aussi à mettre en balance avec le risque d'une société de la surveillance accrue et d'une remise en cause de certaines formes de solidarité.

Si le séquençage d'ADN pouvait permettre la mise en place d'une « prévention » précoce, ne se verrait-il pas associé à une surveillance de l'observance de ces mesures qualifiées d'hygiène de vie, vouée à devenir de plus en plus aisée grâce aux dispositifs médicaux connectés ? Comme le note l'avis 129 : « Même si l'attachement français aux principes de non-discrimination et de mutualisation du risque est fort, l'émergence de la médecine prédictive pourrait le fragiliser. La connaissance fine des risques individuels, si elle se révélait possible, pourrait ainsi entraîner un délitement, ou du moins un affaiblissement, de la solidarité et de la couverture mutualisée du risque santé, [...] nous place entre la valorisation, voire la récompense de comportements vertueux et la diabolisation, voire la pénalisation de comportements à risque. Pourrait ainsi s'estomper la distinction classique entre le risque subi né d'une hérédité non encore contrôlable et le risque choisi relevant du mode de vie. »

À l'occasion des débats des États généraux de la bioéthique de 2018, nous avons observé une évolution du CCNE, certes prudente, mais clairement plus ouverte, dans au moins deux contextes : le dépistage génétique préconceptionnel et le dépistage génétique systématique en population générale. Dans le premier cas, on lit dans l'avis 129 : « Le dépistage génétique préconceptionnel, dont le but est d'éviter une pathologie grave chez un enfant à naître, pourrait être proposé à toutes les personnes en âge de procréer. Ouvrir dans le cadre législatif le dépistage préconceptionnel limiterait aussi deux types de discriminations : (i) le recours, financièrement inaccessible pour certains, à des diagnostics auprès de sociétés privées dénuées de tout accompagnement médical ; (ii) une discrimination entre les familles à risque, bénéficiant de ce dépistage, et celles où une première naissance n'a pas révélé d'altération génétique. »

Concernant le dépistage en population générale : « Le CCNE souhaite que soit très rapidement mise en place une étude pilote de recherche opérationnelle portant sur plusieurs régions ou sur des tranches d'âge différentes et que soient évaluées les conséquences de cette extension en termes de santé publique, de retentissement psychologique et de coût. » Notons que le législateur n'a pas retenu à ce jour ces propositions, ce que note et regrette le CCNE dans son avis 138.

Retour sur l'article 16-4 du Code civil. Qu'est-ce qu'une pratique eugénique ? Faut-il envisager des modifications héritables du génome ?

L'avis 138 revient sur le mouvement historique du début du XXe siècle que fut l'eugénisme, et son cortège de drames, en Europe comme aux États-Unis, avec des stérilisations forcées de centaines de milliers de personnes jugées dangereuses pour la société, en particulier les malades mentaux, avant que le nazisme étende le massacre aux Juifs et aux Tziganes.

Pour juger de ce qui pourrait relever d'une pratique eugénique, le CCNE en donne une définition claire et précise qui doit réunir simultanément trois critères : un objectif explicite d'amélioration de l'espèce humaine par la sélection des personnes par élimination ou contrôle reproductif *via* une politique d'État coercitive. En conséquence, le CCNE déconstruit plusieurs mythes comme celui d'« eugénisme privé », qualifié de contresens concernant le choix des parents, à la suite d'un diagnostic prénatal d'une maladie particulièrement invalidante. En cohérence, le CCNE appelle à permettre un véritable choix libre des parents par le développement de mesures facilitant l'accueil d'un enfant handicapé ou malade avec des aides tout au long de la vie.

Soulignons également la rigueur de la démonstration lorsque l'avis aborde la question de la recherche des aneuploïdies, une anomalie du nombre de chromosomes, dans le contexte de l'assistance médicale à la procréation. Ces anomalies ne permettent pas un développement viable de l'embryon (sauf pour les trisomies 21, 13 et 18 et le syndrome de Turner, bien que la viabilité embryonnaire soit souvent compromise même dans ces derniers cas). Rejoignant l'analyse du comité d'éthique de l'Inserm, le CCNE conclut que « l'extension du DPI aux aneuploïdies relève de l'évaluation préimplantatoire de l'aptitude au développement embryonnaire ».

Deux avis récents, 133 et 138, abordent la question des modifications ciblées du génome grâce aux techniques dérivées de l'outil CRISPR-Cas9 et de leurs applications que ce soit chez l'homme ou l'animal. Tout en reconnaissant le potentiel thérapeutique vertigineux de la technique, déjà proche de la clinique pour certaines maladies rares du sang et certaines immunothérapies des cancers, le CCNE recommande plus de recherche fondamentale, s'inquiète des conséquences inattendues sur le bien-être animal ou sur les écosystèmes (en particulier pour la technique de forçage génétique appliquée aux animaux vecteurs de maladies), reconnaît que les questions éthiques des applications cliniques de ces nouvelles techniques sont, pour l'essentiel, comparables à celles déjà identifiées pour la thérapie génique, et surtout prône l'humilité comme contrepoids à l'hubris. Humilité scientifique nécessaire au regard de notre ignorance des mécanismes de réparation de l'ADN aux stades les plus précoces du développement, le zygote, comme notre ignorance des effets à long terme de ces modifications : stabilité du génome, effet sur d'autres gènes. Mais aussi humilité philosophique au regard de la longue durée de l'évolution de l'espèce face aux limites de nos connaissances actuelles et de citer Thierry Hoquet « l'adaptation est un brevet de viabilité et non de perfection. Il n'y a pas des vies qui valent mieux que d'autres, il y a simplement des vies qui vivent ».

S'associant au Comité d'éthique allemand (Deutscher Ethikrat) et au Nuffield Council britannique, le CCNE a publié une déclaration commune le 3 mars 2020 reprise dans la revue *Nature.* Focalisée sur les modifications du génome transmissibles à la descendance, cette déclaration commune appelle les États à mettre en place les législations et garde-fous juridiques pour encadrer toute utilisation de l'édition du génome transmissible. Elle appelle à interdire tout essai clinique tant qu'un débat sociétal n'aura pas arbitré les éventuelles applications acceptables, même si un jour les incertitudes scientifiques étaient levées et le contexte médical avéré. En cela, les trois comités n'excluent pas la possibilité un jour d'une application clinique portant sur la lignée germinale ou le zygote, mais ils affirment la primauté de l'éthique sur toute évaluation technique de la balance bénéfice-risque, l'importance de promouvoir la recherche fondamentale et surtout du débat sociétal.

Le gène comme produit thérapeutique

Tout commence au début des années 1980 lorsqu'à la suite de la loi Bay-Dole et de l'autorisation pour les universités américaines de breveter des découvertes, des chercheurs académiques quittent leurs laboratoires pour fonder des entreprises qui deviendront les géants américains du secteur. Les entreprises Amgen, Genentech et autres Biogen ont été créées en tant que prestataires de services pour faire d'une séquence génétique, telle que celle de l'hormone de croissance, de l'insuline ou des interférons, des produits pharmaceutiques à part entière.

Les connaissances sur le vivant, de même que les méthodologies utilisées pour les obtenir, sont devenues valorisables très rapidement, en termes de profits potentiels, mais aussi de créations d'emplois et de développement de la compétitivité nationale. La génomique a provoqué une remise en cause du rapport entre le secteur public et le secteur marchand, entre le concepteur académique à finalité de bien public et le producteur privé visant à satisfaire et à gagner un marché.

Depuis les révolutions américaine et française, le brevet est synonyme de progrès. C'est une contrepartie donnée à l'inventeur pour une durée limitée, en échange de l'apport durable de son invention au bien commun[28].

Mais le vivant est-il « inventable » ? Les procédés biotechnologiques recèlent une activité inventive incontestable. C'est à ce titre que des méthodes de fermentation sont brevetées à la fin du XIXe siècle, notamment l'utilisation d'une levure de bière dépourvue de contamination bactérienne par Louis Pasteur (en 1873), en France et aux États-Unis.

En 1930, le *Plant Act* aux États-Unis distingue, parmi les variétés végétales, celles qui n'auraient jamais existé sans l'intervention de l'inventivité humaine et sont donc brevetables, et les autres, qui ne le sont pas. En 1980, est jugée par la Cour suprême des États-Unis la demande contestée d'Ananda Chakrabarty devant l'US Patent and Trademark Office (USPTO), qui porte sur une bactérie mutée destinée à métaboliser le pétrole, et donc à dépolluer les surfaces souillées par les hydrocarbures. Par une seule voix de majorité (5 voix contre 4), la Cour suprême décide que ce micro-organisme, produit de l'ingéniosité humaine, nouveau et manifestement utile, peut faire l'objet d'un brevet. En 1985, la cour d'appel de l'USPTO déclare que tout ce qui pousse et vit sous le soleil grâce à l'ingéniosité humaine peut être breveté.

Mais peut-on inventer un gène ? La polémique éclate en 1991 lorsque les NIH tentent d'obtenir des brevets sur les *expressed sequence tags* (EST) que Craig Venter et son équipe venaient de mettre en

28. La loi américaine, votée par le Congrès le 10 avril 1790, et la loi française, adoptée par l'Assemblée constituante le 7 janvier 1791, sont les véritables points de départ de la législation sur la propriété intellectuelle.

évidence. Hubert Curien, ministre de la Recherche, écrit dans la revue *Science* pour protester contre cette tentative d'appropriation du monde naturel[29] et James Watson démissionne de son poste d'administrateur du NIH. Le CCNE produit l'avis 27 en décembre 1991 sur la non-commercialisation du génome humain. La demande de brevet n'ira pas plus loin.

La Directive européenne n° 98/44/CE, du 6 juillet 1998, sur la protection des inventions biotechnologiques va relancer le débat. Cette directive pose des principes forts de brevetabilité du vivant (article 3) y compris humain (article 5) : « 1. Le corps humain, aux différents stades de sa constitution et de son développement, ainsi que la simple découverte d'un de ses éléments, y compris la séquence ou la séquence partielle d'un gène, ne peuvent constituer des inventions brevetables. 2. Un élément isolé du corps humain ou autrement produit par un procédé technique, y compris la séquence ou la séquence partielle d'un gène, peut constituer une invention brevetable, même si la structure de cet élément est identique à celle d'un élément naturel. »

Le CCNE est saisi par le gouvernement dans le contexte de la transposition en droit français de cette directive. En effet, la première loi de bioéthique interdit la délivrance de brevets sur « le corps humain, ses éléments et ses produits, ainsi que la connaissance de la structure totale ou partielle d'un gène humain [...] en tant que tel ». Le CCNE (avis 84) ne voit aucune raison éthique de modifier son point de vue et plaide pour le maintien du texte français de 1994, arguant que « la connaissance sur le génome humain est à ce point fondamentale et nécessaire à son bien-être futur qu'elle doit rester disponible pour l'humanité dans son ensemble ». Les défenseurs des brevets répondent alors que le brevet n'empêche en rien les chercheurs de mener des travaux sur les séquences ou les gènes concernés et que le vrai ennemi du progrès de la connaissance, c'est

29. Hubert Curien, « The Human Genome Project and patents », *Science*, 1991, 254 (5039), p. 1710.

le secret[30]. À quoi le CCNE répond qu'« il peut arriver parfois que la privatisation de l'activité de connaissance sans régulation menace l'innovation ». Comme le CCNE le développera encore dans son avis 93 sur la commercialisation des cellules souches humaines, la question est de savoir si l'on accepte le brevet sur le produit ou si on limite le droit de propriété intellectuelle au procédé de production ou à l'application au sein desquels le produit est utilisé.

Au final, le principe de l'article 5-2 n'est pas repris en droit français puisque l'article L.611-18 du Code de la propriété intellectuelle ne reconnaît pas expressément la brevetabilité des éléments du corps humain, même isolés ; seule l'application spécifique des éléments isolés du corps humain est protégeable.

Des usages juridiques des techniques génétiques

Au cours des quarante dernières années, la génétique a été beaucoup utilisée pour identifier des criminels ou leurs victimes, faisant au passage le succès répété de plusieurs séries télévisées. Le CCNE en traite dès décembre 1989 dans son avis 17. Nous sommes d'ailleurs frappés, avec le recul et l'impressionnante avancée de la technique, des réserves majeures exprimées dans l'avis et portant sur la complexité de sa mise en œuvre, ainsi que la nécessité de multiples précautions et d'équipes hautement expérimentées, tout en reconnaissant que la méthode était à l'époque balbutiante. Mais si l'ADN permet d'identifier une personne, le CCNE a régulièrement répété qu'il ne déterminait pas cette personne, rappelant dans son avis 124 les errements du passé avec le « chromosome du crime »

30. Marc Vasseur, directeur général de Genset, ajoute : « C'est la privatisation de cette activité qui a permis son passage à l'échelle industrielle et qui a contraint le secteur public à investir davantage sur le génome pour soutenir la concurrence. Sans le privé le génome aurait été décrypté dix ans plus tard. Va-t-on se plaindre si on réussit à dépister plus tôt les maladies et les soigner plus vite ? »

ou des errements plus récents dénoncés dans l'avis 95 sur les problèmes éthiques posés par des démarches de prédiction fondées sur la détection de troubles précoces du comportement chez l'enfant.

L'analyse génétique a été utilisée également hors du domaine scientifique ou médical pour établir la filiation biologique avec un père ou plus exceptionnellement une mère : accès aux origines d'enfants adoptés ou nés sous X, preuve de paternité ou argument d'un divorce, autorisation ou non d'entrer ou de rester sur le territoire. Dans son avis 100, le CCNE donne le ton de sa vision éthique d'une telle utilisation de la génétique : « La filiation passe par un récit, une parole, pas par la science. L'identité d'une personne et la nature de ses liens familiaux ne peuvent se réduire à leur dimension biologique. La protection et l'intérêt de l'enfant doivent être une priorité quand il s'agit de décisions concernant la famille. »

L'influence croissante de la génétique comme grille de lecture de la parenté semble aujourd'hui inscrite dans le Code civil (article 310-3), qui précise que le tribunal doit chercher à déterminer par « tous les moyens de preuve » la filiation la plus vraisemblable. La preuve par l'ADN est désormais l'un d'entre eux, si bien que l'expertise génétique, qu'il s'agisse d'établir ou de contester la filiation, est devenue « de droit », la seule réserve étant que l'expertise génétique est impropre à contester les éléments constitutifs de la « possession d'état » puisque cette dernière relève d'une filiation sociologique et ne se fonde sur aucun lien biologique[31]. Mais comme la possession d'état n'a qu'un caractère subsidiaire, les juristes considèrent que l'expertise génétique est devenue, aujourd'hui, la preuve reine en matière d'établissement contentieux de la filiation[32].

Ces dispositions du droit français ont été confirmées par la Cour européenne des droits de l'homme (CEDH) en 2015 et 2016 : « l'intérêt supérieur de l'enfant » (selon les termes de la Convention internationale des droits de l'enfant de 1989) est prioritairement de

31. Voir l'article 311-1 du Code civil.

32. Jean-Hugues Déchaux, « Le gène à l'assaut de la parenté ? », *Revue des politiques sociales et familiales*, 2018, 126 (dossier « Formes de parenté »), p. 35-47.

savoir d'où provient son ADN. Cette promotion d'une parenté génétique est associée à une vision naturaliste et biologique de l'intérêt de l'enfant. Mais le droit français de la famille n'est pas monolithique puisque les lois plus récentes, qui autorisent les couples de personnes de même sexe à recourir à l'adoption (loi du 17 mai 2013), reconnaissent au contraire l'importance de la parenté intentionnelle.

Force est de reconnaître que dès son avis 17, le CCNE se montrait extrêmement réservé sur l'usage extrascientifique ou médical des analyses d'ADN : « L'utilisation des tests génétiques doit être strictement limitée pour des raisons de principe. S'il était admis que l'on puisse y recourir librement chaque fois qu'un intérêt quelconque s'attache à l'identification génétique des personnes, l'identité civile des citoyens deviendrait un objet de marché, suppléant l'état civil, ou constituerait un moyen de pression sur la personne elle-même, d'autant plus dangereux que l'identité biologique ou les conséquences tirées de la connaissance échappent au libre arbitre. Or ces conséquences se heurtent à des valeurs d'éthique sociale traduites, implicitement ou expressément, par les principes fondamentaux du droit des personnes. Ainsi, en matière civile et familiale, l'indisponibilité de l'identité civile et de la filiation, dont l'établissement ne requiert pas de preuve biologique, en dehors d'un procès, la sécurité du lien de parenté dans l'intérêt primordial de l'enfant, l'équilibre et la paix des familles, justifient que la preuve biologique ne puisse être rapportée que sous le contrôle du juge dans le cadre d'une action en justice relative à la filiation et juridiquement recevable. De même, utilisées dans la vie sociale, les techniques d'empreintes génétiques peuvent mettre en danger le système et l'autorité de l'état civil, le secret de la vie privée, le principe de non-discrimination en raison de l'ethnie ou de la parenté, ou la liberté du travail. »

Une conclusion qui ne peut être qu'une introduction…

Quarante ans de révolutions génomiques nous enseignent la prudence sur les lendemains qui nous attendent. L'essor de la médecine génomique et plus encore des connaissances sur la manière dont notre génome interagit avec son environnement, l'épigénétique, consolidera une nouvelle médecine aux dimensions préventives plus marquées grâce à nos connaissances des risques de l'exposome.

Mais si le contexte des connaissances va changer, les fondements éthiques posés au cours des quarante dernières années, les valeurs essentielles que le CCNE réaffirme d'un avis à l'autre vont rester.

La prudence vis-à-vis de la technique que nous avons pu regretter ici ou là, car rapidement balayée par les progrès des méthodes, nous apparaît *in fine* comme un appel salutaire à ne pas nous laisser aveugler par l'ivresse des possibles, par l'émerveillement de nos nouveaux pouvoirs, mais à toujours évaluer notre pratique au regard de ce que ces savoirs apportent à notre capacité à développer notre humanité, c'est-à-dire notre considération pour l'autre, notre attention à l'autre et notre capacité à porter remède à ses vulnérabilités pour l'aider à développer toutes ses facultés humaines.

Pour ce faire, l'information non biaisée et le débat sociétal seront toujours plus nécessaires, comme rappelé à l'issue de l'avis 129.

C'est qu'au-delà de tous les possibles de la génétique et des possibilités d'interventions techniques, notre nouvelle science ne nous dira rien des moyens d'agir contre les inégalités sociales qui restent et resteront le facteur dominant des risques pour la santé.

CHAPITRE 10

La bioéthique face à l'affirmation d'une éthique du numérique

Éric Germain, Emmanuel Didier

L'histoire de la création du CCNE (qui est précisée chapitre 1) l'associe au mouvement d'opinion qu'a engendré la naissance d'Amandine, le premier « bébé-éprouvette » français. Après le Royaume-Uni, l'Inde ou les États-Unis, l'exploit médical qui vient d'être réalisé ce 24 février 1982 suscite un intérêt médiatique considérable, mais aussi une inquiétude à laquelle les pouvoirs publics répondent diligemment en créant, dès l'année suivante, le CCNE. Celui-ci reçoit pour mission de suivre les capacités inédites ouvertes par les avancées des sciences de la vie et de la santé, certaines étant perçues comme capables de bouleverser radicalement l'être humain dans sa spécificité biologique, sa dimension sociale, voire métaphysique.

Quarante ans après, peut-on dire que ce sujet de la procréation médicalement assistée marque une rupture anthropologique majeure ? Depuis, d'autres questionnements se sont peu à peu imposés à la médecine, au soin et aux sciences de la vie dont ceux suscités par ce que l'on appelait l'informatique, et aujourd'hui le numérique. Une analyse statistique du vocabulaire utilisé dans les avis montre que ce thème a pris une importance croissante.

Dans les avis du CCNE, la fréquence d'usage du mot « données » permet d'évaluer l'évolution des réflexions sur l'informatisation de la médecine. Il apparaît 66 fois dans les rapports des années 1980, soit une fréquence d'usage de ce terme de 4,7 fois par séquence de 10 000 mots. Au fil des décennies, ce ratio augmente significativement, ce qui témoigne de l'affirmation d'une nouvelle thématique éthique au sein du CCNE. Le mot « données » apparaît 6,5 fois (sur 10 000 mots) durant les années 1990, 9,8 fois durant les années 2000 et 22 fois dans les années 2010. Dans cette dernière décennie, le mot « données » (*data*) est alors associé aux qualificatifs « massives », « informatiques », « numériques ».

Pourquoi le numérique a-t-il pris une telle place dans les réflexions du CCNE ? Les façons de le considérer ont-elles changé ? Comment les questions numériques ont-elles irrigué les autres thématiques abordées par le CCNE ?

En 2023, Amandine a une petite fille de 10 ans nommée Ava. Cette dernière est une *digital native*. La problématique majeure de la vie d'Ava sera peut-être moins la naissance de sa mère que le choix de la « continuation numérique » d'Amandine après sa mort biologique[1].

1983-2007

Le CCNE représentatif d'un monde médical plutôt circonspect face aux usages de l'informatique

Au moment de la création du CCNE, les premiers ordinateurs personnels font leur entrée encombrante dans les salons des foyers français. L'informatique, que l'on n'appelle pas encore numérique[2], pénètre progressivement nos espaces de vie domestique,

1. Voir « Les agents conversationnels et la mémoire des morts », chapitre 7 de l'avis 3 du CNPEN, *Agents conversationnels (chatbots) : enjeux d'éthique*, 9 novembre 2021, p. 14-16 ; https://www.ccne-ethique.fr/node/464?taxo=56.

2. Le numérique « a pour périmètre scientifique et technique l'informatique, une partie des mathématiques, de la physique et des sciences cognitives ; il inclut la robotique et l'intelligence artificielle » ; CNPEN, *Manifeste pour une éthique du numérique*, avril 2021, https://www.ccne-ethique.fr/node/466.

professionnelle, amicale. Les objets numériques ne vont cesser de se miniaturiser, de se diversifier et surtout d'accroître leur puissance de traitement de l'information, permettant à des applications disruptives de prospérer à une échelle mondiale.

Dans les dernières décennies du XXe siècle, ces développements suscitent plutôt de l'enthousiasme dans le grand public : l'informatique est perçue comme un domaine scientifique « adolescent », développé par des post-adolescents dans les garages de leurs parents, selon une mythologie naissante et qui sera entretenue à dessein outre-Atlantique pour son image décontractée porteuse de valeurs altruistes[3].

Pourtant, quelques inquiétudes se font jour. L'année 1974 voit se dérouler l'affaire dite SAFARI, du nom d'un fichier dans lequel l'Insee projette de regrouper toutes les informations individuelles d'une personne. Ce projet émeut l'opinion et incite le législateur français à voter en 1978 la loi relative à l'informatique, aux fichiers et aux libertés, qui instaure une autorité indépendante de contrôle : la Commission nationale de l'informatique et des libertés (CNIL). Mais la CNIL n'est pas un comité d'éthique, même si son action de « gendarme des fichiers » s'inscrit dans le cadre plus large de l'article 1 de cette loi de 1978 qui affirme que « l'informatique doit être au service de chaque citoyen [...] [et] ne doit porter atteinte ni à l'identité humaine, ni aux droits de l'homme, ni à la vie privée, ni aux libertés individuelles ou publiques ».

Les aspects inquiétants de l'informatique ou de la robotique sont alors principalement associés à leur rôle d'accélérateur d'un machinisme qui affecte déjà depuis plus d'un siècle le monde ouvrier, mais dont on commence à prendre conscience qu'il touchera bientôt celui des cols blancs. Les professions juridiques sont parmi les premières à s'intéresser aux enjeux de décisions de justice prises avec l'assistance de logiciels « raisonnants » (appliquant des moteurs

3. Fred Turner, *From Counterculture to Cyberculture : Stewart Brand, the Whole Earth Network, and the Rise of Digital Utopianism*, University of Chicago Press, 2006.

d'inférence) à partir de règles et de faits établis[4]. Cependant, la perspective du remplacement d'une justice humaine par un cyberjuge reste lointaine[5].

La médecine est également concernée par les systèmes dits experts qui sont développés à partir des années 1980. Le CCNE se prononce très tôt, et à plusieurs reprises, sur des questions liées à l'informatique et se montre assez réticent. L'avis 4 sur les registres médicaux est à cet égard très instructif. Le CCNE est saisi par le président de la Commission nationale des cancers sur les problèmes éthiques posés par les registres informatiques des cancers. En réponse, l'avis pose des conditions si drastiques pour l'établissement de tels registres que, *de facto*, il les rend irréalisables. Le rapport qui succède et explicite l'avis identifie deux problèmes éthiques entrelacés : la protection du secret médical et le consentement des personnes fichées. Le raisonnement peut surprendre aujourd'hui tant le rapport à la médecine a changé.

Le CCNE part de la prémisse à présent oubliée selon laquelle « chacun sait que la communication à un malade d'informations exactes et complètes sur le mal dont il est atteint est souvent inopportune ». Il cite en appui le Code de déontologie médicale qui dispose que « pour des raisons légitimes que le médecin apprécie en conscience, le malade peut être laissé dans l'ignorance d'un diagnostic ou d'un pronostic grave ». En effet, le médecin, dans une relation paternaliste bienveillante, était jugé savoir mieux que son patient si la nouvelle qu'il avait à lui annoncer lui serait profitable ou pourrait, au contraire, lui nuire (par exemple, en le démoralisant ou en le stigmatisant). Au début des années 1980, le médecin juge seul de l'opportunité de cacher au patient un diagnostic fatal comme un cancer. Il faut se souvenir qu'alors ce dernier n'a pas accès à son

4. Parmi les travaux pionniers, on peut citer : Reed C. Lawlor, « What computers can do : Analysis and prediction of judicial decisions », *American Bar Association Journal*, 1963, 49 (4), p. 337-344 ; ou Bruce G. Buchanan, Thomas E. Headrick, « Some speculation about artificial intelligence and legal reasoning », *Stanford Law Review*, 1970, 23 (1), p. 40-62.

5. En France, un premier ouvrage de référence a été publié par Danièle Bourcier : *La Décision artificielle. Le droit, la machine et l'humain*, PUF, 1995.

propre dossier médical, qui ne lui est communiqué que sur demande, si celle-ci est jugée recevable.

Dans ces conditions, le CCNE n'envisage pas la possibilité de demander à un patient de donner son accord pour communiquer ses diagnostics à un centre de traitement informatique – car la loi Informatique et liberté impose le consentement à l'informatisation –, sans lui annoncer le contenu effectif de ce diagnostic. Le CCNE conclut : « Le résultat souhaité (l'établissement de registres informatiques de cancers) ne peut être atteint que progressivement, par un effort continu d'éducation de l'opinion comme des praticiens. »

À la suite de cet avis, l'informatique se retrouve régulièrement parmi les thèmes abordés par le CCNE, mais jusqu'aux années 2010 la tonalité réticente des avis reste la même[6].

Pourtant, la société française s'habitue à vivre au rythme des ordinateurs. Elle s'équipe massivement de Minitel (pour « médium interactif par numérisation d'information téléphonique »), puis d'ordinateurs personnels. Les médecins suivent ce mouvement et adoptent peu à peu les technologies de bureautique, soutenus en cela par l'Assurance Maladie qui verse des aides à l'informatisation de la médecine libérale dans le cadre du projet SESAM-Vitale lancé en 1996. Cependant, dix ans plus tard, malgré cette politique incitative forte, l'usage de l'informatique se limite encore essentiellement à la transmission des feuilles de soins électroniques. Seuls 30 % des établissements publics hospitaliers disposent d'un système d'information hospitalier réellement efficace au tournant des années 2000[7].

---

6. Avis 18 sur l'état des études conduites par le Comité concernant les dons de gamètes et d'embryons ; avis 25 sur l'application des tests génétiques aux études individuelles, études familiales et études de population ; avis 77 sur les collections de matériel biologique et les données d'information associées ; avis 90 sur l'accès aux origines, l'anonymat et le secret de la filiation ; avis 91 sur l'informatisation de la prescription hospitalière et du dossier du patient.

7. Jean-Jacques Jégou, *L'Informatisation dans le secteur de la santé : prendre enfin la mesure des enjeux*, rapport d'information n° 62 (2005-2006) fait au nom de la commission des finances, déposé le 3 novembre 2005, https://www.senat.fr/rap/r05-062/r05-062_mono.html#toc16.

Les préventions des praticiens tranchent avec le monde de la recherche en biosciences qui perçoit très tôt les apports potentiels de l'informatique. La relation féconde qui se noue par exemple entre génomique et informatique aboutit en 2003 au séquençage « complet[8] » du génome humain.

Le mot « numérique », qui apparaît dans la langue française comme nom, et plus seulement comme adjectif, se propage au début des années 2000. Il acquiert une connotation de moins en moins idéalisée, au fur et à mesure que le côté libertarien de l'Internet des premières années s'efface au profit des logiques marchandes de multinationales regroupées sous l'acronyme Gafam[9].

Une ère que certains qualifient de « révolution numérique » s'ouvre véritablement en 2007, année du lancement du premier smartphone, l'« ordiphone » ou « terminal de poche », selon une terminologie que la Commission d'enrichissement de la langue française tentera en vain d'imposer. Cet ordinateur miniature, dont on se plaît à rappeler qu'il est 100 000 fois plus puissant que ceux qui ont permis à la mission Apollo 11 d'aller sur la Lune, est désormais en permanence dans notre poche. Bientôt sur notre poignet, dans notre voiture, réfrigérateur ou posé sur notre table de nuit, le numérique et ses objets connectés permettent à des individus, des sociétés privées, des États de pénétrer l'intimité de chacun.

Assez brutalement, des problématiques éthiques envisagées à un horizon lointain apparaissent beaucoup plus proches. Les progrès remarquables des technologies dites d'intelligence artificielle incarnent parfaitement le sentiment d'une accélération spectaculaire des capacités des outils numériques. Il existe désormais un nouveau champ de l'éthique à découvrir et peut-être même une forme d'éthique inédite à inventer ; cela n'est plus pour un futur lointain, mais bien pour aujourd'hui.

---

8. Il n'était complet qu'au regard des capacités technologiques de l'époque, qui laissent encore près de 15 % de gènes non accessibles au séquençage (voir chapitre 9).
9. Pour Google (Alphabet), Apple, Facebook (Meta), Amazon et Microsoft.

2007-2017

L'émergence d'une réflexion éthique spécifique sur les sciences et technologies du numérique

2007 est non seulement l'année du premier smartphone qui ouvre une nouvelle ère du monde numérique, mais également celle de la publication de l'avis 98 du CCNE sur la biométrie, les données identifiantes et les droits de l'homme. Il diffère de ses précédents avis qui ont abordé l'informatique essentiellement pour les questions de collecte et de croisement de fichiers de données médicales. L'avis 98 saisit toute la radicalité des bouleversements en cours, mais l'observe d'un œil qui reste clairement suspicieux.

Sur ce sujet de la biométrie, le CCNE cite le philosophe Paul Ricœur, qui distingue les deux aspects de l'identité que sont la *mêmeté* – c'est-à-dire l'objectivité des particularités morphologiques – et l'*ipséité*, la dimension subjective de soi comme sujet réfléchi où « nous rapportons nos expériences affectives et le sentiment intime de demeurer le même du début à la fin de notre vie ».

L'avis 98 parle beaucoup d'informatique, mais ne mentionne qu'une seule fois le mot « numérique » dans ce passage bref et essentiel sur l'*ipséité* qui s'inquiète d'« une tendance à la dissoudre dans une collection de données *numériques* et paramétrées ». La tendance lui apparaît d'autant plus alarmante que la « dimension intérieure et biographique », au sein de laquelle « nous rapportons nos expériences affectives et le sentiment intime de demeurer le même du début à la fin de notre vie », est celle qui « rend possible l'exercice de la liberté ».

En liant ainsi l'*ipséité* à la possibilité d'« exercice de la liberté » et à « notre perception de la dignité humaine », le CCNE met le doigt sur une problématique centrale du monde numérique. En 2007, notre société n'a pas encore connu l'extraordinaire développement des réseaux sociaux et nous sommes presque dix ans avant que l'usage généralisé d'émojis d'empathie et d'émotion – les « J'adore », « Wouah », « Haha », « Triste » et « Grrr » que Facebook ajoutera en 2016 au « J'aime » – ne permette à ces plateformes de connaître précisément le profil psychologique et politique de leurs utilisateurs. Cette prescience du CCNE est assez remarquable et l'enjeu est parfaitement résumé dans le paragraphe suivant :

> Quand se multiplient et se diversifient ces données, et que celles qui sont relatives à l'intimité et à la fragilité corporelles viennent s'entrecroiser avec celles d'autres zones de la vie sociale, elles-mêmes connues par d'autres intervenants à travers d'autres données liées à des comportements divers et recherchées pour d'autres intérêts, on s'interroge légitimement sur l'espace de liberté laissé à la personne, dans son « ipséité ». Là est la question éthique centrale.

L'avis 98 est aussi intéressant par la liberté de ton prise par une institution qui démontre son indépendance statutaire en n'hésitant pas à dire sa surprise d'entendre que les administrations « qui ont recours à ces techniques de plus en plus sophistiquées et performantes affirment, lorsqu'on les interroge, que rien ne justifie qu'ils apportent eux-mêmes des limites ». Le CCNE invite même la société à constituer des « contre-pouvoirs face à la généralisation abusive de la biométrie » pour animer un débat public qui ne laisse pas « le développement de la technologie et son utilisation à des fins sécuritaires empiéter sur la protection de la vie privée et les libertés fondamentales ».

Les usages les plus critiques émanent autant d'entreprises privées que de la puissance publique. L'année 2009 voit en France la généralisation du passeport biométrique, l'adoption par l'ensemble des académies de l'algorithme APB (Admission post-bac), ou encore le lancement par le Centre d'analyse stratégique d'un programme « neurosciences et politiques publiques » dont l'un des axes de recherche porte sur les techniques d'incitation (*nudge*), ces programmes informatiques censés inspirer à l'individu de « bonnes » décisions[10]. Pour autant, à l'exception d'APB, la plupart de ces applications ne suscitent pas le débat public que l'avis 98 appelait de ses vœux.

La mobilisation n'est pas venue de la société civile, mais du monde de la recherche, avec la décision du président de l'Institut national de recherche en informatique et en automatique (Inria) de mandater un groupe de chercheurs présidé par Claude Kirchner pour réfléchir à la création d'un comité d'éthique. Leur rapport, remis en mai 2009, note que le périmètre des sciences et technologies du numérique n'est pas couvert par le CCNE, mais qu'il semblerait naturel de travailler de concert sur certains sujets. Ce rapport assume d'ailleurs une filiation avec le CCNE en plaçant en exergue l'extrait d'un entretien donné en 2002 par Axel Kahn où il invite les scientifiques à participer activement aux discussions citoyennes avec un rôle propre « consistant à connoter positivement ou négativement un risque ou une action[11] ».

La profession de foi d'Axel Kahn est partagée par la vingtaine de chercheurs qui sont cooptés en 2012 au sein de la Commission de réflexion sur l'éthique de la recherche en sciences et technologies du numérique d'Allistene (Cerna)[12].

L'objectif affiché est de donner à la communauté scientifique les moyens d'articuler une réflexion éthique sur la science informatique, afin d'en comprendre les incidences et de laisser la possibilité de choix politiques et sociaux. La plupart des membres de la Cerna sont issus des sciences et technologies du numérique, même si quelques néophytes venus d'autres champs disciplinaires ont pu y trouver

10. Cette initiative pour « mettre la psychologie au service des politiques de santé et de protection de l'environnement » est très directement inspirée de la Behavioural Insight Team créée l'année précédente au sein des services du Premier ministre britannique.

11. Interview donnée au journal *La Croix* publiée le 18 mars 2002. Axel Kahn termine alors son second mandat au CCNE.

12. Allistene est une alliance scientifique créée en 2009 regroupant l'Inria, le CNRS, le CEA, l'institut Mines-Télécom, la CDEFI et la CPU (l'Inra, l'Inrets et l'Onera comme membres associés).

leur place. Il s'agit là d'une différence notable avec le CCNE (voir chapitre 3), qui n'est pas composé prioritairement de chercheurs et d'enseignants du monde académique.

Contrairement au contexte qui a donné naissance au CCNE, le premier comité d'éthique du numérique en France n'est pas issu d'un débat aiguillonné par une actualité médiatique forte. Il n'est pas créé par la loi avec une mission officiellement donnée par les pouvoirs publics. Sa singularité est d'avoir été initié par la communauté scientifique et de fonctionner avec des moyens financiers et humains extrêmement modestes. Il se distingue du CCNE ou de la CNIL par une structure administrative particulièrement légère, mais aussi par le poids de notre histoire nationale sans doute bien moins présent que pour ses deux aînées (l'importance du code de Nuremberg pour l'une ou la méfiance face à toute possibilité de fichage de la population pour l'autre).

Cependant, l'informatique et les sciences de la vie et de la santé développent des réflexions éthiques qui s'appuient sur une série de principes, en petit nombre, particulièrement proches. Aux différences de formulation près, bioéthique et éthique du numérique (ou « cyberéthique ») partagent les principes de respect de la dignité humaine et de l'autonomie, celui de non-malfaisance et celui d'équité ou de justice – tous les trois se retrouvant dans le rapport Belmont (voir chapitre 7). Par ailleurs, ces deux pratiques de l'éthique s'accordent sur l'importance donnée à la réflexion collective et pluridisciplinaire et s'attachent à évaluer les innovations scientifiques prises dans leur contexte d'usage pour déboucher sur des avis consultatifs et jamais conclusifs, cette responsabilité revenant au politique. La réflexion éthique identifie les tensions que ces innovations ne manquent pas de faire surgir entre les principes invoqués et cherche à les résoudre au moyen d'une évaluation des conséquences que l'on peut en attendre.

Toutefois, ces deux types de réflexions éthiques ne sont pas identiques dans la manière dont sont mobilisés ces principes et valeurs. S'exprimant sur cette différence, Raja Chatila remarque que si la bioéthique exige de la pratique médicale qu'elle vise le bien du patient, nul ne demande aux outils numériques de se soumettre à une telle exigence[13]. Ces derniers se contentent de répondre aux besoins des usagers en transformant de l'information. En ce sens, l'éthique du numérique est une éthique qui peut paraître plus triviale, mais qui est loin de l'être, tant cette technologie met en jeu, de manière radicale et universelle, le libre arbitre de l'être humain et le fonctionnement de nos sociétés.

C'est aussi l'opinion défendue par Christine Froidevaux et Gilles Adda[14], pour qui la différence entre bioéthique et cyberéthique provient du fait que, si les pratiques liées au soin parlent d'abord de l'humain, les outils numériques manipulent d'abord de l'information, qui soulève des problèmes singuliers. Ainsi, l'éthique du numérique pose des questions de surabondance ou d'« infobésité », en lien avec les problématiques de mésinformation et de désinformation. Elle s'inquiète de l'intrusion d'acteurs étatiques ou marchands dans la sphère privée ou familiale. Par ailleurs, le traitement de l'information engendre des questions liées à la transparence des dispositifs, formulées en cyberéthique en termes d'explicabilité (c'est-à-dire que le fonctionnement d'un outil doit pouvoir être présenté de façon compréhensible pour l'utilisateur). Il est nécessaire d'évaluer la qualité et la robustesse des outils (questions qui se posent aussi en médecine, mais où elles sont beaucoup mieux cadrées réglementairement).

Le sujet de la transparence se pose également en bioéthique, mais constitue un défi plus criant en éthique du numérique avec l'avènement d'algorithmes d'apprentissage dont il est excessivement difficile de comprendre le fonctionnement qui a conduit au résultat proposé.

Si la bioéthique et l'éthique du numérique partagent un même *vocabulaire*, issu notamment de la philosophie morale, il convient de considérer l'existence d'une *grammaire* propre à l'éthique du

13. Raja Chatila [CNPEN], « Bioéthique et éthique du numérique : une hybridation paradoxale », *in* Éric Germain, Claude Kirchner, Catherine Tessier (dir.), *Pour une éthique du numérique*, PUF, 2022.
14. Christine Froidevaux [CNPEN], Gilles Adda [CCNE, CNPEN], « Regards croisés sur la cyberéthique et la bioéthique », *in ibid.*

numérique. Cette spécificité complique le dialogue entre bioéthique et cyberéthique, alors que les sujets de préoccupation communs aux deux environnements se multiplient et que l'intérêt de collaborations croît.

Depuis 2017

Le défi d'une organisation de l'interaction entre la bioéthique et l'éthique du numérique

Le CCNE a longtemps été la seule voix française présente lors des rencontres internationales des comités de bioéthique et d'éthique des sciences telles que le NEC Forum, la réunion des comités d'éthique nationaux lancée par l'Union européenne fin 2002. Alors que ces rencontres sont amenées à traiter de plus en plus régulièrement de sujets extérieurs au domaine de la bioéthique, notamment de sujets liés au numérique[15], le CCNE prend l'initiative en novembre 2017 d'organiser la première rencontre des comités d'éthique institutionnels français (voir chapitre 4). L'objectif est de renforcer la connaissance réciproque, mais aussi d'étudier collectivement la manière de rendre plus audible la réflexion éthique conduite en France autour du principe central de l'interdisciplinarité. D'autres pays qui considèrent l'éthique comme un champ disciplinaire à part entière se trouvent dans une capacité d'influence bien supérieure, ce qui est particulièrement visible à l'échelle de l'Europe.

La dynamique ouverte par cette rencontre se traduit également, quelques semaines plus tard, par la nomination comme membre du CCNE du président de la Cerna Claude Kirchner qui se voit confier une mission sur le numérique, l'intelligence artificielle et la robotisation en santé, dans le cadre des États généraux de bioéthique du

15. Ainsi, le 23e Forum des comités nationaux d'éthique (NEC Forum) organisé en septembre 2018 par la présidence autrichienne du Conseil de l'Union européenne met en avant deux thèmes : « éthique de l'intelligence artificielle » et « éthique de la recherche et règlement général sur la protection des données ».

premier semestre de 2018. L'avis 129 qui, au mois de septembre 2018, émet des propositions sur la révision de la loi de bioéthique et suggère aussi d'« aider à la préconfiguration d'un comité d'éthique spécialisé dans les enjeux du numérique[16] ».

L'avis du CCNE reprend une préconisation majeure du rapport Villani, « donner un sens à l'Intelligence artificielle, pour une stratégie nationale et européenne », de mars 2018[17].

La mission parlementaire, initiée par le Premier ministre, propose en effet d'« instaurer, dans un cadre institutionnel, un Comité consultatif national d'éthique pour les technologies numériques et l'IA ». Le rapport Villani préconise un comité distinct du CCNE pour les sciences de la vie et de la santé, mais envisage néanmoins que les deux institutions aient des membres et des avis communs. Il appelle surtout le futur « CCNE numérique » à s'inspirer de la « démarche intéressante d'ouverture sur la société » du « CCNE santé » qui renforce le débat public en constituant « un échantillon de citoyens représentatifs de la population française chargés de donner leur point de vue sur les sujets traités[18] ».

Dès 2018, quelques membres de la Cerna collaborent aux travaux qui aboutissent à l'avis 130 du CCNE sur les données massives en santé, publié en mai 2019. Cette association contribue sans doute à une approche plus positive sur les bénéfices de l'informatisation des données de santé dans cet avis qui estime qu'« on ne saurait adopter une position hostile à ces technologies numériques [...] car elles peuvent bénéficier à la santé de tous et à la rationalisation des coûts ». De manière plus générale, le Comité exprime « la certitude que de nouveaux équilibres doivent être

16. Le 14 décembre 2017, un collectif de dirigeants d'instituts scientifiques publie une tribune dans *Le Monde* appelant à la création d'un « Comité consultatif national d'éthique (CCNE) pour les sciences, technologies, usages et innovations du numérique, susceptible de suivre en continu l'évolution rapide de ces problématiques ».
17. Cédric Villani, *Donner un sens à l'intelligence artificielle. Pour une stratégie nationale et européenne*, 8 mars 2018, p. 155 (en ligne sur www.vie-publique.fr).
18. *Ibid.*, p. 156.

trouvés dans l'exercice d'une démarche éthique qui doit accompagner les conséquences qu'introduisent les sciences et les techniques du numérique ».

La question institutionnelle est tranchée en fin d'année suivante par le Premier ministre, qui crée le CNPEN et le place sous l'égide du CCNE. Il lui est demandé de mettre en œuvre « une démarche pilote qui préfigurera l'organisation à privilégier pour connaître des questions de l'éthique des sciences, technologies, usages et innovations du numérique et de l'intelligence artificielle, en capitalisant pour cela sur l'expérience et le savoir-faire du CCNE ». Cinq de ses vingt-sept membres, dont son président Claude Kirchner, sont également membres du CCNE et la moitié des membres du CNPEN sont issus de la Cerna, désormais mise en sommeil.

L'histoire du CNPEN, lancé en décembre 2019, est concomitante de la pandémie de Covid-19. Il s'est rapidement trouvé sollicité dans l'urgence par le gouvernement pour émettre des avis sur les applications de « traçage » de la population. Alors que la réflexion éthique sur le numérique était le plus souvent de nature prospective, elle se trouve désormais liée à la temporalité de décisions imminentes. Dans ces circonstances, doit-on accepter de répondre dans l'urgence à des questions complexes ? Est-il possible en très peu de temps de rassembler une information raisonnablement complète et de se prémunir de toute instrumentalisation ?

Ce risque a été perçu tant par le CCNE que par le CNPEN, qui très rapidement ont été saisis de sujets à forte dimension politique, notamment autour de potentielles atteintes à la protection de la vie privée, de restrictions de libertés[19] ou de lutte contre la mésinformation et la désinformation[20]. La responsabilité ressentie a été d'autant plus forte que la sollicitation par les pouvoirs publics a été importante. En deux ans, les deux comités ont publié pas moins

19. « Enjeux éthiques lors du déconfinement : responsabilité, solidarité et confiance », CCNE, 20 mai 2020.
20. « Enjeux d'éthique dans la lutte contre la désinformation et la mésinformation », CNPEN, 21 juillet 2020.

de 14 contributions, dans des conditions de travail compliquées et souvent dans l'urgence[21].

La crise sanitaire a mis en exergue l'importance de positionner avec justesse le rôle que peut jouer une réflexion éthique dans le débat public. Elle a aussi révélé certains principes avec une acuité toute particulière, parmi lesquels on peut citer l'équité, la solidarité et la question centrale de l'autonomie.

Le principe d'autonomie de la personne implique la possibilité d'un choix éclairé et libre, associé au recueil de son consentement. Les mesures de restriction des libertés individuelles et collectives – imposées à partir de mars 2020 au nom d'objectifs de santé publique – ont pris des formes inédites : confinements, port généralisé du masque, passe sanitaire, puis vaccinal, suivi numérique des personnes.

Dans ce contexte, les avis du CCNE et du CNPEN ont régulièrement rappelé l'importance d'expliquer et de rendre intelligibles ces contraintes, ainsi que de respecter le principe, tout aussi éthique que juridique, de proportionnalité des atteintes aux libertés publiques.

L'idée de proportionnalité n'est d'ailleurs pas très éloignée de celle d'équité, avec l'exigence d'une attention particulière à porter aux plus vulnérables. Les membres du CCNE qui ont participé aux travaux du CNPEN consacrés à la « fraternité numérique » se sont sentis en parfaite familiarité avec cet enjeu éthique très présent en santé publique.

Début 2020, alors que beaucoup de solutions de gestion de la pandémie reposent sur des technologies numériques, la problématique d'accès à ces outils devient majeure.

Ce que l'on appelle la fracture numérique, ou l'illectronisme, représente un risque d'exclusion sociale particulièrement inquiétant dans ce contexte inédit de confinement[22].

---

21. Jean-François Delfraissy, Claude Kirchner (dir.), *Questions d'éthique au temps de la Covid-19. Avis du CCNE et du CNPEN 2020-2021*, La Documentation française, 2023, voir note 10 p. 141.
22. Si l'illectronisme est très vite considéré comme un sujet d'éthique de toute première importance, la dimension inverse d'une surexposition aux usages du numérique, particulièrement pour les enfants et les adolescents, n'a été vraiment perçue qu'après les périodes de confinement.

Le CCNE rappelle dès mars 2020 l'importance de veiller aux « groupes les plus précaires et les plus fragiles (personnes en situation de grande pauvreté, SDF, personnes en situation de handicap ou souffrant de maladies psychiatriques, migrants, prisonniers...) » qui souvent sont les mêmes populations pour lesquelles les solutions numériques se montrent les plus inadaptées[23].

La question de la distance physique mise dans les relations interpersonnelles fait l'objet d'une réflexion éthique critique, mais le contexte conduit aussi à la regarder sous un jour nouveau, que cela soit vis-à-vis de parents âgés[24] ou dans la relation de soin médical propre à la télémédecine[25]. En temps normal, la réflexion éthique identifie des tensions entre des principes moraux et entre des valeurs individuelles et collectives. Mais dans une « éthique par temps de pandémie », ces tensions se trouvent exacerbées, par exemple entre principe d'autonomie et exigence de solidarité ou, à une échelle internationale, entre intérêt national et solidarité internationale.

Le contexte de pandémie a renforcé les collaborations entre CCNE et CNPEN et même des saisines communes[26]. Néanmoins, les relations entre les deux comités restent encore assez indécises. En 2019, le Premier ministre avait demandé au président du CCNE de lui dessiner des pistes concernant l'avenir du CNPEN. Lors d'un séminaire rassemblant en juin 2021, pour la première fois, les membres du CCNE et du CNPEN ont été discutées la possible réorganisation des deux structures et leurs relations respectives. Ce faisant, ils soulevaient des questionnements plus profonds. Existe-t-il une seule éthique commune à tous les domaines de l'activité humaine et quelles que soient les technologies mobilisées, ou bien y a-t-il une éthique plus

23. « Enjeux éthiques face à une pandémie », CCNE, 13 mars 2020.
24. « Le renforcement des mesures de protection dans les Ehpad et les USLD », CCNE, 30 mars 2020.
25. « Enjeux d'éthique liés aux outils numériques en télémédecine et télésoin dans le contexte de la Covid-19 », CNPEN, 21 juillet 2020.
26. Une saisine du Premier ministre sur les conséquences éthiques de l'usage de l'intelligence artificielle dans les diagnostics médicaux ainsi qu'une autosaisine conjointe sur les plateformes de données de santé ; ces deux avis n'ont pas été publiés à la date de la rédaction de l'ouvrage.

spécifique par domaine d'activité ? Dans un cas, il serait souhaitable de ne faire qu'un seul grand comité ; sinon, la division s'impose. Une autre question soulevée à l'occasion du séminaire commun, loin d'être triviale, portait sur la légitimité de la parole éthique : le CCNE peut-il partager celle qu'il a patiemment construite durant quarante ans sans que cela lui nuise, ou bien le « numérique » doit-il se forger seul la sienne propre ? Cette question pousse à agir avec prudence et circonspection dans la transformation d'institutions qui contribuent, avec d'autres, à construire une réflexion éthique nationale.

Sans attendre que le comité « provisoire » d'éthique du numérique ne se transforme en une institution pérenne et que son lien institutionnel avec le CCNE ne soit décidé par l'autorité politique, ses membres ont ressenti le besoin de publier un *Manifeste pour une éthique du numérique*[27]. Ce texte bref diffusé en avril 2021 affirme que la particularité de l'éthique du numérique réside dans la nécessité d'« interroger en permanence nos valeurs à l'aune de situations inédites d'usage des technologies, avec une dimension radicalement nouvelle d'ubiquité et d'universalité de leurs effets ».

Mais il dit aussi ce que le CNPEN partage très fortement avec le CCNE : cette *visée* dont parle Paul Ricœur et que le *Manifeste* décrit plus en détail comme une « réflexion continue, évolutive, nourrie par l'histoire de la pensée et liée à une culture » qui « identifie et interroge les valeurs et les normes, met en évidence leurs éventuels conflits, pour éclairer des choix individuels ou collectifs ». Ces choix collectifs se prennent aujourd'hui essentiellement dans un cadre européen et international, ce qui implique un effort particulier pour participer aux initiatives multilatérales[28] et renforcer les partenariats avec les comités étrangers.

---

27. CNPEN, *Manifeste pour une éthique du numérique*, avril 2021, https://www.ccne-ethique.fr/node/416?taxo=56.

28. À noter qu'un membre du CNPEN était présent dans le Groupe d'experts de haut niveau sur l'IA formé par la Commission européenne en juin 2018 ; dans le domaine essentiel de la standardisation, Raja Chatila a également présidé au sein d'IEEE la Global Initiative on Ethics of Autonomous and Intelligent Systems et a supervisé la rédaction du rapport *Ethically Aligned Design* (disponible en ligne).

Le CCNE a aidé le CNPEN à nouer des relations avec les comités d'éthique d'autres pays européens. Il a également facilité l'entrée dans des cercles institutionnels comme celui de la réunion trilatérale annuelle des comités de bioéthique français, allemand et britannique ou du NEC Forum déjà cité. On peut aussi noter sur les questions propres au numérique une relation ancienne avec la Commission de l'éthique en science et en technologie de Québec.

L'enjeu de ce rayonnement international est également d'expliquer à d'autres pays, voire de les faire adhérer à une approche « française » de la démarche éthique qui est loin d'être universellement partagée. Cette démarche consiste d'abord à expliciter des postulats, souvent implicites, mais qui se révèlent étonnamment impensés. Dans le domaine du numérique, elle est d'autant plus complexe que l'éthique y est *réflexive*, avec un cadre d'analyse en constante évolution. Lorsqu'à la fin des années 1940 le mathématicien Norbert Wiener popularise le terme de cybernétique, il met en avant le principe essentiel de la rétroaction (*feedback*), qui rend possible la modification d'un postulat au cours du temps.

Les travaux menés dans le cadre de la Cerna, puis du CNPEN, montrent qu'il existe bien, à nos yeux, une éthique du numérique, mais qu'il serait illusoire, voire dangereux, d'accepter de labelliser et créditer un numérique qualifié d'« éthique » comme nous y poussent à la fois les pouvoirs publics et les industriels du secteur.

Il est important de rappeler qu'à sa création, le CCNE s'est penché sur la question de la *personne humaine* qui est restée, depuis, absolument centrale dans tous les débats sur les débuts et la fin de la vie[29]. Aujourd'hui, le développement du numérique renouvelle cette question en interrogeant notamment une définition de la *personne humaine* qui la résumerait en une série de données identifiantes, jusqu'à envisager une réelle rupture anthropologique qui menacerait la dignité et l'autonomie de l'être humain. Une réflexion éthique sur ce sujet, partagée avec la société, s'impose à l'évidence.

---

29. Lucien Sève, « S'entendre sur la personne », *in* Didier Sicard (coord.), *Travaux du Comité consultatif national d'éthique*, PUF, 2003.

CINQUIÈME PARTIE

De l'éthique au droit

La France a été pionnière en matière de législation dans le domaine de la bioéthique, de la loi de 1988 sur la protection de la personne dans le cadre des essais cliniques (recherche biomédicale) à sa dernière révision en 2021. La loi relative à la bioéthique pose un ensemble de règles juridiques gouvernant les pratiques médicales ou de recherche dont l'objet est le corps humain et l'embryon en tant que ressource ou entité biologique. Fallait-il légiférer sur la bioéthique ? Certains pays ne disposent pas de législation à proprement parler et l'on s'en remet alors à ce qui sera considéré comme « juste et raisonnable ». Faudrait-il tout réglementer ? Cela aurait abouti à tout figer de peur de ne rien maîtriser. Le compromis choisi par la France est à la croisée de ces deux positions. Le chapitre 11 montre que les travaux du CCNE furent déterminants pour aboutir aux premières lois relatives à la bioéthique. Le chapitre 12 met en avant l'apport du CCNE pour nourrir le droit en la matière.

CHAPITRE 11

Genèse des lois relatives à la bioéthique

Le rôle fondateur du CCNE

Jean-François Mattei

Les technologies s'adressant au vivant, ou biotechnologies, ont progressé comme jamais auparavant, en nombre et en rapidité, depuis la fin de la Seconde Guerre mondiale. Dans le même temps, le début des transplantations d'organes, la pratique de la contraception ou encore l'interruption volontaire de la grossesse, parmi d'autres, témoignent que les stratégies médicales ont beaucoup innové pour associer parfois de nouvelles connaissances à des attentes de la société. Les questions et réponses éventuelles ont longtemps relevé des seules considérations morales et de la volonté politique. *A posteriori*, on peut néanmoins s'étonner qu'en pareilles circonstances le mot « éthique » n'ait été évoqué que rarement, tant les possibilités de la médecine ouvraient des horizons aussi nouveaux qu'insoupçonnés.

Il a donc fallu attendre 1982 et la naissance du premier bébé conçu en éprouvette dans notre pays pour que les consciences éprouvent le besoin de s'arrêter sur certaines questions inédites. Par exemple, quel devenir pour les embryons non implantés, dits surnuméraires, restant dans l'éprouvette après une fécondation *in vitro* : les supprimer ? Les donner à des couples infertiles ? Les confier à la recherche ? Et dans quelles conditions ?

Confronté à ces interrogations nouvelles et en l'absence de réponse évidente, le président de la République a jugé nécessaire de créer, en 1983, le CCNE.

Il s'agissait, en l'occurrence, de répondre à la question première : « Qu'est-ce que l'embryon ? Et qu'en faire s'il n'est pas implanté dans un utérus ? »

Mais, au-delà, il fallait s'interroger sur les conséquences humaines et sociales des progrès médico-scientifiques. De fait, cette initiative a permis d'inaugurer le débat éthique dans notre pays.

L'éthique a pour objet, face aux progrès innovants, de chercher et proposer les réponses les plus conformes au respect de la dignité humaine, que ce soit au titre de convictions personnelles ou d'une responsabilité collective, afin d'assurer notre vivre ensemble et de faire société (voir aussi chapitre 7). Comme l'indique sa mission, le CCNE est animé par l'idée forte que ce n'est pas le progrès en lui-même qui est dangereux, mais l'usage que l'on en fait. Son rôle est donc bien d'éclairer le débat sociétal et la prise de décisions politiques éventuelles.

Dans les premières années, présidé par Jean Bernard choisi pour son expérience et sa sagesse, le CCNE a beaucoup travaillé, tant les progrès scientifiques bousculaient régulièrement les consciences, notamment dans les domaines de la génétique et de la procréation. Après avoir analysé chaque situation, il a rendu de nombreux avis et recommandé des orientations possibles. Par exemple, la loi sur la protection des personnes se prêtant à l'expérimentation biomédicale (1988) a suivi les principes du code de Nuremberg (1947), mais aussi l'avis 2 du CCNE[1].

Mais ces recommandations cherchaient surtout le chemin d'« une vie bonne, avec et pour autrui, dans des institutions justes », selon Paul Ricœur[2], et n'entraient pas dans les considérations juridiques, ce qui ne relevait d'ailleurs ni de ses missions, ni de ses compétences.

1. CCNE, avis 2, « Avis sur les essais de nouveaux traitements chez l'homme. Réflexions et propositions », 1984.
2. Paul Ricœur, *Soi-même comme un autre*, Seuil, 1990 (rééd. coll. « Points Essais », 2015).

Pour tenter de combler ce vide, le Conseil d'État rédigea un rapport très complet[3] soulignant la nécessité de légiférer afin de fixer les règles juridiques nécessaires pour accompagner la réflexion éthique. Devant la somme des problèmes soulevés, ce rapport suscita de grandes hésitations politiques, d'autant qu'une partie du monde juridique universitaire estimait que la loi était inutile. Pourtant, la question était dans tous les esprits.

Le rapport de Noëlle Lenoir répondait à une demande du Premier ministre et recommandait une loi-cadre[4]. De leur côté, quelques parlementaires s'emparèrent du sujet dès le début des années 1990 et une mission d'information fut créée à l'Assemblée nationale. Elle aboutit à un premier projet de loi qui fut adopté en première lecture, sans être discuté au Sénat, faute de temps ! Il restait prudent et n'abordait pas tous les sujets, notamment les plus brûlants liés à la génétique.

Après le changement de majorité en 1993, le Premier ministre, Édouard Balladur, me confia un rapport destiné à dire s'il fallait continuer de légiférer sur le sujet ou s'abstenir.

C'est dire les réticences qui pouvaient persister !

Les conclusions de ce rapport furent sans appel[5] : il était urgent de légiférer et même au-delà de ce qui était prévu dans les textes antérieurs, sauf à laisser s'installer des controverses et une jurisprudence parfois contradictoire : « Le Prométhée, définitivement déchaîné, réclame une éthique[6]. »

Reprenant l'ensemble de la réflexion, ce rapport « s'appuie sur la somme des avis et recommandations donnés par le CCNE » en dix ans. Ils en constituent les références essentielles transposées en termes législatifs et regroupées dans un texte homogène[7].

---

3. Guy Braibant (dir.) (section du rapport et des études du Conseil d'État), *Sciences de la vie : de l'éthique au droit*, La Documentation française, 1988.
4. Noëlle Lenoir avec la collaboration de Bruno Sturlèse, *Aux frontières de la vie. Rapport au Premier ministre*, La Documentation française, 1991.
5. Jean-François Mattei, *La Vie en questions : pour une éthique biomédicale*, La Documentation française, 1994.
6. Hans Jonas, *Le Principe Responsabilité* (1979), trad. J. Greisch, Cerf, 1990.
7. Éric Martinez et François Vialla (dir.), Anne Gibelin (coord.), *Les Grands Avis du Comité consultatif national d'éthique*, préface de Didier Sicard, Éditions Lextenso, 2013.

Ces avis ont été complétés par des auditions du monde médical et de la recherche, de représentants des différentes religions, de philosophes et sociologues, ainsi que d'associations de patients engagées. Enfin, des déplacements à l'étranger (Espagne, Allemagne, Italie, Grande-Bretagne) ont permis de vérifier que les principes éthiques étaient loin d'être universels. Il ne fallait donc pas chercher l'inspiration ailleurs, mais rester fidèles à nos valeurs. L'hétérogénéité de l'éthique selon les pays s'est vérifiée au Conseil de l'Europe où, par exemple, il fut impossible de s'accorder sur un texte commun concernant la transplantation d'organes puisque certains pays refusaient la définition de la mort cérébrale tandis que d'autres ne reconnaissaient pas la validité du principe du consentement présumé. Ces divergences expliquent que la convention d'Oviedo (1997)[8] n'ait été signée que par 35 pays et que la France ne l'ait ratifiée qu'en 2011.

De même, après la naissance de la brebis Dolly, au début des années 2000, l'ONU s'est avérée incapable de trouver une majorité pour voter l'interdiction du clonage reproductif.

Ce détour international souligne davantage encore l'importance de la réflexion du CCNE et la qualité de ses avis.

Repris dans les lois relatives à la bioéthique, ce sont eux qui ont permis de bâtir une « bioéthique à la française » et, pour partie, inspiré nombre de pays dans leur réflexion propre.

Devant la somme des sujets abordés posant des questions de nature différente, il fut décidé de s'orienter vers trois lois confiées à trois ministères, l'une modifiant le Code de la santé publique (ministère de la Santé) et étant relative au don et à l'utilisation des éléments et produits du corps humain, à l'assistance médicale à la procréation et au diagnostic prénatal, l'autre concernant le Code civil (ministère de la Justice) et étant relative au respect du corps humain, et la troisième s'intéressant aux aspects de recherche et à

8. Conseil de l'Europe, Convention sur les droits de l'homme et la biomédecine, Oviedo, 1997.

l'adaptation de la loi de 1978 pour la gestion des données nominatives et des fichiers dans le domaine de la recherche sur la santé (ministère de la Recherche)[9].

Le vote des trois premières lois de 1994 fut un soulagement pour beaucoup car elles fixaient avec prudence l'utilisation des progrès scientifiques en respectant la dignité humaine.

Se référant à la loi de 1975 sur l'interruption de la grossesse, il fut décidé de prévoir leur révision cinq ans après leur adoption pour en apprécier la mise en œuvre comme l'appropriation par la société de nombreuses mesures innovantes et apporter les ajustements nécessaires.

Il faut cependant admettre que le succès rencontré par l'éthique biomédicale, ou bioéthique, a conduit à prêter à l'éthique beaucoup plus que ce qu'elle est en réalité, cela au prix de confusions regrettables. Par exemple, le mot « morale » apparaissant désuet voire à éviter, on y substitue volontiers le mot « éthique » perçu comme plus moderne et moins critiquable. Or éthique et morale sont très différentes quand bien même elles peuvent avoir des recoupements : la morale est fondée sur des principes qui guident la conduite dans des situations identifiées quand l'éthique est un questionnement pour déterminer la réponse face à des situations inédites (voir chapitre 7). Ainsi, il n'est pas rare d'entendre parler de « code éthique » alors que la contradiction est évidente : un code énonce des règles à suivre, alors que l'éthique intervient précisément quand il n'y a pas de règles et qu'il convient de s'interroger sur celles qu'on pourrait adopter.

Un code éthique est donc l'exemple parfait d'un oxymore. Il en est de même quant à l'utilisation du terme de « loi d'éthique » car lorsque la loi passe, édictant ses règles, l'éthique s'efface. D'ailleurs aucune des trois lois de 1994 ne comportait le mot « éthique » dans leur titre et ce sont les médias qui les nommèrent par défaut les lois dites « de bioéthique ».

9. La loi n° 78-17 du 6 janvier 1978 relative à l'informatique, aux fichiers et aux libertés – plus connue sous le nom de loi Informatique et libertés – réglemente la liberté de traitement des données personnelles et de ficher des personnes humaines.

L'importance accordée au CCNE dans la genèse des lois dites « de bioéthique » lui vaudra de voir son existence confirmée dans l'une des trois lois (loi n° 94-654 du 29 juillet 1994, art. 23), qui précise ses missions : « Il lui appartient de donner des avis sur les problèmes éthiques soulevés par les progrès de la connaissance dans les domaines de la biologie, de la médecine et de la santé et de publier des recommandations sur ces sujets. »

Les méthodes de réflexion du CCNE devinrent un modèle que nombre d'organisations en santé et en recherche voulurent reproduire pour aller plus avant dans leurs thématiques particulières. C'est, notamment, le cas du comité d'éthique du CNRS et de l'Académie nationale de médecine. Au-delà de ces réflexions, le modèle du CCNE inspira la création du premier « espace éthique » à l'Assistance publique-Hôpitaux de Paris afin de nourrir les délibérations éthiques par l'étude de cas concrets en associant tous les intervenants des équipes soignantes. Il s'agissait aussi d'ouvrir une filière d'enseignement spécifique de l'éthique. Celle-ci a suscité un grand intérêt chez les étudiants comme chez les professionnels de santé au point de prendre rapidement sa place dans le cursus des études médicales. L'espace éthique méditerranéen, suivi bientôt de nombreux autres, ouvrait la voie aux espaces éthiques régionaux.

Le CCNE peut, légitimement, se targuer d'avoir rendu accessible et compréhensible pour le plus grand nombre la réalité des problèmes posés par les sciences de la vie et de la santé.

Pour autant, les difficultés n'ont pas manqué et persistent pour certaines. Il faut encore évoquer certains risques liés aux évolutions de l'éthique, en particulier de la bioéthique, à l'avenir.

Le premier risque serait, pour les politiques, de considérer la révision de la loi comme l'opportunité d'y glisser un certain nombre de dispositions « médico-scientifiques » qui ne relèvent pas de l'éthique. Ainsi, dans la dernière révision du 2 août 2021, on cherche la dimension éthique des analyses du microbiote dans les selles.

Le deuxième risque serait de mélanger le champ des sciences et celui de la société car ils n'évoluent pas au même rythme[10]. Cette remarque vaut, par exemple, pour la récente extension de la procréation médicalement assistée à toutes les femmes ou les questions de santé pour les détenus ou pour les migrants, sujets qui n'ont rien à voir avec le progrès des technologies médicales[11].

Le troisième risque est lié au principe politique de la révision programmée de la loi pour laquelle le CCNE pourrait exprimer sa réserve. Il s'agit d'une disposition sans effet réel, mais surtout parce que certaines techniques nouvelles peuvent devoir attendre la révision de la loi au risque de priver les malades d'un progrès thérapeutique. À l'inverse, une innovation pourrait être légitimée prématurément au motif qu'il faudrait « profiter » de la révision de la loi pour ne pas risquer d'attendre trop longtemps. Il est donc indispensable de rappeler que l'exécutif et le législatif peuvent décider à tout moment de légiférer sur un sujet qui s'impose comme ce fut, d'ailleurs, le cas en 2013 pour la recherche sur l'embryon. C'est aussi le rôle du CCNE de veiller aux avancées de la science et d'attirer l'attention des politiques sur la nécessité de légiférer. Enfin, chacun comprend qu'assortir l'adoption de grands principes d'une date possible de péremption peut en affaiblir grandement la portée.

On peut espérer, en outre, que le CCNE développera de nouvelles thématiques qui le concernent directement. Par exemple, ce qu'il a commencé de faire, le développement du numérique en santé avec le dossier médical partagé (devenu « Mon espace santé »), les plateformes de mégadonnées et les algorithmes dont il est indispensable d'exiger une labellisation avant leur « mise en place » au service de l'intelligence artificielle.

Ou encore, le nouveau concept de « Santé globale », commune à l'homme, à l'animal et aux écosystèmes, qui s'impose depuis les

10. C'est exact, mais le champ « sociétal » fait aussi partie des missions du CCNE, selon les coordinateurs de l'ouvrage.
11. Avis 94 sur la santé et la médecine dans les prisons, 2006 ; avis 127 sur santé des migrants et exigence éthique, 2017.

années 1990 avec le développement de zoonoses (70 % des maladies émergentes), sous forme d'épidémies comme Ebola, ou de pandémies comme la Covid-19. Ce sujet directement lié à l'unité du vivant devant la maladie doit bénéficier d'une éthique appliquée aux atteintes de l'environnement, dont on sait désormais les liens étroits avec la santé de l'homme[12]. C'est d'ailleurs un domaine qui a récemment fait l'objet d'une réflexion par le CCNE (avis 125).

Les problèmes liés à l'éthique du vivant vont continuer d'interroger les consciences et le CCNE. Celui-ci, à la fois veilleur et conseiller, doit poursuivre sa réflexion pour éclairer les esprits, préparer les lois de la République et accompagner l'évolution de la société.

Il s'agit bien de préserver les valeurs qui fondent notre humanité et le CCNE a sa part de responsabilité.

12. Jean-François Mattei (rapp.), *Les Liens entre la santé et l'environnement, notamment chez l'enfant*, rapport de l'Office parlementaire des choix scientifiques et technologique, n° 2588, Assemblée nationale, 22 février 1996, p. 248-249.

CHAPITRE 12

Le CCNE entre l'éthique et le droit

Caroline Martin, Pierre Delmas-Goyon

Dans une société homogène, le droit reflète la « morale dominante » et peut même lui devenir subordonné dans les pays théocratiques. Dans nos sociétés modernes, plurielles, souvent divisées, qui ne reconnaissent aucun principe transcendant les droits de l'individu, il devient difficile d'obtenir un consensus sur l'ensemble des règles qui régissent le corps social.

Ce n'est donc pas un hasard si la morale n'est plus invoquée aujourd'hui et si l'on voit, au contraire, mise en avant sans cesse l'éthique, entendue comme règle de comportement s'appliquant à chaque personne mise en situation (voir chapitres 7 et 8). On passe en quelque sorte d'une norme générale s'appliquant indistinctement à tous les individus d'un corps social donné – la morale – à la recherche de ce que peut être, dans une situation concrète, le bon comportement de la personne confrontée à cette situation – l'éthique. Celle-ci ne pose pas d'*a priori* pouvant bousculer les convictions et les choix de vie de chacun[1].

1. Paul Ricœur, « Le soi et la visée éthique », dans *Soi-même comme un autre*, Seuil, 1990, 7e étude : « Qu'en est-il maintenant de la distinction proposée entre éthique et morale ? […] Les deux renvoient à l'idée intuitive de mœurs, avec la double connotation que nous allons tenter de décomposer, de ce qui est estimé bon et de ce qui s'impose comme obligatoire. C'est donc par convention que je réserverai le terme d'éthique pour la visée d'une vie accomplie et celui de morale pour l'articulation de cette visée dans des normes caractérisées à la fois par la prétention à l'universalité et par un effet de contrainte. »

Mais les situations particulières montrent qu'il existe des tensions entre les principes éthiques et des débats sans fin peuvent opposer ceux qui n'apprécient pas de la même manière l'importance qui doit être accordée à chacun d'eux.

Dans ce monde marqué par l'incertitude et l'instabilité, il ne s'agit plus d'affirmer des vérités mais de chercher des repères à l'aide de l'éthique et de définir des limites, fixées par le droit.

L'éthique et le droit : relations et spécificités

Éthique et droit ont des objets bien distincts et il serait simpliste d'imaginer que l'éthique précède toujours le droit dont elle constituerait en quelque sorte le socle. Certes, vigie permanente, l'éthique inspire et peut diriger l'action. Mais les valeurs sur lesquelles elle s'appuie sont elles-mêmes éclairées par les grands principes juridiques. Le respect de la personne humaine et de son autonomie, l'inviolabilité et la non-patrimonialité du corps humain, l'importance accordée à un consentement libre et éclairé sont aussi bien des notions juridiques qui guident notre droit que des principes éthiques.

L'éthique n'est donc pas le soubassement nécessaire du droit. Elle a pour toile de fond des notions juridiques qui encadrent l'action législative et réglementaire, un ensemble de textes constituant le droit à un moment donné, qu'il s'agit de revisiter en fonction de l'évolution de la société et de l'apparition de conflits éthiques.

Éthique et droit se différencient surtout par leur approche. La réflexion éthique, en ce qu'elle interroge nos valeurs pour déterminer leur application à des situations données, est nécessairement pluridisciplinaire et elle recherche des normes de comportement par référence aux principes qui les fondent. Le droit vise à tracer des limites et à trancher des conflits. Il est donc sans cesse confronté à la nécessité de faire des distinctions pour donner à chaque cas particulier une solution juste qu'il serait hasardeux d'extrapoler. Inspiré par des principes et des valeurs, il n'en est pas moins tenu de privilégier l'exactitude et l'efficacité à l'exemplarité.

S'ils se différencient tant par leur objet que par leur approche, éthique et droit n'en ont pas moins des relations étroites, qui connaissent une constante évolution.

Nous vivons dans un monde où la réalité va plus vite que le droit, sans cesse interrogé sur les questions qui font débat. Ses évolutions, qu'elles résultent du changement des mœurs ou de nouveaux possibles révélés par les progrès de la science, engendrent des attentes, parfois contradictoires, exprimées avec force et qui tendent à remettre en cause le consensus sur lequel repose le droit positif. Ces avancées, accélérées encore par la généralisation de la numérisation et les progrès de l'intelligence artificielle, repoussent les limites du pouvoir d'intervention de l'homme et ouvrent des perspectives, tout en soulevant des questions nouvelles, relatives aux biotechnologies appliquées à l'humain, mais aussi aux conséquences de la technologie sur la nature et la gravité des risques potentiels ou avérés auxquels est confrontée la civilisation tout entière.

La réflexion éthique est rendue plus que jamais nécessaire par l'étendue croissante de ce vaste champ d'interrogations qui conduit sans cesse à remettre en question notre droit positif, en plaçant impérativement au premier plan de nos préoccupations les impératifs de durabilité et de soutenabilité, pour les générations futures et la planète : maîtrise technologique ne saurait être confondue avec maîtrise de l'avenir ! Toutefois, les compromis que comporte nécessairement le travail législatif ne sont acceptables que s'ils n'aboutissent pas à figer dans le temps une situation ressentie comme trop instable pour être érigée en règle immuable.

Mais toutes les réflexions aboutissant au constat d'une situation insatisfaisante n'induisent pas nécessairement la préconisation de faire évoluer le droit. On peut citer, à titre d'exemple, l'interrogation qui porte sur l'amélioration des pratiques ou des politiques publiques, notamment celles intéressant le service public de la santé, où ce sont moins les missions qui sont remises en cause que les moyens de les remplir au mieux, en respectant pleinement la dignité des patients.

Comment l'éthique peut nourrir le droit

Situé, dans son domaine de compétences, au carrefour de toutes les interrogations, le CCNE peut aider à mieux cerner les notions qui sont en discussion, même s'il n'agit qu'en vue d'éclairer le débat public et non pour créer une nouvelle norme juridique.

Il est le seul à avoir donné une définition de l'embryon dans son avis 1 : « L'embryon ou le fœtus doit être reconnu comme une personne humaine potentielle qui est ou a été vivante et dont le respect s'impose à tous. » Le Conseil d'État relève dans ses études préparatoires à la révision des lois de bioéthique de 2009 et de 2018 que cette définition fait encore l'objet d'un consensus éthique large.

Dans certains cas, le CCNE estime ne pas devoir prendre de position tranchée et considère au contraire qu'il est nécessaire de respecter un moratoire en l'état d'incertitudes scientifiques subsistant sur les conséquences à long terme de techniques nouvelles. On peut citer à cet égard l'avis 133 sur les enjeux éthiques des modifications ciblées du génome, lorsqu'il envisage celles transmissibles à la descendance. Dans ce dernier avis, le CCNE fait ressortir la nécessité d'étudier l'impact des nouvelles technologies sur l'ensemble du monde vivant.

Il peut aussi être amené à s'interroger sur l'application de principes éthiques permettant de mieux assurer la mise en œuvre de normes ou de procédures juridiques. Notamment, l'avis 134 sur l'adoption, qui porte sur le cadre et les pratiques en matière de préparation et d'accompagnement des candidats à l'adoption et sur les principes devant inspirer le processus d'apparentement d'un pupille de l'État à une famille adoptive, aboutit à des recommandations qui relèvent davantage des bonnes pratiques (le renforcement du dispositif statistique pour mieux analyser les pratiques et lutter contre les risques de discrimination) que de la réglementation.

L'avis 136 sur les nouveaux enjeux éthiques relatifs au consentement dans le soin centre ses préoccupations sur les personnes les plus vulnérables, notamment les malades et les personnes âgées incapables de donner un consentement éclairé. Le CCNE étudie la complexité croissante de cette notion de consentement et met en avant la nécessité de recueillir l'assentiment des personnes vulnérables, faisant prévaloir une éthique du respect adaptée à une problématique particulière, sans craindre de s'éloigner des concepts juridiques, afin d'éviter aux soignants d'être confrontés à des situations insolubles.

Le CCNE éprouve parfois le besoin de prendre du recul en réfléchissant sur de grands thèmes sensibles au croisement de nombreuses disciplines comme, par exemple, le sens à donner à la notion d'eugénisme dans l'état actuel de la société, de la technologie et de ses applications tout en l'envisageant aussi au regard de la médecine du futur (avis 138).

Pour le CCNE, un temps de maturation suffisant est nécessaire pour élaborer un avis pouvant utilement contribuer au débat public (voir chapitres 3 et 4). C'est un processus lent et continu qui vise à faire le partage entre le possible et le souhaitable (inspirés par l'éthique), le licite et l'illicite (définis par le droit).

Il ne lui appartient donc pas de réagir sur-le-champ aux questions qui agitent périodiquement notre monde, fût-ce pour appeler à une réflexion sereine, expurgée des outrances et des approximations que suscitent les polémiques complaisamment entretenues par notre société médiatique. Mais il n'en a pas moins été confronté à l'urgence au cours des dernières années. La crise sanitaire liée à la Covid-19 a créé, à cet égard, une situation inédite qui a profondément affecté l'offre de soin, mais aussi isolé de leurs proches des personnes âgées dépendantes. Le CCNE a dû s'exprimer rapidement sur les questions éthiques que soulevait cette situation, sous peine de manquer à sa mission ou de devenir inaudible s'il se prononçait au-delà du délai utile.

Au cas par cas il a dû apprécier la nécessité d'intervenir et les limites de ses interventions. Cet ajustement doit être constamment réactualisé et continue à susciter des débats internes au sein du Comité.

Il est aussi arrivé que le CCNE ne décide pas lui-même de l'opportunité d'intervenir et qu'il soit saisi par le pouvoir politique (voir chapitre 3). Confronté à des choix difficiles et à l'impératif d'obtenir une acceptation suffisante de l'opinion publique, celui-ci a pu compter sur l'impartialité et l'autorité du Comité pour convaincre de l'objectivité de ses décisions. S'il est légitime de sa part de consulter un organisme qui a été créé précisément pour éclairer le débat public, on ne peut se dissimuler que, lorsque cela se produit dans des situations d'urgence et de grande incertitude, il pourrait exister un risque que le CCNE soit instrumentalisé, surtout si le pouvoir politique semblait avoir déjà arrêté sa décision avant toute consultation (voir chapitre 1). Pour pallier ce risque, le Comité doit répondre avec la mise à distance nécessaire, notamment en recadrant la problématique et en la resituant dans le contexte plus général et moins opérationnel de la réflexion éthique : il ne saurait en effet s'immiscer dans le processus de la décision politique ni devenir une caution des actions visant à l'évolution du droit[2].

Si droit et éthique ont ainsi des champs différents, la réflexion éthique du CCNE ne peut ignorer le droit, que le cadre juridique préexiste ou qu'il soit à créer. Et le droit qui régit les politiques de santé ou les nouvelles techniques médicales ne peut se construire sans réflexion éthique.

L'éthique et le droit : les deux piliers du CCNE

Les débuts du CCNE ont été marqués par une prise de conscience très rapide et remarquable de l'impérieuse nécessité de ne pas laisser se développer une réflexion éthique approfondie sans que lui soit

2. En effet, il y a toujours une lecture politique d'une saisine lorsqu'elle provient d'une autorité ministérielle. On soupçonnera que si la secrétaire d'État aux Personnes handicapées envoie une saisine sur les assistants sexuels, alors que le CCNE a rendu un avis sur la question quelques années auparavant, c'est qu'elle tente de s'appuyer sur le CCNE pour décliner sa feuille de route.

donné, tout au moins lorsque cela s'avérait nécessaire, un prolongement juridique adaptant le droit existant ou créant des normes inspirées par ses avis. C'est d'ailleurs une particularité française que d'avoir construit cette relation entre la réflexion éthique et l'élaboration de la loi.

Installé en décembre 1983, le CCNE avait déjà rendu en décembre 1986 huit avis, comportant de nombreuses recommandations, sur des sujets aussi variés, nouveaux et sensibles que le diagnostic prénatal et natal, la recherche et l'utilisation des embryons humains *in vitro* à des fins médicales et scientifiques, la reproduction artificielle, l'appréciation des risques du sida, les prélèvements de tissus d'embryons et de fœtus humains morts à des fins thérapeutiques, diagnostiques et scientifiques, les essais de nouveaux traitements chez l'homme, les registres médicaux pour des études épidémiologiques et de prévention, ou l'expérimentation sur des malades en état végétatif chronique.

Si le Comité ne peut pas dire le droit, il lui est loisible de s'émouvoir de l'absence d'écho de ses avis et sa grande force a été d'oser le faire en 1986. S'il a été entendu, c'est grâce au sérieux et à la profondeur de ses premiers textes, qui lui ont permis d'acquérir une réelle crédibilité. Son intervention et ses suites lui ont permis d'asseoir sa légitimité[3]. La continuité de la réflexion éthique et juridique s'est alors organisée par un dialogue entre le CCNE et le Conseil d'État (voir chapitre 11), concrétisé notamment par la publication du rapport émanant d'une commission interministérielle présidée par Guy Braibant.

Le Comité a d'ailleurs salué ce partenariat fructueux dans les remarques générales de son avis 18 en notant qu'il était « heureux

3. Constatant en effet que ses avis n'avaient guère eu de conséquences, malgré certaines propositions préconisant une intervention de nature législative, il s'en est ému auprès du Premier ministre, Jacques Chirac. Celui-ci a alors demandé au Conseil d'État, par lettre du 19 décembre 1986, d'explorer le cadre législatif pour adapter le droit et même créer des « normes juridiques inédites », afin d'encadrer l'action des praticiens et des chercheurs dans ces domaines. Le titre de cette étude parue le 25 mars 1988, *De l'éthique au droit*, parle de lui-même.

de voir ainsi accompli le passage de l'éthique au droit qu'il a appelé de ses vœux » et que « la plupart des recommandations du Conseil d'État sont inspirées par les rapports et avis précédents du Comité ». Il répondait ainsi à la question posée par François Mitterrand lors de son discours d'installation du Comité en décembre 1983 : « Vous pouvez vous demander, mesdames et messieurs, à juste titre, quelles seront les conséquences d'un avis formulé par votre Comité. Les textes sont muets sur ce point. » Il poursuivait : « Dans tel ou tel cas le gouvernement pourra être amené à réglementer, le Parlement à légiférer, les organismes de recherche à réorienter leurs programmes : et c'est précisément parce qu'on ne saurait tout prévoir que ce texte reste ouvert. »

L'histoire du CCNE témoigne de la justesse de cette approche visionnaire. Il ne peut pas dire le droit, mais ses analyses peuvent être à l'origine de textes législatifs et réglementaires, bien que rien dans les textes ne prévoie qu'il ait un quelconque pouvoir en la matière ou qu'il doive être consulté sur des projets de loi ou de décret.

Il faut constater toutefois que, si sa nature juridique n'a pas été modifiée, mais seulement précisée en 1994 (voir préface et chapitre 3), il s'est alors vu reconnaître le pouvoir de délivrer des recommandations dont il usait depuis sa création. Le champ de ses compétences s'est en outre progressivement élargi, ce qui l'a conduit à intervenir dans des domaines auxquels il ne s'intéressait pas ou peu initialement, tels le numérique et l'environnement. Il bénéficie en outre désormais d'une reconnaissance institutionnelle puisqu'il est chargé d'animer les états généraux qui doivent précéder chaque renouvellement des lois de bioéthique.

Il existe nécessairement de fortes différences d'approche entre le CCNE, autorité morale, le Conseil d'État, conseil juridique du gouvernement, et le Parlement, organe législatif.

Le processus d'élaboration de la dernière loi de bioéthique illustre de manière éloquente ces différences d'approche.

En décembre 2017, le Premier ministre a confié au Conseil d'État la réalisation d'une étude générale sur le cadrage juridique préalable au réexamen de la loi. L'étude, intitulée *Révision de la loi de bioéthique : quelles options pour demain ?*, rendue publique en juillet 2018, est le produit de la réflexion d'un groupe de travail pluridisciplinaire auquel ont participé notamment des membres ou anciens membres du CCNE et qui a procédé à de nombreuses auditions. Son objectif était d'apporter un éclairage juridique par une analyse du droit existant et des demandes sociétales (AMP, fin de vie, don et usage thérapeutique des éléments et produits du corps humain, situation des personnes ayant des variations du développement sexuel). Les dernières évolutions scientifiques et techniques (génomique, neurosciences, intelligence artificielle...) étaient examinées et il était procédé à une évaluation des évolutions juridiques possibles, ainsi que des impacts de ces changements sur d'autres réglementations marquées par les contraintes du droit national, européen et international. Le Conseil d'État n'a pas pris parti sur ce que pourrait contenir la loi.

L'avis 129 du CCNE, intitulé « Contribution du CCNE à la révision de la loi de bioéthique 2018-2019 », qui résulte d'une autosaisine, s'est construit avec une célérité remarquable, en trois mois seulement, entre juin et septembre 2018. Il a bénéficié, il est vrai, de l'acquis des États généraux de la bioéthique qu'il était chargé d'organiser et ayant donné lieu à un rapport de synthèse en juin 2018 (voir chapitre 4). Comme le Conseil d'État, le CCNE a analysé les changements intervenus depuis 2011 pour la médecine, la science, la société et le droit, fait aussi le point sur ses propres grilles d'analyse, puis donné son avis sur des sujets de société, de recherche scientifique et médicale, sur l'influence du numérique sur la santé, sur le processus de révision de la future loi de bioéthique, sur la diffusion dans la société de la réflexion éthique et sur le rôle du CCNE, allant au-delà des thèmes étudiés par le Conseil d'État.

Son analyse combinait souvent science et éthique (diagnostic préimplantatoire pour la recherche d'aneuploïdies, diagnostic préconceptionnel), même s'il n'hésitait pas à renvoyer certains sujets à une étude plus approfondie (diagnostic génétique en population générale, diagnostic prénatal non invasif, admis pour la seule trisomie 21).

À la différence du Conseil d'État, le CCNE a pris clairement position sur les nombreuses demandes qui lui étaient soumises, en se référant si nécessaire à ses précédents avis, après une étude attentive des problématiques éthiques rencontrées. Ainsi, par exemple, s'agissant de la procréation, il s'est prononcé en faveur de l'assistance médicale à la procréation (AMP) pour les couples de femmes et les femmes seules, pour l'autoconservation ovocytaire de précaution après avis médical, pour la levée de l'anonymat des futurs donneurs de sperme et pour l'AMP *post mortem*, mais il a persisté dans sa condamnation de la gestation pour autrui (GPA).

Il a proposé de nombreuses autres évolutions législatives (notamment sur les greffes d'organes à partir de donneurs vivants). Il a appelé à des éclaircissements sur l'encadrement législatif de la recherche sur l'embryon (création d'embryons transgéniques ou chimériques). Il a même proposé la rédaction d'un article de loi sur les analyses génétiques *post mortem*, propositions non étayées, comme le fait le Conseil d'État, par une minutieuse analyse juridique, car ce n'est pas son rôle.

Le Conseil d'État a ensuite été saisi en 2019 du projet de loi relative à la bioéthique auquel il a donné un avis favorable, n'y relevant pas de mesure susceptible d'être contraire à la Constitution, à la Convention européenne de sauvegarde des droits de l'homme ou à d'autres traités internationaux. Mais les références à l'éthique ne sont pas absentes de cet avis. Il a observé, par exemple, que la limite de quatorze jours retenue pour la culture des embryons « correspond à une limite éthique conforme à un large consensus international ». S'agissant des embryons chimériques, il a relevé que la rédaction proposée, qui clarifie l'interdiction en vigueur de créer des embryons chimériques par l'adjonction de cellules issues d'autres espèces dans un embryon humain, ne traite pas des enjeux que peut soulever l'adjonction de cellules d'origine humaine au sein d'un embryon animal, « qui soulève pourtant des questionnements éthiques soulignés par le CCNE dans son avis 129 ».

Les parlementaires, à l'occasion de l'examen de la loi, ont fait, à de très nombreuses reprises, référence à la fois au Conseil d'État, ce qui se justifie par l'autorité juridique qu'il représente, mais aussi au CCNE, en citant le rapport sur les États généraux de bioéthique et l'avis 129, ce qui manifeste l'indispensable apport de la réflexion éthique à la loi de bioéthique.

Les réflexions ayant précédé la rédaction de la loi mettent en lumière, outre leur caractère pluridisciplinaire, l'importance des références communes au CCNE et au Conseil d'État. Le triptyque « dignité, liberté et solidarité » est affirmé solennellement par le Conseil d'État comme caractérisant la « bioéthique à la française », alors qu'il est également l'un des repères du CCNE, au même titre que les principes de Belmont (voir chapitre 7). Ces trois notions sont à la fois éthiques et juridiques.

La « bioéthique à la française »

Des références communes au Conseil d'État et au CCNE

Le premier pilier est la *dignité*. De notion éthique pour le CCNE, qui la cite souvent dans ses premiers avis, hors toute référence juridique, elle devient en 1994 un principe à valeur constitutionnelle à l'occasion de l'examen par le Conseil constitutionnel de deux des trois premières lois de bioéthique du 29 juillet 1994 (décision n° 94-343/344 DC du 27 juillet 1994)[4]. L'une de ces lois a introduit un article 16 dans le Code civil qui dispose que « la loi assure la primauté de la personne, interdit toute atteinte à la dignité de celle-ci et garantit le respect de l'être humain dès le commencement de la vie ». Cet extrême souci de la dignité humaine est une constante pour le CCNE, qui en fait pour la première fois explicitement mention dans

4. « Lesdites lois énoncent un ensemble de principes au nombre desquels figurent la primauté de la personne humaine, le respect de l'être humain dès le commencement de sa vie, l'inviolabilité, l'intégrité et l'absence de caractère patrimonial du corps humain ainsi que l'intégrité de l'espèce humaine ; que les principes ainsi affirmés tendent à assurer le respect du principe constitutionnel de sauvegarde de la dignité de la personne humaine. »

son avis 8. Il en a une conception éthique assez large, qui excède la seule approche juridique de la notion. Il s'y réfère constamment dans sa contribution à la dernière révision de la loi de bioéthique, citant volontiers ses précédentes publications, comme en témoigne ce rappel de l'avis 105 : « La finalité de la loi de bioéthique est de dégager un cadre qui concilie la libre pensée scientifique et le respect de la dignité des personnes et du bien commun » (voir aussi chapitre 4).

Le deuxième pilier de la bioéthique est la *liberté individuelle*, proclamée par la Déclaration des droits de l'homme et du citoyen et à laquelle se réfère également le Conseil constitutionnel dans la décision précitée. Cette notion inclut notamment le droit à la vie privée, l'autonomie, que l'on retrouve dans les principes de Belmont, et le droit au consentement. Elle est au cœur de toute la réflexion sur la bioéthique qui vit au rythme des avancées de la technique et des demandes sociétales et qui tente de concilier liberté individuelle et intérêt général. Le CCNE est notamment conduit en permanence à s'interroger sur la signification du consentement, sur sa réalité et ses limites, ainsi que sur les évolutions éthiques ou juridiques qui doivent être envisagées pour lui conserver son caractère protecteur.

Le CCNE a rapproché la *solidarité* de la fraternité, mentionnée à l'article 2 de la Constitution du 4 octobre 1958. Elle est le troisième pilier de la réflexion sur la bioéthique. Valeur philosophique, éthique, juridique et politique, elle permet notamment de tempérer le désir d'autonomie et d'émancipation qui résulte de la reconnaissance de la liberté individuelle pour que les excès de certains n'aient des effets néfastes sur les intérêts légitimes d'autres personnes. Il s'agit d'éviter de choquantes inégalités ou des situations rendant une mesure inaccessible à tous ceux qui souhaiteraient en bénéficier. Ce principe de solidarité, qui a une valeur constitutionnelle, oblige le CCNE à rechercher une égalité de fait dans le traitement des personnes et il l'incite fortement à se montrer très attentif aux plus vulnérables ou aux minorités, souci dont il témoigne sans cesse dans ses avis.

Cet attachement à ce principe explique aussi la valeur que le CCNE attribue au don, qu'il porte sur le sang, les organes, les gamètes ou les embryons.

Ces deux dernières notions de liberté et de solidarité ont des rapports étroits, comme le rappelle l'avis 129 : « L'exercice de la fraternité/solidarité consiste ici à interroger les impacts de la liberté individuelle sur la valeur d'égalité dans l'exercice de cette liberté. » Est très emblématique de ce raisonnement la réflexion éthique qui conclut à la nécessité s'assurer le remboursement de l'AMP pour les femmes seules ou les couples de femmes[5].

En dépit des contraintes de l'affrontement politique, le Parlement n'a pas perdu de vue ces données éthiques du débat, lors des discussions sur la loi de bioéthique. Ainsi, le ministre des Solidarités et de la Santé Olivier Véran, dans son discours du 7 juin 2021, à l'occasion du passage du projet de loi devant l'Assemblée nationale pour une nouvelle lecture, a pu dire : « À chaque ligne de chaque article, nous avons scrupuleusement veillé à préserver l'équilibre entre le respect de la dignité de la personne humaine, l'autonomie de chacun et la solidarité de tous. » Les rapports des commissions parlementaires sur le projet de loi font également référence à ces principes. Chacune des étapes de révision de la loi pourrait ainsi se résumer en une confrontation entre bioéthique et biopouvoir, c'est-à-dire le risque d'une emprise de la technique sur la vie, comme l'avait alerté Michel Foucault. On constate cependant, pour la première fois depuis que cette loi et le principe de sa révision régulière existent, une tonalité particulière imprégnant le dispositif législatif : on y relève bien une mention explicite des principes et valeurs éthiques et déontologiques. Le respect des principes éthiques, mais aussi la promotion de la solidarité dans le respect de l'autonomie de chacun constituent, en effet, une caractéristique dominante de la nouvelle loi. Si les mesures

5. « Cette question qui fait partie intégrante des aspects éthiques du sujet et la solution adoptée (prise en charge complète, ou différenciée sous conditions de ressources quel que soit le type de demande, financement par les mutuelles ou autres) devra être soigneusement étudiée au regard des critères de justice » (avis 129).

législatives adoptées renforcent l'autonomie des personnes, à travers la garantie d'une information et d'un accompagnement pluridisciplinaire adaptés, le rappel omniprésent dans le texte de loi du nécessaire recueil du consentement de chacun avant toute décision souligne l'affirmation d'une autonomie responsable comme principe éthique. Mais faudra-t-il aussi s'assurer que ce consentement puisse être toujours « libre et éclairé »...

Toutefois, le partage de valeurs éthiques et des références communes n'induisent pas nécessairement des prises de position semblables, comme l'illustre le cas de l'AMP *post mortem*, qui concerne un nombre de femmes très limité par an.

Le CCNE s'est montré favorable depuis 1993, par cinq avis[6], à l'autorisation du transfert d'embryons cryoconservés après décès, sous réserve d'un accompagnement médical et psychologique du conjoint, du consentement de la personne décédée et de modifications juridiques de nature à assurer la filiation paternelle de l'enfant. Le CCNE a expliqué dans son avis 113 que ces conditions lui paraissaient utiles, non pour porter atteinte à la vie privée de la femme, mais pour que soit préservé l'intérêt supérieur de l'enfant qu'elle aura contribué à faire naître tout en sachant qu'il sera privé de père, manifestant ainsi la préoccupation de prendre en compte tous les intérêts en présence. Le CCNE a, en revanche, toujours exprimé son opposition au transfert de sperme cryoconservé au motif que le consentement du géniteur était difficilement vérifiable, l'absence d'embryon concrétisant un projet parental.

Le Conseil d'État, encore défavorable en 2008 dans son étude sur la révision de la loi de bioéthique, a changé d'avis en 2018. Au terme d'une analyse juridique du droit existant et du dernier état de la jurisprudence, il a conclu à l'absence d'obstacle juridique et pris très nettement position en se situant sur le terrain de la cohérence juridique, faisant valoir que « l'ouverture de l'AMP aux femmes seules rendrait difficilement justifiable de refuser une AMP

6. CCNE, avis 40, avis 60, avis 67, avis 113 et avis 129.

post mortem à celle dont le conjoint vient de décéder alors que les embryons ou les gamètes du couple ont été conservés ».

Ni le CCNE ni le Conseil d'État n'ont été suivis par le gouvernement, qui a exclu dans le projet de loi la possibilité d'une insémination ou d'un transfert de l'embryon *post mortem*.

Le Conseil d'État a réitéré sa position en 2019 dans son avis sur le projet de loi, même s'il relevait que « le principe d'égalité n'est pas méconnu dès lors que la femme seule et la femme dont le conjoint ou le concubin est décédé sont placées dans des situations différentes, notamment au regard de leur capacité à consentir librement à une AMP et au regard de la filiation de l'enfant ».

Le législateur n'a pas davantage été sensible à ces analyses éthiques et juridiques et à cette demande sociétale. Les travaux préparatoires des différentes lois de bioéthique mettent l'accent sur ses craintes pour le développement psychologique de l'enfant à naître, sur la difficulté pour la mère d'élever seule un enfant orphelin de naissance, sur les effets de l'implantation d'un embryon *post mortem* en matière de filiation et de succession. La position du Parlement, fondée pour partie sur une argumentation d'ordre éthique, privilégiant l'enfant sur la mère, aurait-elle été la même si un lobby avait soutenu cette évolution ? Aurore Bergé, député de la majorité parlementaire, a tenté de justifier ce refus dans les termes suivants : « Concilier ce qui est techniquement possible et éthiquement souhaitable. Face à ce choix qui n'a rien d'évident, personne ne peut dire qu'il a raison et que l'autre a tort[7]. »

Ainsi, une réflexion éthique et juridique approfondie ne débouche pas nécessairement sur une loi. Mais l'édiction d'une norme juridique ne met pas davantage fin à la réflexion éthique[8].

7. *Libération*, 11 septembre 2019.
8. Nicole Questiaux, « De l'éthique au droit, réflexions à partir de l'expérience française », 25 septembre 1997.

L'autorité du CCNE

Le CCNE, simple organisme consultatif, n'exerce aucun pouvoir. En revanche, il exerce une autorité. La reconnaissance de cette autorité et sa capacité à peser sur le débat public dépendent de l'appréciation portée sur la qualité et l'objectivité de ses avis. C'est dire que la question de la confiance dont il peut jouir est essentielle. Elle est favorisée par son ancienneté, par son caractère généraliste dans tous les domaines intéressant les sciences de la vie et la santé, ainsi que par le caractère bénévole et la diversité d'origine de ses membres. Le rôle qui lui est attribué par la loi dans le déroulement des états généraux qui doivent précéder le renouvellement périodique des lois de bioéthique marque la reconnaissance de cette autorité.

Les besoins de repères éthiques qui ont justifié la création du CCNE ont ultérieurement été ressentis, non seulement par les principales institutions publiques (voir chapitre 4), mais aussi par de grands groupes privés, qui sont régulièrement interpellés sur le caractère éthique ou non de leurs agissements. On a donc vu se multiplier les instances ou les départements dédiés à cette réflexion. Ils sont souvent de grande qualité et ils aident fortement à l'acculturation de leurs membres. Ils contribuent également au débat public et il revient au CCNE, qui a vocation à intervenir sur tout ce qui intéresse les sciences de la vie et la santé, d'avoir une vision globale des questions éthiques.

Mais, maintenir la confiance est un défi permanent. Le CCNE doit sans cesse faire évoluer ses méthodes. À notre époque, marquée par une confiance accrue dans la démocratie directe, il s'expose à une contestation de sa légitimité et de son autorité si sa réflexion n'accorde pas une place suffisante à ce qu'il est convenu aujourd'hui d'appeler l'« opinion citoyenne ». Sa composition a été récemment modifiée pour lui adjoindre six personnes représentatives de « la société civile ». Par ailleurs, il a eu l'occasion à deux reprises de s'appuyer sur les réflexions d'un comité citoyen (en 2013 et 2018) et auditionne régulièrement des représentants d'associations.

Mais cette écoute des personnes proches des situations concrètes qui lui permet d'approfondir sa réflexion éthique et son autorité indéniable ne permet pas toujours au CCNE d'être entendu.

Le traitement réglementaire des soins funéraires pendant la crise sanitaire par le gouvernement (voir chapitre 5) est, à cet égard, très riche d'enseignements. Le décret du 1er avril 2020[9] a brutalement interdit les soins de conservation sur le corps de toutes les personnes décédées, imposé la mise en bière immédiate des défunts atteints de la Covid-19, et exclu la pratique de la toilette mortuaire pour ces défunts. Dans un communiqué du 17 avril 2020, qui a eu un large écho, le CCNE, s'autosaisissant à la suite des remontées des espaces de réflexion éthique régionaux (ERER), a critiqué ces dispositions. Bien qu'il se soit fait l'écho des constatations des acteurs de terrain, il n'a été entendu que très partiellement par le gouvernement, puisque ce n'est qu'à la suite de l'annulation du décret du 1er avril 2020 par un arrêt du Conseil d'État du 22 décembre 2020 (n° 439804) qu'un nouveau décret du 21 janvier 2021[10] a mis fin à l'obligation de mise en bière immédiate et a rendu à nouveau possibles, dans certaines limites, les soins de conservation.

Ainsi, l'édiction d'un texte réglementaire ne doit pas interdire une réflexion critique rapide dès lors que l'éthique est en jeu. Cette réflexion peut, comme on le voit, infléchir le droit.

Cet exemple confirme, s'il en était besoin, que le CCNE veille à préserver la totale liberté de ses réflexions et de ses délibérations, conscient que son autorité en dépend largement, et à ne pas se laisser instrumentaliser. Une conséquence inéluctable de cette liberté

9. Décret n° 2020-384 complétant le décret n° 2020-293 du 23 mars 2020 prescrivant les mesures générales nécessaires pour faire face à l'épidémie de Covid-19 dans le cadre de l'état d'urgence sanitaire.

10. Décret n° 2021-51 modifiant les décrets n° 2020-1262 du 16 octobre 2020 et n° 2020-1310 du 29 octobre 2020 prescrivant les mesures générales nécessaires pour faire face à l'épidémie de la Covid-19 dans le cadre de l'état d'urgence sanitaire.

est que les avis peuvent comporter des nuances, voire des opinions différentes.

Par ailleurs, depuis sa création, le CCNE n'a jamais hésité à revenir sur des sujets qu'il avait déjà traités, car l'évolution des connaissances et de la société impose une réflexion constante qui peut déboucher sur des positions différentes de celles qui ont pu être prises quelques années auparavant. Il a ainsi consacré de nombreux travaux aux questions éthiques que soulève la fin de vie (voir chapitre 7). Depuis 2000, deux avis ont été entièrement consacrés à ce sujet : l'avis 63 et l'avis 121. Encore convient-il d'ajouter le chapitre relatif à « l'accompagnement de la fin de vie » inclus dans l'avis 129. Plus récemment encore, le CCNE a rendu sur le sujet l'avis 139, qui relève que deux conceptions sont éthiquement concevables en ce domaine et qui comporte une « réserve » émanant de huit membres. Si le CCNE considère qu'il ne lui appartient pas de décider si la législation doit évoluer, il fixe les conditions éthiques qui devraient impérativement être respectées si le législateur décidait de légiférer sur une aide active à mourir.

L'autorité du CCNE est aussi reconnue par les instances judiciaires. Le Conseil d'État l'a sollicité à l'occasion de l'examen de l'affaire Vincent Lambert[11] sur le fondement de l'article R.625-3 du Code de justice administrative qui permet de faire appel à un *amicus curiae* en lui demandant, en mars 2014, de présenter des observations à caractère général destinées à l'éclairer sur les notions d'obstination déraisonnable et de maintien artificiel de la vie au sens de l'article L.1110-5 du Code de la santé publique.

Par ailleurs, la Cour de cassation a interrogé le CCNE en 2019 sur la filiation d'un enfant conçu en qualité de père génétique par une personne transgenre, devenue femme à l'état civil, à laquelle était refusée une reconnaissance de maternité dans l'acte

---

11. https://www.conseil-etat.fr/decisions-de-justice/jurisprudence/les-grandes-decisions-depuis-1873/ce-ass.-24-juin-2014-mme-lambert-n-s-375081-375090-et-37509.

de naissance de l'enfant. Sollicitée par l'avocat général chargé de cette affaire, la réponse du CCNE s'est située sur le seul terrain de l'éthique tandis que la direction des affaires civiles et du sceau du ministère de la Justice a répondu en envisageant deux solutions juridiques[12].

Réflexion de deux juristes sur leur participation au CCNE

Participer au CCNE, c'est avant tout, pour un juriste, réfléchir, dans un cadre pluridisciplinaire, grâce à la richesse que constitue la diversité d'origine de ses membres, aux questions que pose l'adaptation du droit aux évolutions de la société.

Le juriste est bien sûr plus ou moins au centre des débats selon le sujet traité. Directement concerné lorsque est en cause une notion proprement juridique comme le consentement ou la parentalité, il peut moins apporter sur les questions relevant de la science ou de la pratique médicale. Mais même dans cette dernière hypothèse, comme tout membre du CCNE, il apporte son concours, avec sa culture juridique propre, qui l'incite à la structuration du raisonnement, à la synthèse et à la précision du langage.

Le juriste indique aussi les limites, qui tiennent notamment à ce qu'une nouvelle loi ne saurait tout permettre, sa compétence étant limitée par les contrôles de constitutionnalité et de conventionnalité, ce dernier portant sur les engagements internationaux de la France, essentiellement les engagements liés à l'Union européenne. Il est en quelque sorte à cet égard celui qui doit veiller à un certain rapport au réel, pas celui du soin et de la pratique médicale, mais celui du lien avec les diverses composantes du droit positif qui oblige à une forme de transversalité. En témoigne l'exemple de la responsabilité,

12. *Cf.* avis de Mme Caron-Déglise sur l'arrêt de la Cour de cassation, chambre civile 1, 16 septembre 2020, 18-50.080 19-11.251, https://www.courdecassation.fr.

qui est appréciée différemment par le droit public, le droit privé et le droit pénal, chacun ayant son système propre.

Les réflexions éthiques n'ont pas toujours la rigueur d'analyse de la réflexion juridique alors même que certaines d'entre elles peuvent déboucher sur une proposition qui peut avoir des conséquences juridiques. La réflexion en matière éthique excelle lorsqu'il s'agit de mettre en évidence des tensions entre des valeurs ou des cas de conscience ou de proposer des grilles d'analyse sans qu'aucune nécessité se fasse jour d'apporter des solutions juridiques pour résoudre les questions posées. Dès lors qu'éthique et droit n'ont pas le même objet, le juriste ne saurait prétendre jouer un rôle central, ni avoir le dernier mot en matière d'éthique. Il livre un éclairage qui sert essentiellement à resituer la réflexion dans le contexte plus général des liens et des contraintes qui l'encadrent. Mais pour y parvenir et jouer efficacement ce rôle, il sait d'expérience qu'il doit faire l'effort de convaincre ses interlocuteurs, souvent rebutés par la réputation d'austérité de l'approche juridique et par le grief souvent fait aux juristes de ne pas simplifier les choses.

Lorsque sont en jeu des évolutions qui peuvent avoir des conséquences juridiques, la norme éthique étant plus plastique que la norme juridique, le juriste se demande s'il doit soulever tous les problèmes qui peuvent se poser en amont ou en aval. Il doit veiller au caractère réaliste des propositions faites mais, n'étant pas le législateur, il ne lui appartient pas de chercher dans le détail à résoudre toutes les questions juridiques que pourraient susciter les évolutions du droit positif qui sont proposées. Il sort de son cœur de métier lorsqu'il doit prendre position sur des propositions sociétales ou d'évolution relative à des évolutions techniques. L'ouverture d'esprit et l'approfondissement de notions nouvelles pour lui dans une institution associant médecins, chercheurs, philosophes, scientifiques, spécialistes des sciences humaines et des religions sont très enrichissants et constituent l'intérêt majeur de la participation au CCNE pour un exercice d'intelligence collective.

SIXIÈME PARTIE

Des questions éthiques pour demain ?

Le premier président du CCNE, le professeur Jean Bernard, comme nous l'a rappelé Henry Atlan, aimait dire : « Nous saurons si nous avons réussi dans vingt ans, si dans vingt ans on pourra se dispenser du Comité ! » Aujourd'hui, quarante ans plus tard, les questions se posent toujours au CCNE, des questions qui se renouvellent dans un contexte différent, des questions inédites par l'avancée des connaissances et de leurs applications, des questions qui exigent une réflexion éthique au bénéfice de la société, de la recherche, des décideurs politiques. Dans deux chapitres de prospective, mais s'ancrant dans la réalité d'aujourd'hui, deux thématiques sont abordées : celle de la procréation du futur (chapitre 13), dans la mesure où les premiers travaux du CCNE portaient justement sur l'émergence de nouvelles techniques de procréation ; celle de la relation entre santé et environnement (chapitre 14), dans un contexte d'urgence écologique. Bien entendu, d'autres sujets de réflexion émergent déjà.

CHAPITRE 13

Les futurs de la procréation

Nouveaux destins du hasard et du temps

Ariane Giacobino,
Catherine Patrat, François Ansermet

Le CCNE, comme dans les décennies précédentes, a mis en place en 2019 un groupe permanent sur la procréation du futur, exerçant avant tout un rôle de prospective, d'observatoire, et éventuellement d'alerte. Ce chapitre est le résultat de sa réflexion portée par les animateurs du groupe, avec la contribution d'Alexandra Benachi, Pierre Delmas-Goyon, Claude Delpuech, Caroline Martin, membres de ce groupe de travail.

Les avancées technologiques, en particulier dans le domaine de l'embryologie et de la génétique, ont été fulgurantes ces dernières années. Elles font et feront peut-être le lit de nombreuses applications dans le champ de la procréation humaine, repoussant les limites du possible. C'est ainsi que le monde de la procréation va certainement se métamorphoser, plus vite que notre capacité à le suivre. Que les voies de la procréation dépassent nos représentations peut aussi être vécu comme une source d'angoisse.

Il faut veiller à ne pas se laisser prendre par ce qui serait une tentation de *statu quo* : il s'agit au contraire de se montrer capable d'être réactif aux changements mis en jeu par notre époque, au-delà des vertiges qu'ils peuvent provoquer, et poser avec sérénité les bases d'une réflexion éthique.

Penser l'origine, le temps, la différence : la tentation de la prédiction provoque certes de l'angoisse, mais aussi de l'attirance. Vers quel futur de la procréation allons-nous ?

Si le CCNE s'est mis en place en 1983 à partir des questions éthiques suscitées par les possibilités de l'assistance médicale à la procréation (AMP), que peut-on anticiper quant au futur de la procréation ? Les nouveaux enjeux, mais aussi les défis de demain, résultent de la confrontation entre le possible, le souhaité et l'éthiquement acceptable, sachant que le possible peut parfois devenir souhaitable ! Par-delà les demandes d'AMP pour des questions d'infertilité, on peut se demander si les débats sur les demandes sociétales de procréation ne sont pas « l'arbre qui cache la forêt » des véritables enjeux de demain. Ceux-ci concernent les nouveaux usages de la prédiction que permettent les biotechnologies de la procréation, c'est-à-dire un nouveau rapport au hasard qui se dessine, de même qu'un nouveau rapport au temps : la maîtrise du temps et du devenir.

Maîtriser le hasard, maîtriser le temps, réparer ce qui est possible de l'être devraient soulager de l'angoisse du devenir ; mais il y a le risque d'un retournement, où le fait d'échapper au hasard et au temps produit un nouveau type d'angoisse, en révélant plutôt l'inévitable du hasard et l'impossibilité d'échapper au temps. Ces questions ne sont d'ailleurs pas propres à la procréation, comme le montre la prolifération des outils de *monitoring personnalisé* de la santé.

Pour ce qui concerne les demandes d'AMP qui résultent de l'impossibilité de concevoir, à la suite de troubles de la fertilité[1], elles sollicitent aussi la possibilité de contourner l'infertilité, en recourant de plus à toutes sortes de technologies ajoutées, dont génétiques. On va ainsi, tant dans les demandes médicales que sociétales, vers une perte du « naturel » de la conception, à travers le recours à la

1. D'ailleurs en constante augmentation, notamment du fait de l'exposition à des facteurs environnementaux délétères et d'un âge plus tardif à la parentalité.

génétique comme permettant d'augmenter la probabilité d'une grossesse « saine », une qualification qui pose aussi question.

Depuis sa création, le CCNE ne cesse d'être sollicité par les questions éthiques qu'impliquent les nouveaux usages des modes de procréation. Nul ne peut prédire ce que sera le futur !

Imaginer les futurs de la procréation, c'est décrire les possibles projets procréatifs, permis par la maîtrise du temps et du hasard. Qu'en sera-t-il des projets acceptables au plan éthique ? Ce chapitre aborde dans un premier temps les pistes envisageables dans ce domaine, puis soulève les tensions éthiques à venir, points de butée autour de hasard et temps.

Technologies : mettre une limite au hasard ?

Procréer seul, procréer sans autre, a ainsi émergé comme une demande féminine récurrente. Jusqu'à présent, le débat portait plus sur les couples de femmes, sur la gestation pour autrui (GPA) demandée par les couples d'hommes, mais voilà que c'est la procréation sans autre partenaire que des gamètes qui a pris le devant de la scène !

Peut-être aurait-on dû procéder autrement pour penser la procréation chez les femmes. L'après-coup nous dit toujours ce qu'on aurait pu savoir, ce qui n'empêche pas de chercher à l'anticiper. On devrait alors prédire qu'on ne peut vraiment pas prédire ce qui adviendra.

Il faut reconnaître qu'une tentation prédictive s'est emparée de notre époque, au cours de laquelle on est tenté de réduire la place du hasard, de le maîtriser. Peut-on vraiment maîtriser la contingence, sûrement la grande loi de l'univers, mais une loi qui nous échappe ?

Il n'y a pas dans l'univers un temps absolu qui servirait de repère aux événements. Le temps de l'homme est infiniment petit en comparaison des temps planétaires, géologiques et même de l'évolution.

L'homme ordonne les phénomènes qui l'entourent selon sa temporalité, au mieux en se plongeant dans une temporalité à l'échelle terrestre, mais le plus souvent à l'échelle de quelques générations, ou de quelques siècles, au sein du temps historique dans lequel il est plongé. Si notre propre existence sur la Terre est contingente, comment considérer la procréation, la création du futur enfant et, plus loin, la création de l'humanité future ? Elle semble, au fil des développements des technologies procréatives, être de moins en moins le fruit d'un « hasard ». On cherche à maîtriser la procréation. On veut la disjoindre de la rencontre et souvent aussi l'ajuster au moment le plus opportun.

Limiter le hasard, éviter l'improbable : quels que soient les développements technologiques, les hasards sont multiples, infinis, tant en amont qu'en aval de la procréation. Cela aurait pu être un autre homme, une autre femme, une femme seule, peut-être un jour un homme seul.

Tous se confrontent au hasard à travers les dons de gamètes. Cela aurait pu être un autre spermatozoïde, un autre ovocyte, d'autres combinaisons génétiques, d'autres mutations, d'autres facteurs épigénétiques. La perspective de réaliser un jour des gamètes de synthèse ne permettra pas de réduire le hasard, même si on cherche une supposée perfection prédictive.

Quoi qu'il en soit, toute prédiction révèle l'infini de ce qui ne peut pas être prédit. Au-delà des maîtrises procréatives et des prédictions qu'elles mettent en jeu en amont, on ne peut prédire ce que sera chaque enfant, ce qu'il fera, ce qu'il deviendra. Même les maladies génétiques transmises ne réduisent pas le devenir de l'individu à la seule mutation et à la maladie familiale. Tout dépendra de ce que fera l'enfant, de ce qu'il choisira de poursuivre ou de créer, et pas seulement du comment il aura été fait et avec quels génomes.

Tentation du prédictif

Le partenaire procréatif peut être issu du hasard d'une aventure amoureuse ou d'une aventure sexuelle débouchant sur une rencontre procréative ou donnant l'envie d'un futur commun.

On cherchera peut-être dans l'avenir plutôt à se focaliser sur un projet procréatif, parental et conjugal, séparé d'une histoire d'attirances réciproques issues des contingences imprévues de la vie, et conduisant quelques semaines plus tard à un coït coïncidant par hasard avec une ovulation.

Au lieu de se laisser aller au hasard des rencontres, on commence déjà à vouloir les maîtriser en passant par des sites spécialisés et par le *matching* de leurs algorithmes qui prédisent la réussite d'un lien, après avoir passé au crible une multitude de partenaires potentiels.

Pourquoi ne pas leur associer une possibilité procréative ? Photos, tests génétiques, mutations désavantageuses, mais, plus encore, variations prometteuses de futurs enfants « sains et performants » : le code génétique pourrait devenir un outil de séduction !

Avec la contraception, puis dans le contexte plus récent des transformations de la famille que nous connaissons aujourd'hui, il faut penser, anticiper la parentalité qui s'en déduit, c'est-à-dire, au-delà des évolutions actuelles, définir les temps et les formes que l'on souhaite lui donner, imaginer les futurs possibles de la procréation et de son nouage avec la parentalité.

La procréation se construira à deux ou seul, ou à plusieurs, avec une coparentalité se référant à la notion de partage et de soutien entre des adultes élevant des enfants, sans projet conjugal commun.

Peut-être, au final, ce sera le projet d'enfant qui créera le lien entre des futurs parents, d'une certaine manière déjà séparés ou jamais unis, même s'ils s'associent dans la procréation.

Les familles recomposées donnent déjà de nouveaux liens et de nouveaux rôles aux partenaires, demi-frères et sœurs, beaux-parents, qui participent au devenir de l'enfant : des formes nouvelles encore inédites pourraient se dessiner, le phénomène de la coparentalité en étant la première illustration. Peut-être ira-t-on vers une disjonction de plus en plus effective entre sexualité et procréation, procréation et parentalité, conjugalité et parentalité.

Mais il reste essentiel que le bien de l'enfant puisse demeurer une question centrale dans ces reconfigurations familiales.

Un projet procréatif

On cherche aujourd'hui à maîtriser de plus en plus la procréation, comme projet spécifique aux perspectives prédictives, au-delà du jeu incertain de l'amour et du hasard, au-delà du désir dans l'histoire du couple qui aboutira à un désir d'enfant.

Ce n'est peut-être pas nouveau. Aujourd'hui déjà, au sein d'un couple, le désir de chacun peut être le fruit d'une histoire passée, qui précède parfois la rencontre. Mais, même s'il y a bien des projets d'enfant, la procréation dépasse les projets des protagonistes de la procréation.

Le projet procréatif s'autonomise de l'histoire, prend le devant de la scène comme un objectif principal, concentrant des stratégies procréatives. Ne pourrait-on pas dire qu'on est passé de la sexualité pour la procréation à la sexualité sans la procréation (à travers les moyens contraceptifs, qui sont déjà une voie permettant de disjoindre sexualité et procréation), pour arriver à une procréation sans sexualité ?

La procréation a toujours été un enjeu de sélection : avant d'être génétique, il s'agissait, et parfois encore aujourd'hui, de milieu social, de conservation des biens familiaux, de territoires, de consanguinité choisie.

Le futur pourrait être marqué par une procréation de plus en plus disjointe de la sexualité. L'autre est devenu d'abord le « partenaire procréatif », sous toutes ses déclinaisons, jusqu'aux gamètes eux-mêmes. Les gamètes apportent une complexité énorme dans le processus reproductif. Cette source de gamètes haploïdes (23 chromosomes) représente une généalogie, un cumul d'imperfections, évidentes ou non, une somme de recombinaisons chromosomiques, mutations et variations génétiques qui vont complémenter celles de l'autre. D'où la tentation, pour mieux maîtriser le processus ou le rendre au moins plus prévisible, de mieux définir génétiquement ce qu'apportera cet indispensable demi-génome (23 000 gènes) additionnel. On misera peut-être plus sur ce type de rencontres biologiques plutôt que sur la rencontre traditionnelle, déterminante, mais, en pratique, contingente, qui serait alors reléguée au second plan comme un système qui peut encore avoir du sens, mais plus sur le plan procréatif. Le romantisme n'implique-t-il pas une perte complète du contrôle biologique ? Du mariage « arrangé » au choix du donneur de spermatozoïdes, il n'y a pourtant qu'un pas : tenter de cerner d'abord l'autre de la procréation plutôt que l'autre de la rencontre !

Si la rencontre contingente, fruit de l'amour et du hasard, ne se pratiquera plus fréquemment, il faudra néanmoins encore envisager le « temps » reproductif. Cela peut devenir un but en soi, un possible qu'il s'agit de saisir, de maîtriser, parce qu'il menace de s'échapper, avec le temps qui fuit et le risque de ne plus pouvoir se reproduire à temps. À la place du hasard de la rencontre, on est face au temps, à son propre temps qui passe. Ce temps qui s'écoule augmente par ailleurs le risque de non-disjonction chromosomique dans les ovocytes et de mutations génétiques dominantes dans les spermatozoïdes. Bref, le projet devient d'abord procréatif, le reste pouvant devenir un arrangement secondaire. Même si tout est centré sur la procréation, quelle que soit la maîtrise qu'on exerce, il n'y a pas de moment reproductif sans risque, le risque empirique de base (2 à 3 %) pour l'enfant de naître avec un problème congénital restant l'estimation la plus juste.

Au-delà du temps

Mais la procréation n'est pas qu'un défi au hasard, dans le but d'en limiter la place. C'est aussi un rapport au temps et à soi. Anticiper un projet procréatif ou, à l'inverse, le prolonger au-delà de la vie, pour pérenniser le lien génétique, la transmission de son patrimoine génétique comme pour contourner sa propre finitude. Au-delà de la finitude individuelle, la procréation perpétue la lignée, la tribu, l'espèce humaine.

Cryopréserver ses gamètes, par une congélation à – 196 °C, pour éviter leur vieillissement ou leur disparition, avoir un enfant « biologique » avec lequel on a un lien génétique, quand on l'a décidé, à un moment qui convient, dans un cadre choisi, sans pression sociale, telle est une revendication présente aujourd'hui qui pourrait se généraliser de plus en plus demain. On met préventivement de côté des gamètes « au cas où ». Avec le passage du temps, les ovocytes non encore ovulés sont moins nombreux et ont un risque plus élevé que la séparation des chromosomes lors de la méiose (division cellulaire aboutissant à un ovocyte portant 23 chromosomes) ne se réalise pas correctement et aboutisse à la présence d'un chromosome surnuméraire ou manquant lors de la conception. Ce risque augmente dès l'âge de 35 ans.

Cette cryopréservation « sociétale » ou non médicale, hors d'un contexte spécifique de maladie, de traitement ou de réassignation sexuelle, est moins fréquente pour le sperme. Mais on peut noter que le risque, certes relativement faible, de maladies génétiques dans la descendance augmente aussi avec le vieillissement de l'homme. Ce risque est assujetti à de nouvelles mutations dans l'ADN des spermatozoïdes et doit aussi être pris en compte. Cependant la congélation n'empêche pas le temps extérieur au congélateur de passer même si le temps biologique se trouve bloqué ! En tout cas, la cryopréservation des gamètes débouche sur une disjonction temporelle, en reportant la procréation à plus tard. Mais, si la volonté de la congélation est annonciatrice de la volonté d'une future maternité ou paternité, celles-ci comportent le risque d'être néanmoins illusoires, si elles ne peuvent se concrétiser.

Conception après la vie

Le prélèvement posthume de spermatozoïdes est techniquement possible, avec pour objectif une fécondation ultérieure au sein d'un couple constitué avant le décès.

Les problèmes éthiques posés par cette procédure vont bien au-delà de la question du consentement du donneur ou de la procréation par une femme seule, qui au lieu de faire appel à un donneur ferait appel au sperme de son conjoint décédé.

Comment considérer alors l'intérêt du futur enfant, lorsqu'un mort peut donner la vie après sa propre mort, y compris s'il l'a lui-même souhaité ? Peut-on penser, comme pour le don d'organes, que la pénurie de donneurs de sperme rendrait essentielle cette pratique ?

Ce type de débat pose la question de l'usage de gamètes volontairement congelés, après décès du donneur, en particulier lorsque la cryoconservation a été réalisée dans le cadre d'un traitement, oncologique ou autre, à risque de compromettre la fertilité. Cette possibilité n'a pas été prise en compte dans la révision récente de la loi de bioéthique, le sera-t-elle dans l'avenir ? Disposer de façon posthume de spermatozoïdes ou d'ovocytes cryoconservés de son partenaire, les détruire ou les donner : des questions auxquelles le CCNE pourrait devoir un jour répondre (voir aussi le chapitre 7).

Si un tel don était envisageable, il faudrait alors conduire une enquête pour retrouver un descendant qui en serait issu ou prévoir que celui-ci puisse accéder à ses antécédents.

Un possible futur qui mettrait le passé au centre de la discussion !

Ce problème rejoint en partie celui du don quand l'enfant souhaite retrouver, en amont de lui, le donneur de spermatozoïdes ou la donneuse d'ovocytes, ainsi que les motivations de ces derniers.

On peut imaginer des situations complexes où l'héritier serait justement issu de la personne décédée et qu'il puisse disposer des gamètes pour créer sa propre descendance. Le père deviendrait alors le fils du fils, la mère, la fille de la fille… Franchir la barrière du posthume fait surgir des questions génétiques, juridiques et éthiques complexes !

Agir sur l'origine

Procréer aujourd'hui revient à accepter l'intrusion d'un demi-génome autre que le sien. Cela signifie donc accepter le risque, l'imprévu, la malchance et l'imperfection.

Les technologies diagnostiques génétiques ont extraordinairement progressé ces dernières années, permettant de rechercher différentes maladies génétiques chez les futurs parents « porteurs sains » (test préconceptionnel qui consiste à rechercher dans l'ADN de chacun des partenaires, « porteurs sains », les mutations présentes), d'effectuer un diagnostic préimplantatoire pour une maladie monogénique familiale (DPI-M) ou un réarrangement chromosomique (DPI-SR) – la fécondation *in vitro* est suivie d'une analyse de quelques cellules de l'embryon pour définir s'il porte la mutation ou le réarrangement chromosomique familial, avant que l'embryon ne soit transféré dans l'utérus maternel, ainsi que durant la grossesse (test prénatal).

Il n'y a pas encore de consensus quant à l'étendue des tests préconceptionnels à proposer. De quelques gènes à des centaines peuvent être séquencés, et de là, l'appariement des données de séquençage et de celles du donneur de gamètes/partenaire peut permettre de préciser le risque de transmettre une maladie. Nécessairement, on trouvera des mutations, car il n'y a pas de génome sans mutations, mais c'est la mise en commun qui créera le risque. D'où les risques accrus dans les couples consanguins, qui ont une probabilité plus élevée de porter les mêmes mutations. Choisir un partenaire reproductif sur Internet ou de façon fortuite, contingente, et procréer sans séquençage préconceptionnel laissent plus de place au hasard des combinaisons génétiques, mais ne permettent pas de maîtriser l'imprévu, de garantir la santé du futur enfant, et encore moins de définir qui il sera.

De même, dans le cadre du diagnostic préimplantatoire (DPI), si les embryons à transférer en priorité le sont, non sur l'éviction d'une pathologie d'une potentielle gravité (DPI-M et DPI-SR) ou sur le risque d'échec d'implantation et de fausse couche spontanée (DPI-A, aneuploïdie embryonnaire), mais plutôt sur la base de la présence de variants génétiques associés à une probabilité plus importante de développer des maladies polygéniques comme les maladies cardio-vasculaires, le diabète, le cancer ou la schizophrénie, garantira-t-il à l'enfant d'avoir « une meilleure vie » ? Un enfant conçu sans ces précautions préalables et développant plus tard une maladie génétique pourrait-il un jour accuser ses parents de négligence ? La sélection sur le sexe ou sur des traits physiques, voire fonctionnels comme l'intelligence, pourrait devenir un enjeu majeur de discussion au sein du CCNE ou dans d'autres comités d'éthique, même si elle ne garantit pas un meilleur bien-être, une notion d'ailleurs toute relative selon les individus, les civilisations, les nations ou les époques.

Devenir de l'enfant

Mais peut-on vraiment prédire l'enfant ? Son devenir est fonction de multiples facteurs en relation avec la filiation psychique, la culture, les événements marquants et les choix de celles ou de ceux qui décideront de l'orientation de sa vie, au-delà de ce qui lui est transmis biologiquement ou socialement. Le séquençage du génome humain a paradoxalement révélé la béance de tout ce qui échappait au séquençage du code génétique. Il est d'ailleurs étonnant de constater que lors de diagnostics préimplantatoires, la proportion d'embryons aneuploïdes c'est-à-dire porteurs d'anomalies du nombre de chromosomes, fréquemment en mosaïque (anomalies présentes dans certaines cellules seulement), est souvent supérieure à celle des embryons sans anomalie. Le vivant fait des erreurs, beaucoup d'erreurs, mais on ne le savait pas puisqu'on ne l'observait pas ! Les fausses couches, qui concernent 15 % environ des grossesses, sont l'une des manifestations des difficultés de la reproduction humaine : la moitié d'entre elles serait liée au fait que des embryons porteurs d'anomalies chromosomiques n'arrivent pas à se développer. Le vivant, comme l'évolution, est issu de hasard et d'erreurs.

Transmissions

Pour certains, le désir d'avoir un enfant génétiquement lié à eux constitue un besoin essentiel, « consubstantiel à l'humain ». Le génome, à lui seul, serait alors porteur des caractéristiques physiques, du comportement, du caractère, voire du devenir…

Le développement, conjoint en génétique et en médecine reproductive, de nouvelles technologies offre des perspectives quasi « révolutionnaires » dans la médecine procréative, notamment dans le traitement de l'infertilité ou de la transmission de mutations pathogènes.

Qu'en est-il de la possibilité de synthétiser des ovocytes ou des spermatozoïdes ?

Chez des individus infertiles, dans les couples homosexuels ou lors d'une réassignation du sexe, ce serait un moyen de conserver le lien génétique avec le futur enfant. Dériver les gamètes de cellules souches d'un individu serait complexe, mais lui permettrait de garder sa propre contribution génétique (un demi-génome) à la conception du futur enfant avec l'autre, cet autre pouvant ou non être du sexe opposé, voire n'être qu'un qui se reproduit, comme dans le clonage reproductif. Cette option dans la procréation permettrait d'aller au-delà de la barrière de la différence des sexes, au-delà de la nécessité biologique qu'il y ait un homme et une femme impliqués dans le projet procréatif, argument souvent utilisé contre l'homoparentalité.

Pratiquement, comme dans les travaux sur les modèles murins, à partir de cellules pluripotentes (cellules qui ont le potentiel de se différencier en différents types cellulaires), il s'agirait d'arriver à induire leur développement vers ce type cellulaire particulier que sont les gamètes : ovocytes ou spermatozoïdes. Cependant, réduire de moitié le nombre des chromosomes (haploïdisation) et arriver à établir avec une justesse absolue la myriade de marques épigénétiques propres à chacun des deux types de gamètes feraient partie des manipulations extrêmement complexes à effectuer. Pour l'instant, cela semble impossible, justement en raison de la temporalité correspondant à l'établissement de chacune de ces marques épigénétiques, établies elles-mêmes sous contrôle génétique : le processus de différenciation cellulaire est un processus biologique complexe.

De plus, au-delà des nombreux obstacles techniques évoqués à l'instant, serait-ce souhaitable ? Certes, on pourra penser que cela représenterait une simplification, plutôt que de faire appel à des donneurs, et permettrait la réalisation d'une procréation analogue à celle de couples hétérosexuels qui conçoivent à partir de leurs propres gamètes. Ainsi, les gamètes de synthèse seraient, du seul point de vue génétique, une possibilité de revenir au « naturel », celui des couples formés par choix et non avec des gamètes de donneurs.

Un gamète est-il toutefois vraiment représentatif d'un individu, compte tenu de l'infini des combinaisons génétiques qui font que les gamètes d'un même donneur sont tous différents ? Penser un gamète comme un père ou comme une mère est un saut conceptuel vertigineux.

La différence s'impose, au-delà de ce qu'on imagine.

Quant au clonage reproductif, tel qu'expérimenté chez différents mammifères, il aurait pour but d'utiliser le patrimoine génétique complet d'un individu (par exemple à partir de cellules somatiques) pour en créer un nouveau. Il n'y aurait là pas de contribution d'un autre, partenaire ou donneur, mais que de soi. On peut imaginer vouloir se recréer soi-même ou vouloir recréer son être cher, comme cela est proposé actuellement dans certains pays pour des animaux de compagnie. Mais l'identique absolu est impossible, du fait des marques épigénétiques, liées en grande partie aux expositions environnementales propres justement à la vie de chacun. Ce soi serait donc différent, du fait qu'il n'a justement pas vécu la même vie. Est-ce toutefois un désir d'enfant, ou plus précisément un désir du même, du fantasme du même, de sa propre perpétuation, auquel on finirait par répondre, comme si un pouvait venir de un, même si un ne peut être égal à un ?

Enfin, la combinaison génétique lors de la procréation pourrait, un jour, rendre possible la correction de mutations responsables de maladies chez l'humain. Appliquée aux cellules germinales et aux embryons précoces, l'édition du génome (technologies CRISPR-Cas9 qui permettent de couper et de remplacer des régions spécifiques de l'ADN) pourrait rendre possible, chez des personnes porteuses de mutations morbides, la naissance d'enfants non atteints, en évitant d'exclure des embryons, mais plutôt en les corrigeant. À ce jour, la technologie n'est pas du tout maîtrisée, avec notamment des risques de coupure hors cible. Mais lorsqu'elle le sera, pourra-t-on envisager de l'appliquer en reproduction humaine ? Dans quel contexte ? Pour quelles maladies ? Avec quelles limites ? Et quel risque d'application pour d'autres indications comme celle d'« augmenter » les capacités humaines, une piste jugée nécessaire par certains, par exemple pour résister à des micro-organismes pathogènes ?

Le futur de l'utérus

Par-delà le temps spécifique de la conception, faire un enfant implique nécessairement le temps de la gestation. Ce temps comprend aussi le hasard. Si la conception implique le hasard amené par le demi-génome de chacun des gamètes, la gestation implique un hasard qu'on pourrait qualifier d'« environnemental ». De plus, la mère, jusque-là réputée certaine, peut ainsi être devenue incertaine par deux voies : le don d'ovocytes et la GPA. Le temps et le hasard sont, en tout cas, aussi en jeu dans la gestation.

Procréer signifie aussi rendre possible une gestation de plusieurs mois. Mais l'utérus peut être au centre d'une impossibilité de grossesse et enclencher dans ce cas diverses stratégies de substitution qui, dans le futur, pourraient prendre plus de place. Il l'est pour des raisons médicales, lorsque la forme de l'utérus est anormale (comme dans le syndrome de Rokitansky, qui s'accompagne d'un non-développement de l'utérus et d'une partie du vagin) ou qu'il a été retiré (cancer ou hémorragie lors d'un accouchement), ce qui peut amener à choisir la possibilité de proposer une greffe d'utérus. Il peut l'être pour des raisons sociétales, dans la situation de couples d'hommes désirant procréer à partir de leurs gamètes, en passant par un don d'ovocytes et une GPA. Des personnes transgenres, assignées femmes à la naissance, peuvent conserver leur utérus et mener à bien une gestation, amenant à la possibilité d'avoir des hommes trans qui se revendiquent en même temps comme mère. En contrepoint des femmes trans, assignées hommes à la naissance, peuvent conserver leurs spermatozoïdes et concevoir en revendiquant d'être reconnues comme père en tant que femme. Mais des hommes trans pourraient tout aussi bien être confrontés à la question de donner leur utérus pour une greffe dans le parcours de leur transition. Enfin, pourraient s'ouvrir dans le futur de nouvelles stratégies, aujourd'hui à un stade expérimental avancé dans la prise en charge des extrêmes prématurés, visant à suppléer l'utérus comme organe nécessaire au développement de l'embryon, en passant à un système non humain tel qu'un utérus artificiel qui délivre de l'oxygène, perfuse, filtre…

Entre greffe et utérus artificiel

L'utérus artificiel sera-t-il une option, avec les gamètes du couple, avec dons de spermatozoïdes et d'ovocytes ou, éventuellement, avec des gamètes de synthèse ? Le futur de la procréation relèvera peut-être de la science-fiction !

La GPA pourrait un jour devenir une option largement acceptée au plan éthique, même si elle pose de multiples questions éthiques et juridiques, en termes de justice et d'autonomie, si on considère notamment la gestatrice d'emprunt. Définir si le motif du don est altruiste ou financier, si la gestatrice prête son corps en ayant pleinement conscience de ce qu'elle propose, en particulier en ce qui concerne les complications pouvant se produire lors d'une grossesse. Définir aussi le coût psychologique d'une telle démarche, envisager la possibilité qu'elle veuille garder l'enfant, celui-ci pouvant être considéré comme étant d'elle, dans la mesure où elle en a accouché.

Comprendre ce qu'implique la gestation sur le plan éthique et juridique est au cœur du débat sur la GPA, à quoi il faut aussi ajouter la question biologique des traces épigénétiques que garde le fœtus de son développement dans un corps « en prêt » et l'impact de l'interaction entre la gestatrice et le fœtus, à tous les niveaux, y compris psychologique, mnésique, affectif. Ces questions en cours d'investigations aujourd'hui seront peut-être résolues demain, rendant accessible la prédiction du devenir de l'enfant, sachant que la prédiction génétique ne peut éliminer d'autres dimensions en jeu.

On pourrait ainsi imaginer que la double influence, génétique et épigénétique, définisse alors, en cas de GPA, deux mères biologiques, celle qui donne son ADN et celle, si ce n'est la même, qui influencera ce patrimoine épigénétique, jusqu'à considérer que toutes les sources humaines d'interactions précoces pourraient être appréhendées comme des liens biologiques, compte tenu de leur influence sur les marques épigénétiques de l'enfant.

Ainsi, on en reviendrait à définir biologiquement ce que l'on sait déjà : l'influence des autres dans le devenir de l'enfant. Les nourrices d'antan feraient partie de la ronde de celles qui marquent l'épigénome.

La greffe d'utérus deviendra probablement plus courante. Plus d'une cinquantaine de greffes d'utérus ont été effectuées jusqu'à présent, la majorité d'entre elles après un don d'utérus, une minorité, en revanche, avec l'utérus issu d'un don d'organes *post mortem*.

Doit-on penser la greffe d'utérus différemment du don d'un autre organe du fait qu'il s'agit d'un organe de « maternance », donc faisant partie de l'histoire du futur enfant, ou du fait qu'il y aura une hystérectomie après la gestation, donc qu'il s'agit d'un organe « de passage » dans le corps de la personne greffée, ou du fait que cette greffe n'est pas indispensable à la survie de l'individu ?

Du point de vue immunologique, un don apparenté peut être souhaitable, et on peut alors penser que le don par une mère de son utérus à sa fille apporte une complexité additionnelle à son simple rôle de grand-mère. Quoi qu'il en soit, une greffe d'utérus est aussi une greffe d'imaginaire, mais non dénuée de risque pour la donneuse, la mère et l'enfant.

En contrepoint, on pourrait s'interroger sur l'avenir de l'utérus artificiel et le développement de procréations de plus en plus artificielles, des gamètes jusqu'à la gestation.

Une boîte de culture dans laquelle ont lieu une fécondation, lors d'une FIV avec ICSI[2], puis les cinq premiers jours du développement embryonnaire avant transfert dans l'utérus, pourrait déjà être considérée comme une trompe et un utérus artificiel, puisqu'elle offre le lieu et l'environnement permettant ce développement précoce. Une couveuse dans laquelle un grand prématuré termine sa gestation est-elle un équivalent d'utérus, puisqu'elle permet la fin du développement ? Par les deux bouts, développement embryonnaire précoce et avancée de la possible prise en charge de la prématurité, nous sommes peut-être déjà subrepticement en train de nous diriger vers de possibles gestations « hors corps ». Du liquide amniotique artificiel, du liquide nutritif, une machine pour imiter les mouvements rassurants d'un corps et des bruits corporels occasionnels, voire une musique. L'ectogenèse sera peut-être ce qui permettra dans le futur de contourner la gestation et l'accouchement, de rendre les femmes plus libres pendant les neuf mois de la gestation, la naissance consistant alors en l'ouverture de la couveuse multifonctions ?

2. FIV : fécondation *in vitro* ; ICSI : injection intracytoplasmique de spermatozoïde.

Le futur implique dès aujourd'hui le vertige de ces questions nouvelles, jusqu'ici encore hors champ, mais dont les technologies et progrès médicaux créent peut-être les prémices.

Au terme de cet inventaire prospectif, on mesure à quel point l'horizon de la procréation est loin d'être simple et unique. Le progrès médical a touché la procréation et permis de contourner bon nombre de problèmes de fertilité. Mais la procréation n'échappera peut-être pas si facilement au hasard et au temps. Cependant il ne s'agit pas de reculer devant le nouveau, d'être pris par une tentation d'immobilité, une fixation au passé, une croyance que la procréation doit être naturelle ou ne pas être. On ne peut maudire l'avenir auquel on contribue en faisant partie du présent ! Il s'agit plutôt de reconnaître les points sur lesquels cet avenir pourrait venir buter, de les isoler, de dessiner les contours en pointillé, pour pouvoir éviter de s'y cogner. Comment les identifier, comment les repérer ?

Tensions éthiques à venir

Points de butée autour de hasard et temps

Prédire les points de butée est aussi un pari sur le devenir de la science, des découvertes et technologies à venir. Ces points de butée, sur le plan éthique, peuvent être liés à un excès d'intolérance au risque et au hasard, dans une volonté de contrôle et d'anticipation, au fait que l'autonomie possible et souhaitable entre en contradiction avec la capacité à supporter des risques (pour soi, son (sa) conjoint(e), pour l'enfant à naître), au sentiment de transgression qui émerge en s'éloignant d'une procréation qui se rapproche du naturel, à la difficulté de faire avec la demande d'autonomie des patients ou du couple, mais aussi de celle de l'équipe soignante, tierce partie dans les demandes de procréation assistée, à l'hubris qu'implique le désir de suspendre le temps, de disjoindre le temps de la procréation du temps de la vie, du désir et de la sexualité.

Il faut vivre avec son temps tout en le scrutant, tout en anticipant l'avenir en jeu dans ce qui est proposé à travers des avancées de la science, c'est un des buts que s'est donné le CCNE.

Pourquoi faudrait-il avoir des enfants à tout prix alors qu'il y a une surpopulation flagrante sur terre ? Cette évidence de procréation n'est-elle pas questionnable ? Privilégier la sobriété, le respect de la nature n'entre-t-il pas en collision avec la technologisation sophistiquée de la procréation ? La société rejette les organismes génétiquement modifiés, semble-t-il, mais paradoxalement souhaite des tests génétiques et envisage l'édition de génomes humains.

On peut, en tout cas, constater que se dessine de plus en plus une tendance vers un droit *à* l'enfant, souvent invoqué dans les demandes d'AMP sociétales : un point de butée à mettre en balance avec le droit *de* l'enfant, question centrale du débat éthique.

Les biotechnologies de la procréation mettent en évidence une série de disjonctions. Certaines d'entre elles étaient déjà présentes : disjonction entre sexualité et procréation, entre procréation et gestation, entre origine et filiation (liée à l'institutionnalisation des dons de gamètes), entre hasard et détermination, sans compter les disjonctions temporelles qui résultent de la cryoconservation. Certaines de ces disjonctions amènent des questions, inédites, des points sur lesquels la pensée achoppe, qui peuvent laisser perplexe, jusqu'à parfois déclencher une angoisse, qu'on trouve au centre des défis éthiques et qu'on retrouve dans les débats politiques et parlementaires.

Qu'on soit pour ou contre les possibles introduits par les nouveaux usages des techniques d'AMP, en particulier dans leurs espoirs de limiter le hasard, et le risque, on rencontre des questions qui persistent, qui insistent au-delà des positionnements éthiques. On ne peut remplacer le défaut d'élaboration des points de butée qu'on rencontre par une multiplication d'opinions divergentes, qui ne réduisent pas l'angoisse qui les sous-tend. D'où l'importance de tenter de les expliciter, de rendre intelligibles ces questions, pour dépasser le débat d'opinions entre ceux qui sont pour et ceux qui sont contre. Tel est le pari d'une réflexion éthique : saisir ce qui fait qu'on ne peut se mettre d'accord, ce sur quoi on achoppe, en faire une condition pour pouvoir dépasser les passions qui envahissent la scène.

La procréation est un thème où le dilemme éthique est particulièrement présent. La régulation des nouveaux modes de procréation devra répondre aux questions d'autonomie, de justice, de bienveillance et de non-malfaisance. Elle devra aussi considérer simultanément le bien de l'individu, du couple, de l'enfant, de la société et du devenir de celle-ci.

La procréation devient presque, on l'a vu, une « affaire d'État » ou du moins l'affaire de bien plus qu'une femme ou qu'un couple.

Les gynécologues, urologues, généticiens, embryologistes, psychologues, éthiciens et bien d'autres se trouvent désormais mêlés à la conception du futur enfant. Doivent-ils proposer, et le patient disposer ? Doivent-ils informer, suggérer, conseiller, recommander, refuser ?

Le paternalisme médical doit faire la place à l'autonomie de l'individu, tout en repensant le rôle des équipes soignantes. Le savoir s'est dilaté ces quatre dernières décennies, comme les technologies d'analyse de l'ADN, de sa réparation par l'édition du génome et d'assistance à la procréation. De là, ressort une quête de l'enfant parfait, ainsi qu'une relative intolérance au hasard, au non-contrôlé, avec de futurs parents qui se sentent responsables de devoir « bien » procréer.

La définition du handicap, ou de la bonne santé, est relative. Le concept de pléiotropie génétique, de mieux en mieux connu, correspondant au fait que certains gènes ou mutations déterminent plusieurs caractères, parfois contradictoires quant au risque ou bénéfice pour la santé, pointe la difficulté qu'il peut y avoir à sélectionner ou au contraire éviter certaines variations génétiques.

L'enjeu éthique du futur tient aussi à la façon dont évoluera la tolérance à la différence. La maîtrise de la procréation ne devrait pas aller vers la réduction de l'acceptation de différences aussi bien dans la société que dans le cadre familial où celles-ci peuvent être choisies même si elles n'étaient pas prévues.

Conclusion

Peut-on vraiment dire ce qu'il en sera de la procréation dans le futur ? Qu'est-ce qu'une « procréation éthique », aujourd'hui et dans le futur, voire dans le passé ? Avoir la prétention de la définir signifierait s'exposer aux égarements. Peut-être peut-on dire le passé, même si son accès reste complexe. En vénérant le passé, on tourne le dos à l'avenir. À propos des biotechnologies de la procréation, on ne peut qu'essayer de saisir l'imaginaire des futurs possibles plutôt que d'accéder à leur évolution.

Penser l'avenir touche à la fiction. Quelles que soient les évolutions technologiques, restera la question de leurs usages sociétaux. Ceux-ci peuvent ne pas avoir été prévus, prendre des formes nouvelles, à partir de demandes inédites qu'on n'avait pas imaginées ou pas eu envie d'imaginer. Suivre la dialectique qui va s'instaurer entre les possibles techniques et leurs destins sociétaux est indispensable, les nouvelles pratiques pouvant être en discontinuité par rapport à ce qui avait présidé à leurs développements.

Tout ce qui sera technologiquement possible sera-t-il susceptible d'être demandé et accepté ? Le possible risquerait de devenir systématiquement sociétal. Une telle vision fatale effacerait le choix responsable tant des individus que de la société. Quoi qu'il en soit, le futur implique au premier plan la réflexion éthique sur l'application des possibles.

La technique a tendance à rendre le monde « disponible », pour reprendre le terme du sociologue Hartmut Rosa[3], n'empêchant pas que les possibles finissent par se dérober, rendant le monde « indisponible », éloignant l'illusion de le maîtriser.

L'indisponibilité sur fond d'illusion implique l'angoisse, l'impuissance, l'insécurité : l'illusion des possibles – de disposer des possibilités

3. Hartmut Rosa, né en 1965, est un sociologue et philosophe allemand qui enseigne à l'Université Friedrich-Schiller d'Iéna (Allemagne).

de la procréation et de la prédiction, de maîtriser le temps et le hasard – pourrait paradoxalement mettre en évidence ce qui reste d'indisponible, donc déboucher sur l'évidence de l'impossible, pouvant aboutir à des renversements stupéfiants.

Peut-être que les thérapies pour les maladies génétiques progresseront si vite que les tests génétiques prénataux ou préimplantatoires pour celles-ci seront complètement délaissés.

Et si la procréation du futur n'était pas le retour à la conception naturelle ? Mais qu'est-ce que le naturel ? Les procréations technologiques mettent en jeu la nature tout autant que les procréations classiques. Ce n'est pas parce qu'on intervient sur la nature que ce n'est plus naturel.

La question du futur se joue peut-être ailleurs, à travers les formes nouvelles que prendra le désir d'enfant. Ou, au contraire, le désir de ne pas avoir d'enfants ! Jusqu'à sortir de l'injonction d'avoir un enfant à tout prix !

En tout cas, on ne peut exclure que le futur de la procréation puisse déboucher sur l'imprévu, au-delà des voies qu'on pensait pouvoir dessiner à partir du présent et de supposés progrès technologiques. Le futur de la procréation impliquerait d'abord le fait de tenir compte d'une éthique de l'imprévisible, à respecter si on veut pouvoir l'approcher.

> Ce chapitre prospectif sur la procréation n'évoque que quelques pistes en matière de réflexion éthique. Les coordinateurs de l'ouvrage précisent que le CCNE s'attachera à les approfondir à l'occasion des différentes questions examinées dans ce cadre.

CHAPITRE 14

Questions éthiques pour une santé indissociable de l'environnement et de l'ensemble du vivant

Pierre-Henri Duée,
Valérie Masson-Delmotte, Abdennour Bidar,
Jean-Pierre Mignard, Michel Van Praët

Le CCNE a mis en place en 2019 un groupe permanent sur les relations entre la santé humaine et l'environnement, exerçant avant tout un rôle de prospective, d'observatoire, et éventuellement d'alerte. Ce groupe prolongeait la réflexion du Comité, à la suite de la publication de l'avis 125. Ce chapitre est le résultat de cette réflexion. Rappelons aussi qu'un groupe de travail sur les questions Nord/Sud avait été mis en place au début des années 2000 et avait conduit à la publication de l'avis 78. Enfin, l'un des thèmes des Journées annuelles d'éthique de 2009 portait sur l'intégration de l'écologie humaine dans la biodiversité.

Dans une scène du livre *Alice. De l'autre côté du miroir*, la Reine rouge explique à Alice que dans ce monde, « on est obligé de courir tant qu'on peut pour rester au même endroit. Mais, si on veut aller ailleurs, il faut courir au moins deux fois plus vite[1] ».

1. Lewis Caroll, *Alice. De l'autre côté du miroir*, Soleil, 1871.

Il y a aujourd'hui un large consensus pour constater que l'humanité, partie prenante de l'écosystème planétaire, est confrontée à des changements irréversibles de ses conditions de vie, qu'elles soient biologiques, climatiques, sociales, induits en grande partie par ses propres activités depuis des siècles[2] et qui s'intensifient : l'enjeu est désormais de réorienter profondément les conditions de son développement.

Ainsi, la multiplication des événements météorologiques extrêmes (vagues de chaleur, pluies extrêmes et inondations, conditions propices aux incendies de forêt, sécheresses agricoles) caractérise un « changement climatique », représentant à la fois l'un des marqueurs des dégradations de l'environnement induites par les activités humaines et une menace grave pour l'humanité et l'ensemble du vivant.

Ces événements affectent la santé physique et mentale et peuvent fragiliser les services de santé. Pour ne prendre que quelques exemples, le changement climatique interfère avec les maladies transmises par l'eau et l'alimentation (salmonelles, campylobacter), avec également une nouvelle localisation des vecteurs de ces maladies, tels les moustiques. Les divers polluants atmosphériques coémis (particules) ou résultant des émissions de gaz à effet de serre (ozone), voire issus des feux de forêt affectent les maladies respiratoires, l'allongement de la saison de croissance des plantes augmente l'exposition à leurs allergènes ; quant aux effets du changement climatique sur la production agricole, ils altèrent les moyens de subsistance et augmentent l'insécurité alimentaire et la malnutrition sous toutes ses formes (sous-nutrition, surpoids et obésité). La faim continue de progresser dans le monde, selon le dernier rapport sur la sécurité alimentaire

2. Voir le rapport du GIEC 2022, chapitre 7, https://www.ipcc.ch/report/ar6/wg2/downloads/report/IPCC_AR6_WGII_Chapter07.pdf ; et les rapports de l'IPBES publiés les 8 et 10 juillet 2022 sur l'état de la biodiversité : https://ipbes.net/. Voir aussi Michel Van Praët, Pierre-Henri Duée, Jean-Pierre Mignard, « Une éthique pour habiter la Terre autrement ? L'expérience contemporaine de nature comme bien commun », *in* Cynthia Fleury et Anne-Caroline Prévot (dir.), *Le Souci de la nature. Apprendre, inventer, gouverner*, CNRS Éditions, 2017, p. 320-334. Cynthia Fleury a été membre du CCNE de 2013 à 2022.

mondiale, puisque une personne sur dix souffre de la faim dans le monde[3].

Des perspectives alarmantes en termes de conditions de vie (température, humidité, ressources alimentaires) permettent de présager un avenir extrêmement difficile pour l'humanité entière, en particulier pour les populations qui seront les plus exposées géographiquement, ce qui se traduira inévitablement par l'amplification des migrations de populations[4].

Une liste non exhaustive des dégradations de l'environnement révèle des imbrications étroites et complexes entre des phénomènes aussi divers que l'épuisement des ressources naturelles non renouvelables et des sols, l'érosion des écosystèmes et de la biodiversité, la diminution des surfaces agricoles, notamment par l'artificialisation des sols, la déforestation, l'intensification du développement urbain, la pollution des sols, des nappes phréatiques et des mers (notamment par l'accumulation vertigineuse des déchets plastiques), l'acidification des océans, l'épuisement des ressources halieutiques, dans un contexte d'augmentation de la population mondiale, voire de surpopulation.

Neuf millions de personnes meurent prématurément chaque année dans le monde à cause de la pollution de l'air, de l'eau, des sols, selon une étude publiée dans *The Lancet Planetary Health* en mai 2022[5]. Par ailleurs, le changement climatique, en affectant les aires de répartition des espèces marines, a provoqué une baisse de prises de pêche dans les régions tropicales[6]. Ainsi, les conséquences de nos émissions de gaz à effet de serre (GES) sur l'océan et ses écosystèmes sont majeures (réchauffement, vagues de chaleur marines, acidification, perte d'oxygène), auxquelles s'ajoute l'exploitation

3. https://www.fao.org/3/cc0639fr/online/cc0639fr.html.
4. Rapports de 2021 et 2022 du GIEC, notamment le chapitre 7 (santé) du rapport du groupe 2 : https://www.ipcc.ch/report/ar6/wg2/downloads/report/IPCC_AR6_WGII_Chapter07.pdf.
5. https://www.thelancet.com/journals/lanplh/article/PIIS2542-5196(22)00090-0/fulltext.
6. https://www.ipcc.ch/mwg-internal/ge5fs23hu73ds/progress?id=sG6aAChNjENllfYBE-6sOFe-c3ic7vM0KgUX2jGToXW8,&dl.

excessive des ressources halieutiques par le passé qui a provoqué des extinctions importantes de populations de poissons et mammifères marins, s'accompagnant de crises sociales et politiques régionales et interrégionales. Aujourd'hui encore, la surpêche mais aussi des pollutions locales et des destructions d'habitats côtiers, en provoquant un effondrement de nombreux stocks, conduisent à des efforts de pêche et d'aquaculture dont la rentabilité s'effectue au prix d'une aggravation des conditions de travail dans un secteur où le travail des enfants s'apparente dans plusieurs régions du monde à l'esclavage selon l'Unicef[7].

Ces connaissances scientifiques acquises en termes d'interactions apportent des preuves de l'interdépendance entre les éléments constituant l'écosystème planétaire, et sont essentielles pour permettre des choix de société dépassant les seuls principes de précaution. En permettant de mieux percevoir la somme et la complexité des interactions et interdépendances, elles conduisent à souligner un devoir de responsabilité accru et d'une urgence absolue pour notre humanité, qui doit manifester maintenant un sens de la solidarité de niveau supérieur envers le vivant, les populations les plus vulnérables, mais aussi les générations futures. C'est par un authentique saut de conscience que nous sommes convoqués à cet égard.

Les ruptures technologiques donnent à l'humanité une puissance inégalée à l'échelle de l'évolution du vivant pour modifier les espèces, mais elle s'arroge ce droit dans un contexte de connaissance partielle des processus évolutifs et d'inconnu concernant les conséquences de ses actes à moyen terme. De plus, la notion même d'équilibre dynamique dans lequel se situe la biodiversité incite à inclure une dimension de surveillance et d'attention à l'émergence de phénomènes nouveaux, souvent dans un contexte d'imprévisibilité.

---

7. On notera que les développements possibles de programmes d'aquaculture durable nécessitent souvent l'abandon de pratiques de pêche destructives dans le but de produire des farines alimentaires pour l'aquaculture et où les concessions des zones de pêche s'effectuent à l'opposé de toute notion de biens communs, aux dépens des sociétés locales et du maintien de la biodiversité.

La leçon philosophique déjà plusieurs fois administrée à la modernité technologique doit donc continuer à nous avertir : on ne peut alors pas considérer toute avancée technique comme un progrès ; c'est même l'inverse lorsque certaines avancées techniques aboutissent à dégrader la qualité de la vie et de la santé d'une partie de l'humanité, aujourd'hui et encore plus demain. Le possible n'est pas toujours souhaitable !

La simple prise de conscience de cette puissance ou surpuissance jusque-là sans conscience – les Grecs auraient dit de cette hubris ou démesure – signerait déjà un premier acte responsable.

Quelle mesure aujourd'hui dans l'expression de notre démesure ? Quelle sagesse éthique pour le titan technologique que l'humanité est devenue ?

En d'autres termes, prendre en compte l'ensemble des conséquences négatives des dégradations de l'environnement sur les conditions de vie, les conséquences du stress thermique et les effets de la chaleur sur les conditions de travail, la santé physique et mentale, les inégalités sociales et de santé, au sein de chaque pays et plus particulièrement les pays du Sud, devient aujourd'hui plus qu'urgent[8] : les solutions pour y faire face nécessitent des approches globales, comme le soulignait le CCNE dans une note publiée en 2015 à l'occasion de la COP 21.

Si l'on veut un autre monde, il faudra courir beaucoup plus vite et différemment, pour filer la métaphore paradoxale de Lewis Caroll…

8. https://www.thelancet.com/journals/lancet/article/PIIS0140-6736(22)01540-9/fulltext.

Le concept d'une seule santé : « One Health »

Comme le souligne l'avis 125 du CCNE, la santé humaine, la santé animale et la santé de l'écosystème ne font qu'un, justifiant une approche pluridisciplinaire, car si changements climatiques et perturbations environnementales sont, en partie, indépendants, ils peuvent se combiner et mettre en péril la santé humaine. Le concept de One Health (« Une seule santé ») utilisé par William B. Karesh pour la première fois dans un article sur Ebola en 2003[9] et conforté ensuite par Joseph Bénié Bi Vroh[10], en est l'expression : « Les santés humaines, animales et végétales ne peuvent plus être envisagées de façon isolée. Il n'y a qu'une seule santé. Et la découverte des solutions implique que chacun œuvre ensemble, sur tous les niveaux[11]. »

Les zoonoses sont des maladies infectieuses, liées à des virus, des bactéries, des parasites, des champignons ou des prions, que les animaux vertébrés peuvent transmettre à l'homme. L'humanité est confrontée aux zoonoses depuis plusieurs milliers d'années, à partir du moment où l'homme a intensifié ses interactions avec les animaux en les domestiquant. Ce qui a récemment changé, c'est la fréquence des épidémies liées à ces maladies qui s'emballe depuis cinquante ans, et encore plus depuis une dizaine d'années avec des émergences successives d'Ebola, de Zika, de chikungunya… et finalement l'apparition de la Covid-19. Ce qui est en cause, c'est l'accentuation de diverses pressions que l'humain exerce

---

9. Rick Weiss, « Africa's apes are imperiled, researchers warn », *The Washington Post,* 7 avril 2003.

10. Joseph Bénié Bi Vroh, Ibrahima Seck, « La mise en œuvre du concept One Health est-elle une réalité en Afrique ? », *Santé publique*, 2016, 28, p. 283-285. Selon Joseph Bénié Bi Vroh, il s'agit d'une « approche intégrée de la santé qui met l'accent sur les interactions entre les animaux, les humains et leurs divers environnements », encourageant « les collaborations, les synergies et l'enrichissement croisé de tous les secteurs et acteurs dont les activités peuvent avoir un impact sur la santé ».

11. « *Human or livestock or wildlife health can't be discussed in isolation anymore. There is just one health. And the solutions require everyone working together on all the different levels.* »

sur l'environnement : au final, 60 % de 1 400 agents pathogènes humains sont d'origine animale et 75 % des maladies animales émergentes peuvent se transmettre aux humains[12], alors que les enquêtes épidémiologiques soulignent aussi que les altérations des milieux écologiques, du fait des pollutions et des destructions d'espaces naturels, expliquent en partie l'émergence de nouvelles maladies humaines, notamment en ayant favorisé les vecteurs de ces maladies et les contacts avec eux[13]. Près de 60 % des maladies infectieuses seraient aggravées par la crise climatique[14].

La crise pandémique de la Covid-19 avait suscité de la part du Conseil scientifique Covid-19 une réflexion opportune sur les leviers possibles à engager pour développer une approche One Health[15]. Ce concept – qui se fonde sur les relations entre environnement et santé – s'intègre dans le cadre d'une sécurité sanitaire mondiale, en renforçant les capacités de la communauté internationale à prévoir les risques et atténuer les effets des crises qui proviennent des interférences entre humains, animaux et écosystèmes.

Penser la santé dans une perspective internationale permet aussi le développement d'une recherche collaborative transnationale, et d'actions ou politiques publiques communes.

Par ailleurs, les conséquences de la « crise écologique » sur la santé humaine sont souvent à mettre en relation avec la situation de fragilité des populations : ce sont les populations les plus pauvres qui subissent en premier lieu les conséquences des crises environnementales et de l'appauvrissement des ressources qui en résulte.

---

12. https://www.inserm.fr/c-est-quoi/pense-bete-c-est-quoi-zoonoses-%F0%9F%A6%87%F0%9F%A6%A0/ et https://www.inrae.fr/actualites/zoonoses-ces-maladies-qui-nous-lient-aux-animaux.
13. Dans le monde, les maladies infectieuses émergentes sont en augmentation (nouveaux virus grippaux, chikungunya, Ebola, Zika…) et représentent 14 millions de décès par an.
14. Camilo Mora, Tristan McKenzie, Isabella M. Gaw *et al.*, « Over half of known human pathogenic diseases can be aggravated by climate change », *Nat. Clim. Chang.*, 2022, 12, p. 869-875. https://doi.org/10.1038/s41558-022-01426-1.
15. https://solidarites-sante.gouv.fr/IMG/pdf/contribution_conseil_scientifique_8_fevrier_2022_one_health.pdf. Thierry Lefrançois *et al.*, « After 2 years of the Covid-19 pandemic, translating One Health into action is urgent », *The Lancet*, 2022, https://www.thelancet.com/journals/lancet/article/PIIS0140-6736(22)01840-2/fulltext.

Enfin, la définition de la santé proposée dans le préambule à la constitution de l'Organisation mondiale de la santé (1946) considère l'absence de maladie ou d'infirmité, mais aussi un « état de complet bien-être physique, mental et social » comme fondements de la santé. L'OMS encourage ainsi une vision systémique de la santé, à l'échelle individuelle et des populations, et un travail de réflexion éthique, philosophique et politique reste à mener, en particulier sur le sens de ce « bien-être complet », ainsi que sur ses conditions de réalisation : dans quel écosystème de société, et plus largement quel écosystème vivant, l'être humain peut-il espérer connaître ce « bien-être complet » ? Comment donc repenser nos structures et organisations sociales – dans leurs finalités comme dans leurs moyens – afin qu'elles deviennent des matrices ou des creusets d'un bien-être défini comme épanouissement ou accomplissement de notre pleine humanité ?

La réflexion éthique sur la santé globale, désormais au cœur de la mission du CCNE

Depuis 2021, « le Comité consultatif national d'éthique pour les sciences de la vie et de la santé a pour mission de donner des avis sur les problèmes éthiques et les questions de société soulevés par les progrès de la connaissance dans les domaines de la biologie, de la médecine et de la santé ou par les conséquences sur la santé des progrès de la connaissance dans tout autre domaine » (article L.1412-1 du Code de la santé publique), renforçant de ce fait la vision systémique de la santé que le Comité prendra désormais en compte dans sa réflexion éthique.

Par ailleurs, une ordonnance du 13 octobre 2021 concernant l'évolution du Haut Conseil des biotechnologies indique que « dans le cadre de la mission qui lui est impartie par l'article L.1412-1 du Code de la santé publique et conformément à son champ de compétences, le Comité consultatif national d'éthique pour les sciences de la vie et de la santé peut traiter les problèmes éthiques et les questions de société soulevés par les progrès dans les domaines des biotechnologies ».

L'humanité est mue depuis des millénaires par une pulsion d'usage et de domestication de la nature, de son appropriation, perceptible dans la maxime de Descartes « nous rendre comme maîtres et possesseurs de la nature », avec la certitude de la pérennité de l'environnement naturel, facteur indispensable au déroulement harmonieux de la vie humaine. Cette forme d'insouciance, voire d'arrogance, altère, nous venons de le décrire, les conditions de vie de l'espèce humaine, accroît les disparités au sein de l'humanité et met en péril les plus fragiles, sauf à reconnaître la responsabilité de celle-ci envers la biosphère[16], en liant l'une et l'autre par un contrat de réciprocité.

L'éthique est, à l'origine, une interrogation sur les effets qui stabilisent notre existence, au mouvement par lequel on revient à soi (voir le chapitre 7). Quel mouvement faudra-t-il enclencher pour faire face à cette crise environnementale ?

Pour le CCNE, et c'était aussi une recommandation formulée à l'occasion de la COP21, l'acuité des problèmes écologiques nécessite de repenser nos relations au sein de l'humanité, et celles de l'humanité au sein de la nature, en élaborant de nouveaux concepts de solidarité, de responsabilité et d'équité : « Il y a urgence à intensifier les efforts de l'humanité pour réduire les inégalités entre les pays et entre les personnes au sein d'un même pays, en adoptant des mesures qui préservent le bien-être humain et protègent l'environnement, au-delà de sa seule composante climatique. » Il y a urgence à proposer une nouvelle anthropologie relationnelle appropriée à ce que l'on nomme l'anthropocène (l'ère marquée par l'influence prépondérante, décisive, prise par l'activité humaine sur la planète).

---

16. Hans Jonas, *Le Principe Responsabilité : une éthique pour la civilisation technologique*, Paris, Flammarion, 1979.

Les premières pistes de réflexion proposées par le CCNE

Dans ses avis 125 et 129, le CCNE apporte quelques pistes de réflexion, qu'il sera utile d'approfondir. Cela concerne en premier lieu la notion de progrès : jusqu'ici assimilée à une maîtrise croissante du vivant, cette notion se doit d'être questionnée en remplaçant l'ambition de maîtrise par de nouvelles notions. Les relations de l'humanité et du vivant doivent totalement intégrer que l'humanité en est une composante de plus en plus déterminante (anthropocène), et qu'en conséquence son développement ne peut se faire au prix de perturbations mettant en cause les capacités d'adaptation et d'évolution des écosystèmes et des espèces, ce qui implique une réflexion sur le saut de conscience à réaliser pour l'humanité dès lors qu'elle est entrée dans une nouvelle phase de son histoire, de son développement, où le facteur de sa surpuissance acquise doit signifier pour elle le franchissement complémentaire d'un cap de responsabilité, de *care* envers le vivant dont elle fait partie. Il est donc indispensable d'affirmer le concept de sa coévolution avec le vivant. Préserver la capacité de la nature à se renouveler, c'est préserver les conditions de notre propre survie. La qualité de la biodiversité influence la santé humaine : la préservation de l'une et la préservation de l'autre vont de pair. Porter atteinte à notre environnement, c'est porter atteinte à la santé et à la vie humaine.

Quel sens donner au développement durable, notamment pour les futures générations ?

Alors que les techniques développées grâce à l'avancée des connaissances ont des répercussions sans précédent sur l'environnement, le climat et la biodiversité, il convient de prévenir les mouvements de remise en cause tant des connaissances acquises que des solidarités existantes. Les unes et les autres sont au contraire à développer, en abandonnant l'utopie d'une nature asservie, en choisissant à l'inverse le cap d'une surresponsabilité appropriée à notre surpuissance, le cap aussi d'un *care* exhaussé à la hauteur de la survulnérabilité du vivant exposé à cette surpuissance, et en recherchant dès lors, tant au niveau local qu'à travers des éléments de gouvernance mondiale, les synergies entre les possibles développements de l'humanité et le respect des processus dynamiques des écosystèmes et d'évolution des espèces.

« Un véritable développement durable ne doit pas faire durer les tragédies, les exclusions, les discriminations : il doit être un développement à la fois équitable et durable », rappelait, en 2016, Jean Claude Ameisen, alors président du CCNE, lors d'un colloque organisé par Humanité et biodiversité, partageant volontiers le constat posé par Amartya Sen montrant que les famines sont dues, dans la plupart des cas, non pas à une production insuffisante de nourriture, mais à l'existence d'inégalités, à une absence de solidarité, de partage, de véritable démocratie et d'accès de certaines populations ou personnes à leurs droits fondamentaux[17].

La notion de coopération au sein de l'humanité et d'altérité intègre une exigence accrue de recherche et de partage de connaissances par l'éducation et le débat social.

C'est la condition d'un développement harmonieux, évitant sa destruction par insuffisance d'informations et s'opposant aux destructions relevant d'intérêts particuliers.

Passer d'un humanisme classique pour cheminer vers un humanisme intégré au sein du vivant facilitera la construction d'un monde solidaire et responsable. Quel humanisme donc pour demain ? Quel humanisme pour une humanité devenue paradoxalement surpuissante et ultra-vulnérable, à cause de la non-maîtrise de son accroissement

17. « Comment changer notre rapport à la nature ? Entretien avec Jean Claude Ameisen », *Le Monde*, 23-24 août 2015, p. 14-15.

radical de puissance et d'impact sur la planète ? Quel humanisme intégrant également le non-humain, dans une attention renouvelée à l'autre, convoquant le titan technologique de l'anthropocène à une mutation de conscience et à une conversion (*métanoïa*) ?

La consultation nationale sur santé et environnement (États généraux de la bioéthique, 2018)[18] *et la Convention citoyenne pour le climat : enjeux et limites*

Si les données épidémiologiques reliant santé et crise environnementale s'accumulent depuis quelques années, il demeure nécessaire de développer des recherches privilégiant l'approche systémique dans ce domaine. C'est l'un des constats rappelés lors de la consultation nationale des États généraux de la bioéthique en 2018, notamment en préconisant un soutien à la recherche publique, sommée de « se démarquer de tout conflit d'intérêts avec le monde économique concurrentiel » et permettant de développer, en toute transparence, une communication utile à l'adresse de la société.

Toutefois, si une prise de conscience de la dégradation de la santé humaine liée à la « crise écologique » devient particulièrement urgente, ce sujet majeur avait été assez peu pris en compte dans le cadre de la consultation citoyenne[19]. Santé et environnement sont des enjeux qui ont du mal à se rencontrer dans nos sociétés

18. Jean-Pierre Mignard, Michel Van Praët, Pierre-Henri Duée, « Santé humaine et environnement : réflexions à la suite des États généraux de la bioéthique », *Sesame*, 2019, 5, p. 60-62.

19. La première raison qui pourrait expliquer que cette thématique n'a pas rencontré beaucoup d'écho dans les États généraux est que l'on ne se situe pas ici dans le soin, mais dans la prévention. Par ailleurs, la démarche ne s'adresse pas à l'individu, mais envisage plutôt le collectif, sous l'angle de la solidarité. Or les sujets les plus débattus lors des États généraux ont été essentiellement ceux concernant le soin et l'individu. S'ajoute à cela le fait que la thématique « santé et environnement » envisage la solidarité, non seulement au sein de l'humanité, mais aussi entre l'humanité et le vivant non humain.

développées. Il faut souvent attendre d'être confronté directement aux conséquences de la « crise écologique » et comprendre que celle-ci concerne aussi nos sociétés pour accepter l'urgence d'agir et le concept dominant a été, jusqu'à une période très récente, que l'on pouvait maîtriser les évolutions en cours. Cette notion de maîtrise, nous l'avons indiqué, est aujourd'hui partiellement dépassée. Nos sociétés doivent être en observation et essayer d'envisager les équilibres possibles avec l'environnement.

Cette attitude pose de manière nouvelle et élargie le concept de fraternité : un manque de solidarité entre le développement des sociétés humaines et les évolutions naturelles du vivant et de la planète peut conduire à des crises, y compris au plan sanitaire. Dans cette optique, comment faire vivre demain la fraternité, une fraternité universelle, c'est-à-dire une attention à l'égard de tous les vivants ? C'est là aussi notre concept de fraternité qui est appelé à se renouveler pour devenir une fraternité effective non seulement entre tous les peuples humains de la planète, mais aussi avec l'ensemble du peuple des vivants. L'humanité a-t-elle d'autre choix à faire que de réviser complètement la conception qu'elle se faisait de sa place dans la nature et de son degré de responsabilité ?

La Convention citoyenne pour le climat, réunie pendant huit mois en 2019-2020, avait pour vocation de donner la parole aux citoyens et citoyennes pour accélérer la lutte contre le changement climatique (150 personnes). Elle avait pour mandat de définir une série de mesures (149 propositions) permettant d'atteindre une baisse d'au moins 40 % des émissions de GES d'ici 2030 (par rapport à 1990) dans un esprit de justice sociale.

La première impression des citoyens à la sortie de l'exercice est résumée dans la phrase suivante : « Ce que nous avons vécu, c'est une véritable prise de conscience de l'urgence climatique : la Terre peut vivre sans nous, mais nous ne pouvons pas vivre sans elle. […] Ouvrons donc les yeux et bougeons-nous ! Nous ne sommes pas uniquement devant le choix d'une politique économique pour faire face à une crise économique, sociale et environnementale, nous devons agir sans plus attendre pour stopper le réchauffement et le dérèglement climatique qui menacent la survie de l'humanité. Si nous ne rattrapons pas le retard pris, beaucoup de régions du globe deviendront inhabitables, du fait de la montée des eaux ou de climats trop arides. C'est une question de vie ou de mort ! »

Dans le cadre néanmoins restreint de cette consultation, la Convention citoyenne pour le climat donna quelques pistes, afin de réduire d'au moins 40 % les émissions de GES d'ici 2030 : « Il apparaît inévitable de revoir nos modes de vie, nos manières de consommer, de produire et travailler, de nous déplacer, de nous loger et nous nourrir : en 2019, l'empreinte carbone moyenne d'un Français est de 11,2 tonnes alors qu'elle devrait être de 2 tonnes par an pour atteindre les objectifs de l'accord de Paris. »

S'adapter donc, pour se protéger et réduire les émissions de GES ; mais, transformer nos modes de vie sera-t-il suffisant et cela ne va-t-il pas créer de nouveaux problèmes auxquels il va falloir de nouveau s'adapter ?

Il existe des leviers d'action dans tous les secteurs d'activité (énergie, agriculture – forêts et gestion des terres –, transports, bâtiment, industrie) qui permettraient de diviser par deux les émissions mondiales de GES d'ici 2030. Les leviers d'action portant sur la sobriété (éviter des demandes en énergie, matériaux, usage des terres, eau tout en permettant à chacun de vivre décemment) pourraient contribuer à hauteur de 40 à 70 % à la baisse des émissions mondiales de GES d'ici 2050.

De nombreuses options d'action pour réduire les émissions de GES présentent des bénéfices importants en matière de santé et de bien-être : énergies renouvelables abordables (moins émettrices en polluants atmosphériques nocifs tels que les particules fines), solutions fondées sur la nature, mobilité active (faisant baisser le risque cardio-vasculaire et métabolique), alimentation saine (plus de protéines végétales, moins de protéines animales et donc de graisses animales), amélioration de la qualité de l'air, confort thermique amélioré de bâtiments performants ou rénovés (et réduction de la précarité énergétique). Ces cobénéfices ont l'avantage de se manifester à beaucoup plus court terme que ceux liés au climat, ce qui est essentiel dans le contexte où la matérialisation de bénéfices à court terme peut être un levier motivant les décideurs et la société à l'action contre les émissions de GES.

Ne s'agissait-il pas aussi de courir plus vite ?

La réflexion éthique incite à un changement d'échelle pour habiter la Terre autrement

Penser autrement le monde d'aujourd'hui, c'est, pour le Comité, penser autrement l'humanité, non comme un ensemble d'individus consommateurs puisant dans des ressources finies de façon excessive et inéquitable, mais comme une communauté citoyenne et responsable, s'interrogeant collectivement sur l'impact de ses décisions, y compris économiques, sur la santé et l'environnement, dans le respect d'une justice sociale et de l'équité Nord/Sud. Il ne faut cependant pas, par irénisme, omettre l'existence des chocs d'intérêts politiques et économiques.

L'humanité a, notamment pour la santé des populations, un intérêt commun à préserver la capacité du monde vivant à continuer à créer de la diversité, à apprendre à coopérer avec la nature, à préserver la composante d'imprévisibilité intrinsèque à l'évolution biologique, quelles que soient les aspirations des acteurs économiques. La crise écologique, parce qu'il en va de la santé de l'humanité, du « bien-être complet » de l'humain et du non-humain ensemble, nous oblige à repenser nos sociétés en responsabilité et en solidarité, en mettant en exergue la *relation* entre tous les vivants.

Faire vivre ces relations, cette réciprocité universelle, c'est, à côté de l'autonomie individuelle et collective, retrouver le sens de la justice sociale et l'attention à l'autre (c'est-à-dire sans laisser personne sur le bord du chemin et en réduisant les inégalités), qui nécessitera un changement profond de nos modalités de fonctionnement et de nos mentalités, de notre capacité d'écoute, d'accueil, d'anticipation, une transformation de nos modes de vie, de consommation et de notre culture. Depuis 2014, 20 000 migrants ont disparu en Méditerranée, dans l'indifférence presque générale...

Ce que le CCNE écrivait à propos de la pandémie de Covid-19 peut être étendu au contexte de la crise écologique : l'anomalie que représente cette crise doit être comprise, non comme un fait anormal, mais comme un fait révélateur à la fois des forces et des faiblesses d'une société qui guérira en sachant que « la guérison n'est jamais le retour à l'état antérieur », comme le rappelait déjà Georges Canguilhem[20]. On ne reproduira pas l'ancien !

> Une réflexion éthique émanant du CCNE peut-elle changer l'ordre des choses et conduire à la modification des comportements à une échelle globale ? La réponse à cette question, en soi démesurée, est évidemment non, sauf à définir quelques axes prioritaires et concrets à instruire avec d'autres comités. Parmi ceux-ci, le rôle de médiation assumé par le CCNE devrait viser à une plus grande prise en compte des questions environnementales au sein même du système de santé.

Le CCNE devra interroger des situations concrètes, très sensibles, dans des domaines d'activité et professionnels en lien avec les problématiques plus générales des atteintes à la biodiversité et leur retentissement sur la santé humaine (par exemple, chlordécone, algues vertes, nitrates dans l'eau de ville, matériaux d'habitation, destructions forestières et alimentation, etc.), en s'appuyant sur les faits avérés et en questionnant les conséquences des actions, mais

20. Georges Canguilhem, *Le Normal et le Pathologique*, PUF, 1966.

aussi leurs causes, c'est-à-dire les modalités des interactions avec les autres membres de l'humanité et l'ensemble du vivant.

Le CCNE pourra ainsi contribuer, à travers ses avis, à accroître la prise de conscience à l'échelle collective et individuelle, qui se décline inévitablement dans plusieurs attitudes et approches éthiques :

- repenser le rapport au monde vivant en réapprenant le sens des limites et en considérant sa fragilité, ses dynamiques et ses apports aux sociétés humaines ;
- questionner le concept et le sens du progrès, y compris scientifique, en les replaçant dans une vision écosystémique, incluant en particulier économie et bien-être ;
- mobiliser conjointement approche éthique et solidarité pour intégrer les perspectives de lutte contre la pauvreté et de prévention sanitaire dans le cadre de la santé et d'une gestion à long terme des ressources naturelles ;
- instruire une réflexion sur la nouveauté anthropologique que constitue l'anthropocène, qui inaugure pour la condition humaine une ère d'incertitudes inédites, nous obligeant à trouver une nouvelle sagesse, une mesure éthique dans notre démesure. À quel surcroît de responsabilité, à quel saut de conscience cet événement dans notre propre évolution nous oblige-t-il ?

Cette prise de conscience éthique doit infuser et devenir une thématique majeure susceptible d'impulser des lois et des chartes, même si dans ce domaine elles sont déjà nombreuses, et des décisions exécutives et managériales convergentes.

Le CCNE devra aussi porter cette prise de conscience éthique en s'appuyant sur les populations jeunes directement concernées par les questions de durabilité.

Le Comité devra enfin faire en sorte que les communautés impliquées dans les domaines « santé » et « environnement » puissent poursuivre leur rapprochement : le rôle de médiation porté par le Comité est essentiel pour rendre plus effectifs les liens entre ces deux domaines, sur les plans scientifique, politique et éthique.

Il apparaît nécessaire que la réflexion éthique sorte du cadre des organes spécialisés pour que le plus grand nombre puisse s'emparer de la méthode qu'elle suggère, celle des questionnements sur les finalités de nos actions et le sens du progrès, dans la prise de décision et l'adoption de comportements appropriés.

Comment contribuer à un « armement éthique » des décideurs publics et économiques, des personnes privées ? Comment promouvoir la réflexion éthique au plus près du terrain ? Comment construire un consensus responsable ?

C'est là aussi que le CCNE, avec les espaces de réflexion éthique régionaux et les comités d'éthique institutionnels, pourra susciter, auprès des collectivités territoriales mais aussi des entreprises, des rencontres permettant d'offrir une information vérifiée, de débattre à travers l'organisation de controverses utiles, de délibérer, de recueillir des propositions réalistes, voire expérimentales à l'échelle locale, mais intégrant aussi une dimension globale. Des états généraux en quelque sorte, répondant à ces questions : quel futur désirable voulons-nous ? Comment cultiver ensemble et transmettre aux générations qui viennent le sens d'une fraternité universelle à l'égard de l'ensemble du vivant ? Comment repenser le rapport au monde vivant en réapprenant le sens des limites et en considérant sa fragilité, ses dynamiques, la démesure de son impact ?

À l'échelle internationale, les règles de gouvernance mondiale qui encadrent la nature, l'environnement ou la biodiversité et, plus généralement, les usages de biens communs sont absentes ou inefficientes, même si des institutions comme la Plateforme intergouvernementale pour la biodiversité et les services systémiques (IPBES) ou celle concernant le climat (GIEC) élaborent des réponses où l'expertise scientifique dialogue avec le politique, en vue de préserver l'intérêt général. Enfin, il faut s'interroger sur la création d'un comité de la sauvegarde écologique de la Terre associant États, scientifiques, entreprises et ONG sur le modèle du comité des droits de l'homme de l'ONU.

Même si les questions de « santé humaine et environnement » sont présentes dans le champ de conférences internationales et dans les choix de politiques internationales ou nationales, une gouvernance globale impliquant sur le long terme les usagers des ressources communes, les experts et les décideurs reste à inventer. Cette approche globale et partagée est indispensable pour définir les équilibres possibles avec l'environnement dans un cadre nouveau où s'exprime la solidarité entre le développement des sociétés humaines et les évolutions naturelles du vivant et de la planète. Si ce n'était pas le cas, le risque de crises, y compris au plan sanitaire, ira inévitablement grandissant.

La prise de conscience éthique pourra porter notamment sur les contours de l'expérience contemporaine de la nature comme bien commun[21] et bénéficier des partenariats à l'échelle nationale (ERER, acteurs de la démocratie en santé) et internationale.

En 2016, le CCNE avait proposé dans cette optique à l'ensemble des comités d'éthique étrangers de développer une réflexion commune.

Cette initiative n'avait alors pas rencontré l'adhésion d'une majorité de comités, qui l'avaient perçue comme allant au-delà de l'éthique de la santé.

Aujourd'hui, l'urgence écologique et sanitaire justifie amplement de relancer cette initiative auprès de l'ensemble des autres comités nationaux, notamment pour dépasser la seule posture militante, dans un domaine qui souvent engendre de la violence, et penser l'humanité comme une communauté responsable s'interrogeant collectivement sur les conséquences de ses décisions.

21. L'avis 137 donne une définition de la notion de *bien commun* : la notion de « bien commun » désigne des biens dont l'usage ne peut être exclusif (donc une « propriété » de certains par opposition à d'autres), en raison de leur importance pour l'ensemble de la collectivité ; cette notion qui est au centre des questions d'environnement se pose également pour la santé publique et concerne aussi bien des objets « naturels » (l'air, l'eau, et leur qualité minimale) que des objets « techniques » (les soins, médicaments, traitements minimaux, tels que les vaccins nécessaires à une survie minimale des collectifs humains).

POSTFACE

Le CCNE, « quarante nuances » d'éthique

Jean-François Delfraissy

Hier

Les premiers travaux du CCNE pour contribuer à l'émergence des lois relatives à la bioéthique : la réflexion éthique pour nourrir le droit

1. L'initiative de créer le Comité consultatif national d'éthique dans le champ des sciences de la vie et de la santé en 1983 fut une réponse politique dans un contexte national et international où les progrès de la science et de la médecine interrogeaient la société.
2. La composition même du CCNE, pluridisciplinaire avec notamment des membres appartenant aux courants de pensée philosophiques et spirituels, donnait un sens à la création de l'instance : constituer un *lieu de dispute* où toutes les opinions sont convoquées.
3. Un lieu d'expression d'une « parole libre et diverse », comme le qualifie Didier Sicard, constituant à cette époque une originalité à l'échelle nationale et internationale. Un lieu de rigueur aussi et d'exigence, comme le soulignait Jean Bernard, car la réflexion s'appuyait et s'appuie toujours sur l'analyse des faits, scientifiques, sociétaux, politiques, philosophiques. On est loin d'un « café du

commerce », même si celui-ci présente souvent de bons côtés… ! En définitive, un « lieu d'humanité et de responsabilité », comme aime à le dire Jean-Pierre Changeux.

4. Et l'éthique dans tout cela ? Le Comité s'est doté progressivement d'un corpus de principes et d'une méthodologie, une « boîte à outils » là aussi originale, où le respect de la dignité de la personne humaine était une valeur centrale, rond-point de la réflexion.

5. Mais la réflexion éthique interroge et met en scène les inévitables tensions qui émergent lorsque l'on s'adresse à la question générale du progrès : s'agit-il d'un progrès pour l'individu, d'un progrès pour l'humanité, pour toute l'humanité ?

6. La réponse à ces questions n'est jamais immédiate, mais fallait-il qu'elle le fût ? Il ne s'agira jamais d'arbitrer entre le « bien » et le « mal », mais plutôt de donner des pistes pour que chaque personne, se saisissant des avis du CCNE, puisse elle-même poursuivre la réflexion.

7. D'emblée, la mission du CCNE fut d'externaliser sa réflexion, de l'ouvrir au public à travers l'organisation des Journées annuelles d'éthique, d'abord à Paris, puis dans différentes villes des territoires. Ces manifestations furent l'amorce d'une participation de la société dans la construction d'une prise de position sur des sujets qui la concernent, en rappelant que s'informer et délibérer sont essentiels dans la vie démocratique.

8. Cependant, il a fallu attendre plusieurs années avant que les recommandations du CCNE puissent être prises en compte pour la construction d'un corpus législatif, d'abord concernant la recherche médicale, puis les thèmes de la bioéthique.

9. Là aussi, la loi relative à la bioéthique représente, en matière de droit, une originalité : dans sa conception qui associe le caractère normatif à un contenu en interrogation permanente, dans son renouvellement régulier lors de sa révision, dans le paysage international.

10. La réflexion éthique nourrit le droit et se nourrit elle-même du juridique, une alliance qui justifie aussi la participation citoyenne dans la construction des décisions.

11. Une alliance parfois à haut risque, car une trop grande proximité avec le politique discréditerait son indépendance. Le CCNE a toujours fait l'effort, hier comme aujourd'hui, d'éviter ce rapprochement et de limiter les interactions, cependant parfois nécessaires.

12. Le Comité fut donc une instance indépendante, veillant à préserver l'absence de conflit d'intérêts en son sein et s'informant des enjeux de société.

Aujourd'hui

La réflexion éthique « hors les murs » du CCNE pour être partagée avec la société : « l'éthique dans la Cité », pour construire une intelligence collective

13. Cette indépendance de la réflexion éthique est un combat de tous les jours, de la part du président du Comité comme de ses membres, par le fait que l'information aujourd'hui est plurielle, transitoire, complexe face à une décision toujours attendue dans l'immédiateté. Le temps long et l'exigence de la réflexion éthique s'accommodent mal de l'urgence récurrente et de l'appétit médiatique.

14. Cette indépendance de la réflexion éthique n'évite pas les critiques, y compris en son sein, ce qui est, somme toute, normal si l'on veut garantir la liberté d'expression, salutaire aussi en rappelant que le CCNE ne doit pas être le » jardin d'acclimatation » des aspirations scientifiques ou politiques.

15. À quoi le CCNE, instance consultative, sert-il ? L'ouvrage publié pour les quarante ans du Comité met en évidence la somme des réflexions qu'il a conduites, parfois renouvelées et évoluant

dans des contextes eux-mêmes évolutifs : 154 contributions, où le discernement occupe une place privilégiée, souvent point de départ de dispositifs législatifs nouveaux ou modifiés.

16. Une réflexion centrée initialement sur des sujets médicaux et scientifiques, avec aujourd'hui un peu moins de *basic science*, notamment portant sur la génétique, et plus de questions sociétales où l'on interroge le sens du progrès. Une réflexion qui a consolidé son bagage éthique, introduisant un contenu utile, au-delà du respect de la dignité de la personne humaine, avec l'affirmation de la recherche de l'autonomie comme principe revendiqué, y compris en situation de vulnérabilité.

17. Une autonomie qui se conjugue, au moins dans l'ambition, avec la fraternité et la solidarité, une « éthique à la française » toujours sous tension, toujours à réinventer, toujours à préserver.

18. Mais le CCNE ne devient-il pas aussi un médiateur entre la science et les questions sociétales et… la société ? Faire vivre le débat éthique aujourd'hui devient impératif si l'on veut attendre d'une société qu'elle soit un peu plus juste, sans « laissés-pour-compte », d'un système de santé garantissant la place de l'humain, non comme objet d'une tarification à l'activité, mais comme sujet toujours digne d'être accompagné.

19. Les États généraux de la bioéthique de 2018 ont, à cet égard, constitué un exercice original, encore perfectible et riche d'enseignements. Cette nouvelle mission du CCNE renforce le partenariat avec les espaces de réflexion éthique régionaux (ERER) et sera le lieu de nouvelles expérimentations pour capter le savoir profane, à côté de l'indispensable savoir expert. Cette mission d'ouverture vers la société, consubstantielle à la réflexion éthique, conforte le rôle d'une instance éthique consultative qui n'est pas de se substituer à la société, ni à la décision politique, mais de faire ressortir la complexité des problèmes, de dégager

les enjeux, de présenter les différentes options, comme le défend Jean Claude Ameisen.

20. Cette ouverture vers la société est aussi l'occasion de rencontrer des jeunes lycéens : une expérience déjà ancienne, un chemin partagé qui trouve, chaque année, son acmé dans un échange stimulant et riche d'enseignements.

21. Le Comité vient de connaître une modification de sa composition, puisque y sont entrés six membres représentants d'associations de personnes malades ou handicapées, d'usagers du système de santé, d'associations familiales ou œuvrant dans le domaine de la protection des droits des personnes. Cette évolution bénéfique répond aux attentes d'ouverture du Comité, afin de mieux prendre en compte les aspirations sociétales.

22. Le CCNE noue désormais des partenariats divers dans lesquels l'enjeu est de témoigner de l'essentialité d'une réflexion éthique, miroir des controverses, voire des contradictions qui traversent la société. À cet égard, l'implication du CCNE dans la consultation sur la fin de vie participe de cet enjeu.

23. C'est aussi l'initiative des rencontres régulières avec l'ensemble des comités d'éthique institutionnels, moins pour « se compter » dans une France de l'éthique qui a multiplié, en quatre décennies, les instances dédiées que pour bénéficier de leur regard et des compétences qu'elles développent.

24. Les États généraux de la bioéthique avec les ERER, les rencontres avec les comités d'éthique institutionnels, les rencontres avec les jeunes, l'ensemble de ce tissu éthique constitué depuis quatre décennies nous ont rappelé les risques de déformation des valeurs républicaines lorsque la valeur commune de la dignité n'est pas remise en tension à équidistance de la liberté, de l'égalité et de la fraternité. Cet isolement d'une des trois valeurs comme axe unique de la définition de la dignité comporte le risque de réduire, voire de détourner la substance

même des valeurs républicaines. De quels risques précisément s'agit-il ?

25. Le risque d'une revendication de liberté et d'autonomie conduisant à un individualisme croissant et d'une notion de dignité progressivement réduite à celle d'autonomie individuelle ; le risque de revendications d'égalité au nom de la dignité conduisant à une souffrance croissante devant des inégalités structurelles ; le risque d'une fraternité abandonnée au contraire d'une autonomie responsable et soucieuse d'être solidaire, qui relève d'une éthique de la réciprocité. Poser un regard exigeant sur le contenu éthique de nos réflexions suppose aussi de ne pas enfermer l'éthique dans des concepts qui peuvent se révéler contradictoires dans leur application.

Demain

Entre autonomie et solidarité, pour repenser notre rapport au monde vivant et à la nature, la bioéthique, essentielle pour relever les défis qui nous attendent

26. Il y a de la place pour une réflexion éthique demain, car les sujets d'intérêt se dégagent déjà, dans le champ de la procréation, de la génétique, du numérique, des neurosciences. D'ailleurs, les applications récentes des neurosciences, notamment à travers des techniques qui visent à contrôler des circuits neuronaux déterminés, quelle qu'en soit la finalité (soin, neuroamélioration, manipulation cognitive), suscitent des questions éthiques en interrogeant un principe central de la bioéthique, à savoir la liberté et l'autonomie.

27. Dans le champ du numérique, la mise en place du Comité national pilote d'éthique du numérique, durant les deux dernières

années, dans le contexte particulier qui était celui de la pandémie de la Covid-19, a souligné qu'une réflexion éthique spécifique dans ce domaine, en lien avec celle du CCNE, constitue un avantage comparatif qu'il faudrait pérenniser désormais.

28. La question prioritaire pour demain portera sur la santé humaine appréhendée dans ses relations avec l'environnement et l'ensemble du vivant, comme l'avait d'ailleurs suggéré Alain Grimfeld, une perspective qui devrait renforcer les liens avec les ERER, les comités d'éthique institutionnels, le « milieu de l'environnement », ainsi qu'à l'échelle internationale. Dans ce cadre, on peut imaginer l'extension du Comité au regard de l'élargissement de ses domaines d'intérêt.

29. Repenser le rapport au monde vivant en réapprenant le sens des limites et en considérant sa fragilité, ses dynamiques et ses apports aux sociétés humaines ; questionner le concept et le sens du progrès, en les replaçant dans une vision systémique, incluant économie et bien-être ; mobiliser conjointement approche éthique et solidarité pour intégrer les perspectives de lutte contre la pauvreté et identifier un bien commun ; instruire une réflexion sur la nouveauté anthropologique que constitue l'anthropocène, qui inaugure pour la condition humaine une ère d'incertitudes inédites, nous obligeant à trouver une mesure éthique dans notre démesure. À quel surcroît de responsabilité, à quel saut de conscience cet événement dans notre propre évolution nous oblige-t-il ?

30. Poursuivre les travaux autour du soubassement éthique d'une politique de santé publique et de la place de l'hôpital dans le système de soin. La question des migrants sera également à l'agenda de la réflexion éthique.

31. Le partenariat international existe et répond à des rendez-vous réguliers qu'il serait opportun de rendre plus vivants, plus créatifs, plus réflexifs. Aujourd'hui, seul le partenariat trilatéral

avec les comités anglais et allemand offre une possibilité de construire une réflexion commune et de partager le questionnement éthique dans les organisations étrangères.

32. S'ouvrir plus à l'international, particulièrement à l'échelle européenne, passera par la diffusion en langue anglaise des avis publiés par le CCNE, par une plus grande visibilité du site Internet, par une politique de communication actualisée, mais aussi à travers la publication d'opinions dans les revues scientifiques internationales.

33. Que pourra-t-on attendre du CCNE dans vingt ans ? Consolider une réflexion éthique où le principe d'autonomie, revendiquée pour chacun, est décliné au prisme d'une éthique de la réciprocité souvent à inventer, pour un humanisme intégré au sein du vivant. L'éthique est une rencontre, une attention portée à l'autre dans sa singularité ; dessiner les contours d'une réelle fraternité et réfléchir à la dimension éthique du bien commun.

34. Un comité d'éthique qui prône une réflexion éthique exigeante, en capacité de porter un regard critique sur ses propres réflexions, y compris par le truchement d'un regard sociétal à organiser, une « démocratie en santé » à faire vivre (*social participation*).

35. Consolider une réflexion éthique en s'appuyant notamment sur les avis publiés antérieurement, dont on assurera le suivi dans leur application.

36. Tenir compte de l'avis des personnes est essentiel à une bonne gouvernance, à tous les niveaux, notamment au sein du système de santé. L'expression « démocratie en santé » reflète une participation citoyenne à la vie démocratique.

37. Un comité d'éthique positionné non seulement comme médiateur entre science et société, mais également comme lanceur d'alerte, faisant preuve de vigilance sur l'ensemble des questions concernant le vivant et les interactions qu'il produit.

38. Un comité d'éthique en capacité, avec d'autres, de susciter auprès des populations jeunes une réflexion sur les questions de bioéthique, mais aussi sur son enseignement, dans un contexte plus global. S'investir dans l'enseignement de l'éthique et de la bioéthique, en relation avec les ERER et les « facultés de santé », afin de faire partager la culture du doute, non comme un frein à la réflexion, mais comme un atout pour interroger les finalités de nos actions en se donnant des repères.

39. Un comité d'éthique qui défend l'idée que l'éthique se construit avec les autres pour définir ce que l'on entend par progrès, c'est-à-dire ce qui sera acceptable pour l'avenir de l'homme, de tous les hommes, mais aussi de l'ensemble du vivant et de la planète.

40. Un comité d'éthique qui poursuit sa réflexion sur la personne humaine, réflexion déjà présente au CCNE il y a quarante ans, réflexion à renouveler avec les nouveaux enjeux environnementaux et sanitaires, pour construire une humanité solidaire et responsable.

Annexes

ANNEXE 1

Liste des membres du CCNE depuis quarante ans

La composition actuelle du CCNE, outre son président, est de 45 membres nommés selon la répartition définie dans l'article 38 de la loi n° 2021-1017 du 2 août 2021 relative à la bioéthique, versé dans le Code de la santé publique (article L.1412-2). Le président et les autres membres du Comité sont nommés pour une durée de trois ans, renouvelable une fois.

L'instance est renouvelée par moitié.

Sa composition actuelle se répartit selon le schéma suivant :

- Cinq personnalités désignées par le président de la République et appartenant aux principales familles philosophiques et spirituelles.
- Un député et un sénateur.
- Un membre du Conseil d'État, désigné par le vice-président du Conseil d'État, et un membre de la Cour de cassation, désigné par le premier président de la Cour de cassation.
- Quinze personnalités qualifiées choisies en raison de leur compétence et de leur intérêt pour les problèmes d'éthique, sur proposition de ministres dont la liste est fixée par décret de façon à couvrir les domaines mentionnés à l'article L.1412-1.
- Quinze personnalités appartenant aux secteurs de la recherche et de la santé proposées par des organismes dont la liste est fixée par décret de façon à couvrir les domaines mentionnés au même article L.1412-1.
- Six représentants d'associations de personnes malades et d'usagers du système de santé, d'associations de personnes handicapées, d'associations familiales et d'associations œuvrant dans le domaine de la protection des droits des personnes.

Parmi les membres du Comité autres que son président, l'écart entre le nombre de femmes et le nombre d'hommes ne peut être supérieur à un.

Ces différentes dispositions ont été introduites plus ou moins récemment, puisqu'à la création du CCNE (décret n° 83-132 du 23 février 1983) le nombre de membres de l'instance, outre son président dont le mandat renouvelable était de deux ans, était de 32, puis 35 (décret n° 83-740 du 9 août 1983), 36 (décret n° 86-174 du 6 février 1986), 38 (décret n° 92-501 du 9 juin 1992) et 39 (décret n° 93-134 du 1er février 1993), sans précision de la durée du mandat, ni de la parité. Ainsi, la composition initiale du CCNE était répartie en 8 femmes et 27 hommes.

La durée du mandat des membres fut fixée à quatre ans, renouvelable une fois (décret n° 97-555 du 29 mai 1997), puis révisée en 2021 (mandat de trois ans, renouvelable une fois).

La mise en œuvre de la parité au sein de l'instance obéit à l'ordonnance n° 2015-948 du 31 juillet 2015.

La loi de 2021 introduit dans la composition du CCNE la présence des six représentants d'associations.

La liste des 279 personnalités, membres actuels du CCNE (**en gras**) ou l'ayant été, selon le canal de leur nomination et la durée de leur mandat, est la suivante :

Président du Comité consultatif national d'éthique

Jean Bernard (1983-1992) ; Jean-Pierre Changeux (1992-1999) ; Didier Sicard (1999-2008) ; Alain Grimfeld (2008-2012) ; Jean Claude Ameisen (2012-2016) ; **Jean-François Delfraissy** (2017).

Personnalités désignées par le président de la République et appartenant aux principales familles philosophiques et spirituelles

Henri Atlan (1983-2000) ; Michel Gugenheim (2000-2005) ; Haïm Korsia (2005-2009) ; Michaël Azoulay (2009-2013) ; Lionel Naccache (2013-2017) ; Cynthia Fleury (2017-2022) ; **Sylvie-Anne Goldberg** (2022).

France Quéré (1983-1996) ; Jean-François Collange (1996-2005) ; Olivier Abel (2005-2009) ; Louis Schweitzer (2009-2013) ; Marianne Carbonnier-Burkard (2013-2017) ; **Marion Muller-Colard** (2017).

Ahmed Somia (1983-1986) ; Faker Ben Hamida (1986-1990) ; Mohamed Arkoun (1990-1998) ; Sadek Beloucif (1998-2008) ; Ali Benmakhlouf (2008-2016) ; **Abdennour Bidar** (2016).

Jean Gelamur (1983-1988) ; Patrick Verspieren (1988-1990) ; Olivier de Dinechin (1990-1998, 2000-2008) ; Jean-Louis Bruguès (1998-2000) ; Xavier Lacroix (2008-2016) ; **Dominique Quinio** (2016).

Lucien Sève (1983-2000) ; Dominique Schnapper (2000-2001) ; Blandine Kriegel (2001-2009) ; Luc Ferry (2009-2012) ; André Glucksman (2012-2013) ; Frédéric Worms (2013-2022) ; **Valérie Masson-Delmotte** (2022).

Un député et un sénateur

Léo Grézard (1983-1987) ; Bernard Debré (1987-1990, 2008-2012) ; Bernard Bioulac (1990-1993) ; Jean-François Mattei (1993-1998) ; Alain Veyret (1998-2002) ; Alain Claeys (2002-2003, 2012-2017) ; Jean Bardet (2003-2008) ; Marc Delatte (2017-2022) ; **Didier Martin** (2022).

Michel Miroudot (1983-1996) ; Claude Huriet (1996-2002) ; Jean-Louis Lorrain (2002-2005) ; Marie-Thérèse Hermange (2005-2012) ; Bernard Cazeau (2012-2013) ; Michelle Meunier (2013-2017) ; **Corinne Imbert** (2017).

Un membre du Conseil d'État et un membre de la Cour de cassation

Nicole Questiaux (1983-2005) ; Michel Roux (2005-2013) ; Jean-Marie Delarue (2013-2017) ; Caroline Martin (2017-2022) ; **François Stasse** (2022).

Jean Michaud (1983-2005) ; Philippe Waquet (2005-2012) ; Frédérique Dreifuss-Netter (2012-2016) ; Pierre Delmas-Goyon (2016-2021) ; Françoise Kamara (2021-2022) ; **Anne Caron-Déglise** (2022).

Quinze personnalités qualifiées nommées par :

• *Le Premier ministre*, à partir de 1992

Yvette Roudy (1992-1996) ; Nicole Le Douarin (1996-2000) ; Ketty Schwartz (2000-2002) ; Anne Cambon-Thomsen (2002-2005) ; Lucien

Neuwirth (2005-2013) ; Jean-Pierre Mignard (2013-2017) ; Claire Hédon (2017-2021) ; **Annabel Desgrées du Loû** (2021).

• *Le ministre de la Justice*
Catherine Labrusse (1983-1990) ; Michel Grimaldi (1990-1992) ; Michelle Gobert (1992-1994) ; Mario Stasi (1994-2008) ; Frédérique Dreifuss-Netter (2008-2012) ; Dominique Thouvenin (2012-2017) ; Karine Lefeuvre (2017-2021) ; **Pierre Delmas-Goyon** (2021).

• *Le ministre chargé de la Recherche* (2 membres à partir de 1993)
Loïk Le Floch-Prigent (1983-1985) ; Roger Leray (1985-1991) ; Henri Caillavet (1991-2005) ; Dominique Stoppa-Lyonnet (2005-2013) ; Frédérique Kutten (2013-2017) ; **Alexandra Benachi** (2017).

Axel Kahn (1993-2005) ; Christian de Rouffignac (2005-2009) ; Bertrand Weil (2009-2017) ; Claude Kirchner (2017-2022) ; **Angèle Consoli** (2022).

• *Le ministre chargé de l'Industrie*
Jacques Ruffié (1983-1988) ; René Sautier (1988-2000) ; Bernard Pau (2000-2005) ; Philippe Rouvillois (2005-2013) ; Hervé Chneiweiss (2013-2017) ; Jean-Pierre Mignard (2017-2022) ; **Claude Kirchner** (2022).

• *Le ministre chargé des Affaires sociales*
Pierre Chevalier (1983-1986) ; Noëlle Marotte (1986-1990) ; Michèle Bressand (1990-1991) ; Dominique Frering (1991-1998) ; Marie-Jeanne Dien (1998-2008) ; Alain Cordier (2008-2016) ; Sophie Crozier (2016-2021) ; **Alain Claeys** (2021).

• *Le ministre chargé de l'Éducation nationale*
Paul Milliez (1983-1986) ; Michèle Sellier (1986-1990) ; Anne Fagot-Largeault (1990-1998) ; Alain Etchegoyen (1998-2001) ; Monique Canto-Sperber (2001-2008) ; André Comte-Sponville (2008-2016) ; Carine Camby (2016-2021) ; **Gilles Bœuf** (2021).

• *Le ministre chargé du Travail*
Pierre Laroque (1983-1998) ; Françoise Héritier-Augé (1998-2003) ; Pierre Le Coz (2003-2012) ; Régis Aubry (2012-2016) ; Martine Le Friant (2016-2021) ; Jean-Emmanuel Ray (2021-2022) ; **Florence Jusot** (2022).

• *Le ministre chargé de la Santé* (2 membres, puis 3 en 1983 et 4 à partir de 1992)
Élisabeth Aubeny (1983-1992) ; Anne Vellay (1992-1998) ; Jean-François Bloch-Lainé (1998-2005) ; Alain Grimfeld (2005-2008) ; Anne-Marie Dickelé (2008-2017) ; Lionel Naccache (2017-2022) ; **Séverine Laboué** (2022).

Xavier Emmanuelli (1983-1988) ; Georges David (1988-1992) ; Anne-Marie David (1992-1996) ; Jacques Montagut (1996-2005) ; Bernard Kanovitch (2005-2009) ; François Beaufils (2009-2013) ; Florence Gruat (2013-2022) ; **Rachel Bocher** (2022).

Léon Schwartzenberg (1983-1988) ; Raymond Villey (1988-1992) ; Louis René (1992-1996) ; Solange Troizier (1996-2000) ; Chantal Deschamps (2000-2009) ; Sylvie Cazalot (2009-2013) ; François Ansermet (2013-2022) ; **Ariane Giacobino** (2022).

Geneviève Barrier (1992-2000) ; Joëlle Brunerie-Kaufmann (2000-2003) ; Jacqueline Mandelbaum (2003-2009) ; Joëlle Belaisch-Allart (2009-2013) ; Cynthia Fleury (2013-2017) ; Florence Jusot (2017-2022) ; **Laurent Chambaud** (2022).

• *Le ministre chargé de la Communication*
Henri Laborit (1983-1986) ; René Frydman (1986-1990) ; Pierre Dumayet (1990-1993) ; Jean-Marie Cavada (1993-1998) ; Jean Daniel (1998-2003) ; Alain-Gérard Slama (2003-2012) ; Michel Van Praët (2012-2021) ; **Karine Lefeuvre** (2021).

• *Le ministre chargé de la Famille*
Albert Jacquard (1983-1988) ; Pierre Royer (1988-1994) ; Victor Courtecuisse (1994-2003) ; Chantal Lebatard (2003-2012) ; Christiane Basset (2012-2021) ; **Fabrice Gzil** (2021).

• *Le ministre chargé des Droits des femmes*, à partir de 1986
Yvonne Perol (1986-1990) ; Renée Dufourt (1990-1994) ; Claire Nihoul-Fekete (1994-1998) ; Hélène Gaumont-Prat (1998-2008) ; Claire Legras (2008-2016) ; Yves Charpenel (2016-2021) ; **Monique Canto-Sperber** (2021).

Quinze personnalités appartenant aux secteurs de la recherche et de la santé nommées par :

• *Académie des sciences*
Jean Dausset (1983-1992) ; François Jacob (1992-1996) ; Étienne-Émile Baulieu (1996-2005) ; Robert Naquet (2005-2008) ; Pierre Joliot (2008-2009) ; Gérard Ferey (2009-2012) ; Jean-Pierre Kahane (2012-2017) ; **Jean-François Bach** (2017).

• *Académie nationale de médecine*
Raymond Bastin (1983-1992) ; Claude Laroche (1992-1996) ; Denys Pellerin (1996-2005) ; Claude Sureau (2005-2013) ; Jean-Noël Fiessinger (2013-2017) ; Marie-Germaine Bousser (2017-2022) ; **François-Xavier Maquart** (2022).

• *Collège de France*
Alfred Jost (1983-1988) ; Yves Laporte (1988-1994) ; Jacques Ruffié (1994-1998) ; Jacques Bouveresse (1998-2003) ; Mireille Delmas-Marty (2003-2008) ; Françoise Héritier (2008-2012) ; Claudine Tiercelin (2012-2016) ; Monique Canto-Sperber (2016-2021) ; Alain Prochianz (2021-2022) ; **Lluís Quintana-Murci** (2022).

• *Institut Pasteur*
Élie Wollman (1983-1986) ; Germaine Stanier (1986-1990) ; François Gros (1990-1994) ; Gérard Orth (1994-2003) ; Pascale Cossart (2003-2012) ; Margaret Buckingham (2012-2016) ; Thomas Bourgeron (2016-2021) ; **Sophie Crozier** (2021).

• *Inserm + CNRS* (4 chercheurs, 2 ITA) ; *Inserm* (2 enseignants-chercheurs)
Béatrice Descamps (1983-1998) ; Françoise Moisand (1998-2003) ; Claude Kordon (2003-2008) ; Marie-Germaine Bousser (2008-2016) ; Anne Durandy (2016-2021) ; **Arnold Munnich** (2021).

Claudine Herzlich (1983-1988) ; Marie-José Chombart de Lauwe (1988-1992) ; Simone Novaes (1992-1996) ; Nicole Baumann (1996-2005) ; Jean Claude Ameisen (2005-2012) ; Laure Coulombel (2013-2022) ; **Jean-Antoine Girault** (2022).

Odile Fichot (1983-1988, 1992-2000) ; Anne-Marie Chancerel (1988-1992) ; Martine Loizeau (2000-2009) ; Danièle Siroux (2009-2012) ; Alice René (2012-2017) ; **Gilles Adda** (2017).

Frida Wanstock (1983-1986) ; Jean-Pierre Bazin (1986-1988) ; Gérard Deloche (1988-1990) ; Catherine Driancourt (1990-1994) ; Élisabeth Dufourcq (1994-1996) ; Geneviève Guillemin (1996-1998) ; Gérard Bréart (1998-2003) ; Carole Moquin-Pattey (2003-2008) ; Annick Alperovitch (2008-2012) ; Francis Puech (2012-2021) ; **Thomas Bourgeron** (2021).

André Boué (1983-2000) ; Jean Rosa (2000-2005) ; Alain Fischer (2005-2009) ; Yves Agid (2009-2017) ; **Catherine Patrat** (2017).

Daniel Schwartz (1983-1992) ; Joseph Lellouch (1992-2000) ; Maxime Seligmann (2000-2009) ; Jean-Louis Vildé (2009-2017) ; **Claude Delpuech** (2017).

François Bresson (1983-1986) ; Michel Fardeau (1986-1990) ; Nicole Échard (1990-1994) ; Hourya Sinaceur (1994-1998) ; Dominique Wolton (1998-2008) ; Roger-Pol Droit (2008-2013) ; Marie-Angèle Hermitte (2013-2016) ; Marc Abeles (2016-2019) ; **Emmanuel Didier** (2019).

Pierre Dejours (1983-1986) ; Yvan Assenmacher (1986-1990) ; Jacques Seylaz (1990-1998) ; Jean-Antoine Lepesant (1998-2008) ; Patrick Gaudray (2008-2016) ; **Mounira Amor-Gueret** (2016).

• *Conférence des présidents d'université (France Universités)*
Jacques Mirouze (1983-1990) ; Jean-Paul Jacqué (1990-1992) ; Georges Durry (1992-1994) ; Michel Bornancin (1994-2000) ; Jean-Paul Caverni (2000-2008) ; Georges Faure (2008-2009) ; Claude Matuchansky (2009-2013) ; Xavier Vandendriessche (2013-2017) ; Fabienne Blaise

(2017-2019) ; Anne Pellé (2019-2021) ; Michèle Cottier (2021-2022) ; **Didier Dreyfuss** (2022).

Jean-Pierre Curtes (1983-1986) ; Philippe Lucas (1986-1994) ; Jean-Pierre Dedonder (1994-1998) ; Jean Leonardelli (1998-2003) ; Claude Burlet (2003-2012) ; Didier Truchet (2012-2015) ; Véronique Fournier (2015-2016) ; **Régis Aubry** (2016).

• *Inrae*
Jean-Paul Renard (1983-1992) ; Axel Kahn (1992-1993) ; Robert Ducluzeau (1993-2000) ; Étienne Landais (2000-2003) ; Yves Chupeau (2003-2005) ; Pierre Le Neindre (2005-2009) ; Emmanuel Jolivet (2009-2012) ; Pierre-Henri Duée (2012-2022) ; **Michel Badré** (2022).

Six représentants d'associations
• *Associations de personnes malades (2) par France Assos Santé*
Didier Fassin (2022) ; **Yvanie Caillé** (2022).

• *Associations de personnes handicapées (1) par le CNCPH*
Noémie Nauleau (2022).

• *Associations familiales (2) par le Haut Conseil de la famille, de l'enfance et de l'âge*
Jean-Louis Haurié (2022) ; **Sylviane Giampino** (2022).

• *Associations pour la protection des droits des personnes (1) par le Défenseur des droits*
Cécile Duflot (2022).

ANNEXE 2

Liste des avis du CCNE

La plupart des avis publiés par le CCNE de 1984 à 2022 sont numérotés. Toutefois, quelques avis, notamment durant la période récente, n'ont pas été affectés d'un numéro et sont présentés séparément.

1. Avis sur les prélèvements de tissus d'embryons et de fœtus humains morts, à des fins thérapeutiques, diagnostiques et scientifiques *22 mai 1984*
2. Avis sur les essais de nouveaux traitements chez l'homme *9 octobre 1984*
3. Avis sur les problèmes éthiques nés des techniques de reproduction artificielle *23 octobre 1984*
4. Avis sur les registres médicaux pour études épidémiologiques et de prévention *6 mai 1985*
5. Avis sur les problèmes posés par le diagnostic prénatal et périnatal *13 mai 1985*
6. Avis concernant les problèmes éthiques posés par l'appréciation des risques du sida par la recherche d'anticorps spécifiques chez les donneurs de sang *13 mai 1985*
7. Avis sur les expérimentations sur des malades en état végétatif chronique *24 février 1986*
8. Avis relatif aux recherches et utilisation des embryons humains *in vitro* à des fins médicales et scientifiques *15 décembre 1986*
9. Avis des problèmes posés par le développement des méthodes d'utilisation de cellules humaines et de leurs dérivés *23 février 1987*
10. Avis sur l'utilisation de la mifépristone (RU-486) *16 décembre 1987*
11. Avis sur une demande concernant une étude réalisée sur des sujets volontaires sains au cours d'une expérience de simulation des modifications cardio-vasculaires et des tissus de soutien observées chez l'homme en apesanteur *6 décembre 1987*

12. Avis sur l'expérimentation médicale et scientifique sur des sujets en état de mort cérébrale *7 novembre 1988*
13. Recommandations sur les comités locaux *7 novembre 1988*
14. Avis sur les problèmes éthiques posés par la lutte contre la diffusion de l'infection par le virus de l'immunodéficience humaine (VIH) *16 décembre 1988*
15. Avis sur le dépistage des toxicomanies dans l'entreprise *16 octobre 1989*
16. Avis sur les greffes de cellules nerveuses dans le traitement de la maladie de Parkinson *16 octobre 1989*
17. Avis relatif à la diffusion des techniques d'identification par analyse de l'ADN *15 décembre 1989*
18. État des études conduites par le Comité concernant les dons de gamètes et d'embryons *15 décembre 1989*
19. Avis sur les recherches sur l'embryon soumises à moratoire depuis 1986 et qui visent à permettre la réalisation d'un diagnostic génétique avant transplantation *18 juillet 1990*
20. Avis sur l'organisation actuelle du don de gamètes et ses conséquences *18 juillet 1990*
21. Avis sur la non-commercialisation du corps humain *13 décembre 1990*
22. Avis sur la thérapie génique *13 décembre 1990*
23. Avis concernant des greffes intracérébrales de tissus mésencéphaliques d'embryons humains chez cinq malades parkinsoniens dans un but d'expérimentation thérapeutique *13 décembre 1990*
24. Avis sur les réductions embryonnaires et fœtales *24 juin 1991*
25. Avis sur l'application des tests génétiques aux études individuelles, études familiales et études de population *24 juin 1991*
26. Avis concernant la proposition de résolution sur l'assistance aux mourants, adoptée le 25 avril 1991 au Parlement européen par la Commission de l'environnement, de la santé publique et de la protection des consommateurs *24 juin 1991*
27. Avis sur la non-commercialisation du génome humain *2 décembre 1991*
28. Avis sur la transfusion sanguine au regard de la non-commercialisation du corps humain *2 décembre 1991*

29. Avis relatif aux Comités d'éthique *27 janvier 1992*
30. Questions éthiques posées par l'obligation de tests génétiques pour les concurrentes des Jeux d'Albertville *27 janvier 1992*
31. Avis sur le dépistage de l'infection par le virus du sida *28 mars 1992*
32. Avis sur l'opportunité d'un essai pour confirmer l'efficacité du centoxin *10 juillet 1992*
33. Avis sur le recensement des glaucomateux en France et la localisation chromosomique du (ou des) gène(s) responsable(s) *19 janvier 1993*
34. Avis sur l'utilisation de placebo dans les essais thérapeutiques d'antidépresseurs *9 février 1993*
35. Éthique et sport : compensation de déficits hormonaux chez les sportifs de haut niveau *18 mai 1993*
36. Avis sur l'application des procédés de thérapie génique somatique *22 juin 1993*
37. Dépistage du risque de la trisomie 21 fœtale à l'aide de tests sanguins chez les femmes enceintes *22 juin 1993*
38. Avis sur l'éthique de la recherche dans les sciences du comportement humain *14 octobre 1993*
39. Avis sur la prescription de substances antiandrogéniques à des détenus condamnés pour des infractions à caractère sexuel *7 décembre 1993*
40. Avis sur le transfert d'embryons après décès du conjoint (ou du concubin) *17 décembre 1993*
41. La coopération dans le domaine de la recherche biomédicale entre équipes françaises et équipes de pays en voie de développement économique *17 décembre 1993*
42. Avis sur l'évolution des pratiques d'assistance médicale à la procréation *30 mars 1994*
43. Rapports du Comité consultatif national d'éthique pour les sciences de la vie et de la santé sur les toxicomanies *23 novembre 1994*
44. Avis sur l'implant cochléaire chez l'enfant sourd prélingual *1er décembre 1994*
45. Avis sur les questions éthiques posées par la transmission de l'information scientifique relative à la recherche biologique et médicale *31 mai 1995*
46. Génétique et médecine : de la prédiction à la prévention *30 octobre 1995*

47. Avis sur la prise en charge des personnes autistes en France *10 janvier 1996*
48. Recommandation sur la mise à disposition d'un traitement antiviral dans le sida *7 mars 1996*
49. La contraception chez les personnes handicapées mentales *3 avril 1996*
50. La stérilisation envisagée comme mode de contraception définitive *3 avril 1996*
51. Recommandations sur un projet de loi « renforçant la prévention et la répression des atteintes sexuelles contre les mineurs » *20 décembre 1996*
52. Avis sur la constitution de collections de tissus et organes embryonnaires humains et leur utilisation à des fins scientifiques *11 mars 1997*
53. Avis sur la constitution de collections de cellules embryonnaires humaines et leur utilisation à des fins thérapeutiques ou scientifiques *11 mars 1997*
54. Réponse au président de la République au sujet du clonage reproductif *22 avril 1997*
55. Avis sur l'information à donner aux patients à propos de la possibilité de transmission de l'agent de la maladie de Creutzfeldt-Jakob par des composants du sang *1er octobre 1997*
56. Problèmes éthiques posés par le désir d'enfant chez des couples où l'homme est séropositif et la femme séronégative *10 février 1998*
57. Progrès technique, santé et modèle de société : la dimension éthique des choix collectifs *20 mars 1998*
58. Consentement éclairé et information des personnes qui se prêtent à des actes de soin ou de recherche *12 juin 1998*
59. Rapport sur le vieillissement *25 mai 1998*
60. Réexamen des lois de bioéthique *25 juin 1998*
61. Éthique et xénotransplantation *11 juin 1999*
62. Médicalisation de la sexualité : le cas du Viagra. Réponse au secrétaire d'État à la Santé *18 novembre 1999*
63. Fin de vie, arrêt de vie, euthanasie *27 janvier 2000*
64. Avis sur l'avant-projet de loi portant transposition, dans le Code de la propriété intellectuelle, de la directive 98/44/CE du Parlement

européen et du Conseil, en date du 6 juillet 1998, relative à la protection juridique des inventions biotechnologiques *8 juin 2000*

65. Réflexions éthiques autour de la réanimation néonatale *14 septembre 2000*
66. Réponse du CCNE aux saisines du président du Sénat et du président de l'Assemblée nationale sur l'allongement du délai d'IVG *23 novembre 2000*
67. Avis sur l'avant-projet de révision des lois de bioéthique *18 janvier 2001*
68. Handicaps congénitaux et préjudice *29 mai 2001*
69. L'assistance médicale à la procréation chez les couples présentant un risque de transmission virale – réflexions sur les responsabilités *8 novembre 2001*
70. Avis sur les consentements en faveur d'un tiers *13 décembre 2001*
71. Avis sur la neurochirurgie fonctionnelle d'affections psychiatriques sévères *25 avril 2002*
72. Réflexions sur l'extension du diagnostic préimplantatoire *4 juillet 2002*
73. Avis sur les essais de phase I en cancérologie *26 septembre 2002*
74. Les banques de sang de cordon ombilical en vue d'une utilisation autologue ou en recherche *12 décembre 2002*
75. Questions éthiques soulevées par le développement de l'ICSI *12 décembre 2002*
76. Avis à propos de l'obligation d'information génétique familiale en cas de nécessité médicale *24 avril 2003*
77. Problèmes éthiques posés par les collections de matériel biologique et les données d'information associées *20 mars 2003*
78. Inégalités d'accès aux soins et dans la participation à la recherche à l'échelle mondiale – problèmes éthiques *18 septembre 2003*
79. Transposition en droit français de la directive européenne relative aux essais cliniques de médicaments : un nouveau cadre éthique pour la recherche sur l'homme *18 septembre 2003*
80. Avis sur l'orientation de travailleurs vers un poste comportant un risque. Rôle du médecin du travail et réflexions sur l'ambiguïté du concept d'aptitude *4 décembre 2003*
81. Performance et santé *17 novembre 2003*

82. L'allotransplantation de tissu composite (ATC) au niveau de la face *6 février 2004*
83. Le dépistage prénatal généralisé de la mucoviscidose *25 mars 2004*
84. Avis sur la formation à l'éthique médicale *29 avril 2004*
85. L'information à propos du risque de transmission sanguine de la maladie de Creutzfeldt-Jakob *4 novembre 2004*
86. Problèmes posés par la commercialisation d'autotests permettant le dépistage de l'infection VIH et le diagnostic de maladies génétiques *4 novembre 2004*
87. Refus de traitement et autonomie de la personne *14 avril 2005*
88. Sur les méthodes de détermination de l'âge à des fins juridiques *23 juin 2005*
89. À propos de la conservation des corps des fœtus et enfants mort-nés. Réponse à la saisine du Premier ministre *22 septembre 2005*
90. Accès aux origines, anonymat et secret de la filiation *24 novembre 2005*
91. Avis sur les problèmes éthiques posés par l'informatisation de la prescription hospitalière et du dossier du patient *16 février 2006*
92. Avis sur le dépistage de la tuberculose et la vaccination par le BCG *22 juin 2006*
93. Commercialisation des cellules souches humaines et autres lignées cellulaires *22 juin 2006*
94. La santé et la médecine en prison *26 octobre 2006*
95. Problèmes éthiques posés par des démarches de prédiction fondées sur la détection de troubles précoces du comportement chez l'enfant *11 janvier 2007*
96. Questions éthiques posées par les nanosciences, les nanotechnologies et la santé *1er février 2007*
97. Questions éthiques posées par la délivrance de l'information génétique néonatale à l'occasion du dépistage de maladies génétiques *11 janvier 2007*
98. Biométrie, données identifiantes et droits de l'homme *26 avril 2007*
99. À propos d'un test (ISET-Oncologie) visant à détecter dans le sang des cellules tumorales circulantes *13 septembre 2007*
100. Migration, filiation et identification par empreintes génétiques *9 octobre 2007*

101. Santé, éthique et argent : les enjeux éthiques de la contrainte budgétaire sur les dépenses de santé en milieu hospitalier *28 juin 2007*
102. Sur la situation en France des personnes, enfants et adultes, atteintes d'autisme *8 novembre 2007*
103. Éthique et surdité de l'enfant : éléments de réflexion à propos de l'information sur le dépistage systématique néonatal et la prise en charge des enfants sourds *6 décembre 2007*
104. Dossier médical personnel et informatisation des données de santé *29 mai 2008*
105. Questionnements pour les États généraux de la bioéthique *9 octobre 2008*
106. Questions éthiques soulevées par une possible pandémie grippale *5 février 2009*
107. Problèmes éthiques liés aux diagnostics anténatals : le diagnostic prénatal (DPN) et le diagnostic préimplantatoire (DPI) *15 octobre 2009*
108. Questions éthiques liées au développement et au financement des soins palliatifs *12 novembre 2009*
109. Communication d'informations scientifiques et médicales, et société : enjeux éthiques *4 février 2010*
110. Problèmes éthiques soulevés par la gestation pour autrui (GPA) *1er avril 2010*
111. Problèmes éthiques posés par l'utilisation des cadavres à des fins de conservation ou d'exposition muséale *7 janvier 2010*
112. Une réflexion éthique sur la recherche sur les cellules d'origine embryonnaire humaine et la recherche sur l'embryon humain *in vitro 21 octobre 2010*
113. La demande d'assistance médicale à la procréation après le décès de l'homme faisant partie du couple *10 février 2011*
114. Usage de l'alcool, des drogues et toxicomanies en milieu de travail. Enjeux éthiques liés à leurs risques et à leur détection *5 mai 2011*
115. Questions d'éthique relatives au prélèvement et au don d'organes à des fins de transplantation *7 avril 2011*
116. Enjeux éthiques de la neuro-imagerie fonctionnelle *23 février 2012*
117. Utilisation des cellules souches issues du sang de cordon ombilical, du cordon lui-même et du placenta et leur conservation en biobanques. Questionnement éthique *23 février 2012*

118. Vie affective et sexuelle des personnes handicapées. Question de l'assistance sexuelle *27 septembre 2012*
119. Les problèmes éthiques posés par la commercialisation d'autotests de dépistage de l'infection VIH *21 février 2013*
120. Questions éthiques associées au développement des tests génétiques fœtaux sur sang maternel *25 avril 2013*
121. Fin de vie, autonomie de la personne, volonté de mourir *13 juin 2013*
122. Recours aux techniques biomédicales en vue de « neuroamélioration » chez la personne non malade : enjeux éthiques *12 décembre 2013*
123. Questionnement éthique et observations concernant la contre-indication permanente du don de sang pour tout homme déclarant avoir eu une ou des relation(s) sexuelle(s) avec un ou plusieurs homme(s) *28 mars 2015*
124. Réflexion éthique sur l'évolution des tests génétiques liée au séquençage de l'ADN humain à très haut débit *21 janvier 2016*
125. Biodiversité et santé : nouvelles relations de l'humanité avec le vivant ? *9 mars 2017*
126. Avis sur les demandes sociétales de recours à l'assistance médicale à la procréation (AMP) *15 juin 2017*
127. Santé des migrants et exigence éthique *7 septembre 2017*
128. Enjeux éthiques du vieillissement *15 février 2018*
129. Contribution du Comité consultatif national d'éthique à la révision de la loi de bioéthique *18 septembre 2018*
130. Données massives et santé : une nouvelle approche des enjeux éthiques *29 mai 2019*
131. Cadre éthique de l'expérimentation pédagogique en situation réelle *27 juin 2019*
132. Questions éthiques soulevées par la situation des personnes ayant des variations du développement sexuel *19 septembre 2019*
133. Enjeux éthiques des modifications ciblées du génome : entre espoir et vigilance *19 septembre 2019*
134. L'adoption : accroître la transparence des procédures pour favoriser l'objectivité et la qualité des choix *23 janvier 2020*
135. Accès aux innovations thérapeutiques : enjeux éthiques *24 septembre 2020*

136. L'évolution des enjeux éthiques relatifs au consentement dans le soin *15 avril 2021*
137. Éthique et santé publique *20 mai 2021*
138. L'eugénisme, de quoi parle-t-on ? *16 février 2022*
139. Questions éthiques relatives aux situations de fin de vie : autonomie et solidarité *13 septembre 2022*
140. Repenser le système de soins sur un fondement éthique *20 octobre 2022*

Avis non numérotés

Observations du CCNE à l'attention du Conseil d'État *5 mai 2014*
Rapport du CCNE sur le débat concernant la fin de vie *21 octobre 2014*
Contribution du CCNE à la réflexion dans le contexte de la COP21 *6 novembre 2015*
Rapport de synthèse des États généraux de la bioéthique *6 juin 2018*
La contribution du CCNE à la lutte contre la Covid-19 : enjeux éthiques face à une pandémie *13 mars 2020*
Renforcement des mesures de protection dans les Ehpad et les USLD *30 mars 2020*
Enjeux éthiques lors du déconfinement : responsabilité, solidarité et confiance *4 mai 2020*
Enjeux éthiques de la prise en charge et de l'accès aux soins pour tous en situation de forte tension liée à l'épidémie de Covid-19 *16 novembre 2020*
Opinion du CCNE sur l'allongement du délai légal d'accès à l'IVG de 12 à 14 semaines de grossesse *8 décembre 2020*
Enjeux éthiques d'une politique vaccinale contre le SARS-CoV-2 *18 décembre 2020*
Enjeux éthiques soulevés par la vaccination contre la Covid-19 *29 mars 2021* (avec la CNERER)
Avis du CCNE : enjeux éthiques relatifs à la vaccination contre la Covid-19 des enfants et des adolescents *9 juin 2021*
Réponse à la saisine de la ministre chargée des Personnes handicapées sur l'accès à la vie affective et sexuelle et l'assistance sexuelle des personnes handicapées *13 juillet 2021*

Proposer la vaccination contre la Covid-19 aux enfants de 5-11 ans est-il éthiquement acceptable ? *16 décembre 2021*

Nous rappelons (voir chapitre 3) que, sur les 154 textes publiés à ce jour, deux tiers d'entre eux ont fait l'objet d'une saisine auprès du Comité.
Par ailleurs, la liste des avis ne prend pas en compte les avis publiés par le CNPEN.
Ces différents textes sont consultables sur le site du CCNE : http://www.ccne-ethique.fr.

ANNEXE 3

Liste des contributeurs de l'ouvrage

Jean Claude AMEISEN, immunologiste, directeur du Centre d'études du vivant de l'Institut des humanités de Paris, président d'honneur du CCNE.

François ANSERMET, pédopsychiatre et psychanalyste, professeur de pédopsychiatrie, ancien membre du CCNE.

Ali BENMAKHLOUF, philosophe, professeur de philosophie arabe et de philosophie de la logique, membre de l'Institut universitaire de France, ancien vice-président du CCNE.

Abdennour BIDAR, philosophe, essayiste, inspecteur général de l'Éducation nationale, spécialiste de l'islam, membre du CCNE.

Jean-Pierre CHANGEUX, neurobiologiste, professeur honoraire au Collège de France et à l'Institut Pasteur, président d'honneur du CCNE.

Hervé CHNEIWEISS, neurologue et neurobiologiste, directeur de recherches au CNRS, directeur du laboratoire Neurosciences Paris-Seine de l'Institut de biologie du campus Jussieu, ancien membre du CCNE.

Laure COULOMBEL, docteure en médecine, directrice de recherche à l'Inserm, ancienne membre du CCNE.

Jean-François DELFRAISSY, médecin, professeur émérite d'immunologie à l'université Paris-Saclay, président du Conseil scientifique Covid-19 jusqu'à l'été 2022, président du CCNE.

Pierre DELMAS-GOYON, conseiller honoraire à la Cour de cassation, membre du CCNE.

Emmanuel Didier, sociologue, directeur de recherches au CNRS, membre du centre Maurice-Halbwachs (ENS-EHESS), membre du CCNE.

Pierre-Henri Duée, ingénieur agronome, directeur de recherche honoraire à l'Inrae, ancien président de la section technique du CCNE.

Éric Germain, historien, chargé des aumôneries militaires et de la laïcité auprès du chef d'état-major des armées, membre du CNPEN.

Ariane Giacobino, médecin généticienne, professeure à l'hôpital et à la faculté de médecine de l'Université de Genève, membre du CCNE.

Mylène Gouriot, professeure de philosophie et diplômée d'éthique en santé, responsable des actions pédagogiques et scientifiques de l'espace régional de réflexion éthique de Normandie.

Guillaume Grandazzi, maître de conférences en sociologie, centre de recherches Risques et Vulnérabilités, université Caen-Normandie, conseiller éditorial de l'espace de réflexion éthique de Normandie.

Alain Grimfeld, pédiatre, professeur honoraire de médecine, président du conseil scientifique de l'Agence française de sécurité sanitaire, président d'honneur du CCNE.

Mélanie Heard, docteure en sciences politiques, membre du Comex de la chaire Santé de Sciences Po, responsable du pôle santé à Terra Nova, membre du Comité de veille et d'anticipation des risques sanitaires.

Marie-Angèle Hermitte, directrice de recherches honoraire au CNRS, directrice d'études honoraire à l'EHESS, ancienne membre du CCNE.

Haïm Korsia, grand rabbin de France, membre d'honneur de l'Observatoire du patrimoine religieux, ancien membre du CCNE.

Thomas Maillet-Mezeray, diplômé en philosophie et en langues anciennes à l'École normale supérieure, stagiaire au CCNE en 2022.

Caroline Martin, conseillère d'État honoraire, membre du CNPEN, ancienne membre du CCNE.

Valérie Masson-Delmotte, climatologue, directrice de recherche CEA au Laboratoire des sciences du climat et de l'environnement, Paris-Saclay, coprésidente du groupe de travail du GIEC, membre du Haut Conseil pour le climat, membre du CCNE.

Jean-François Mattei, médecin, professeur émérite de pédiatrie et de génétique médicale, ancien ministre de la Santé, membre de l'Institut de France, ancien membre du CCNE.

Jean-Pierre Mignard, avocat à la cour d'appel de Paris, maître de conférences à Sciences Po, ancien membre du CCNE.

Grégoire Moutel, professeur et chef du service de médecine légale et droit de santé au CHU de Caen, directeur de l'espace régional de réflexion éthique de Normandie et coordonnateur de la CNERER.

Marion Muller-Colard, écrivaine et théologienne protestante, membre du CCNE.

Catherine Patrat, médecin biologiste de la reproduction et professeure de médecine, chef de service à l'hôpital Cochin, membre du CCNE.

Dominique Quinio, journaliste, ancienne directrice du journal *La Croix*, membre du CCNE.

Didier Sicard, médecin, professeur émérite de médecine, président d'honneur du CCNE.

Michel Van Praët, professeur émérite au Muséum national d'histoire naturelle, département « Hommes, nature, société », ancien membre du CCNE.

Frédéric Worms, philosophe, professeur des universités, directeur de l'École normale supérieure.

Remerciements

Cet ouvrage met en relief les travaux, depuis 1983, du Comité consultatif national d'éthique pour les sciences de la vie et de la santé. Que tous les membres du Comité, actuels et anciens, soient, à cette occasion, remerciés pour avoir contribué à construire une intelligence collective.

Parmi ces membres, sont particulièrement remerciés celles et ceux qui ont assuré l'animation des groupes de travail (les rapporteurs de ces groupes) ou des responsabilités plus explicites (président du Comité, vice-président, président de la section technique).

Sont associées dans ces remerciements les personnes qui ont assumé des fonctions administratives essentielles depuis la création du CCNE, telles que le secrétariat général, le secrétariat et la gestion budgétaire, la communication, la documentation.

Enfin, sont également associés à ces remerciements les nombreux étudiants qui ont accompagné les travaux du CCNE.

Les coordinateurs remercient l'ensemble des contributeurs de l'ouvrage.

Les coordinateurs de l'ouvrage ont bénéficié, pour l'analyse lexicale des différents avis, des compétences statistiques apportées par Corentin Roquebert (chef du bureau « Traitement et analyse statistique », conseil départemental de la Seine-Saint-Denis), ainsi que de l'appui rédactionnel et organisationnel de Thomas Maillet-Mezeray (ENS, stagiaire au CCNE). Qu'ils en soient ici vivement remerciés.

Table

DEUXIÈME PARTIE

Le CCNE : organisation et place dans l'écosystème éthique « Une éthique dans la Cité »

TROISIÈME PARTIE

Quels principes éthiques, hier et aujourd'hui ?

QUATRIÈME PARTIE

Deux thèmes permanents de la réflexion : génétique et numérique

CINQUIÈME PARTIE

De l'éthique au droit

SIXIÈME PARTIE

Des questions éthiques pour demain ?

Annexes

Cet ouvrage a été imprimé sur du papier
dont les fibres de bois proviennent
de forêts durablement gérées

IMPRIM'VERT®

Cet ouvrage a été composé
en Adobe Garamond Pro
par Nord Compo
à Villeneuve-d'Ascq (Nord)
et achevé d'imprimer
sur Roto-Page
par l'Imprimerie Floch à Mayenne
en février 2023

N° d'édition : 4150-0537-X – N° d'impression : 101938
Dépôt légal : février 2023

Imprimé en France